モチベーションの科学

―知識創造性の高め方―

金間大介 [著]

創 成 社

はじめに

　この本はモチベーションを解説するために書かれました。モチベーションは，どの時代でも人が生きる上で非常に重要な心理作用の1つとして注目されています。したがって，モチベーションの解説書や学術書は数多く出版されています。それらの書籍とこの本の違いは，以下の3点に集約されます。

(1)　モチベーションは人に行動を起こさせる源泉となるものですが，本書はその中でも知識創造性を高めるモチベーションに焦点を当てています。ですので，それをそのままタイトルに持ってきました。もちろん知識創造性以外のモチベーションも随所に登場しますが，それらはなるべく必要最低限とし，簡易な解説に留めています。

　したがって，例えばもっと速く走れるようになりたいとか，異性にモテるようになりたい，といったモチベーションは対象とせず，必然的に学習や仕事へのモチベーションが中心となっています。

　本来，モチベーションはその行動対象や作用する過程によって大きく変わることが理論的にも認められていますが，あまりそのことを意識した書籍は多くないように思います。また，創造性の意味する範囲も非常に広いものがあります。一般に創造性というと，優れたアーティストや一部の天才のみが発揮するもの，という認識がありますが，学術的には創造性は万人に備わっているものとしてとらえることの方が多くなっています。例えば，日常的な作業の中でちょっとした工夫を加えて効率を上げたり，散歩中にふとアイデアを思いつき，明日の会議で提案してみようと思ったり。こういった行動も十分創造的といえるでしょう。本書で扱う創造性とは，このように日常にちょっとした変化を加えたり，生産性を高めたりするアイデアも含めながら，話を進めていきたいと思います。

(2)　いま，理論的，学術的という言葉を使いましたが，本書では可能な限り

理論的な解説もわかりやすくお届けするよう努めました。科学的な理論と聞くとすごく難しい印象をお持ちになるでしょうし，実際に正確に理解するのは大変困難です。モチベーションの研究は古くて新しいテーマで，1950年代からアメリカの心理学系の研究者を中心に，多くの研究蓄積と理論化がなされてきました。本書ではそれらの一部を，なるべくわかりやすくご紹介するとともに，最近の研究成果にも触れています。

　この本を手に取ってくださった多くの方は，英語で書かれた学術論文を読む機会をお持ちではないと思いますので，本書を通して，少しでも科学的な話題にも触れてもらえればと思います。僭越ながら，私自身の研究成果も一部紹介していきます。

(3)　せっかくモチベーションに興味を持って本書を手に取っていただいても，理論の解説だけでは読む方も疲れてしまうかもしれませんし，退屈ではないかと常々考えていました。そこで本書では，理論解説と物語（ストーリー）をセットでお届けすることにしました。一見して，このことが本書の最大の特徴のように感じられるかもしれません。

　モチベーションは，言うまでもなく人の心の問題です。そこで，ストーリー編では，なるべく親しみやすいキャラクター設定をして，彼ら一人ひとりにまったく異なったモチベーション・タイプを吹き込んでみました。ただし，もちろんストーリーを飛ばして解説だけ目を通すことも可能です。

　本書の構成として，各章の前半でストーリーを導入し，後半でその理論的な解説を行います。各章では，それぞれ何らかのモチベーションの理論に焦点を当てており，ストーリー編ではそれを象徴するような，いわゆる"あるある"的な物語を描いています。

　また，各章は一応，独立して書かれているものの，前の章の理論を踏まえた上で解説がなされている個所もあります。ですので，ぜひ第1章から順にお読みください。章立てのテーマ構成としても，前半は比較的古い（一般的にもよく認知されている）理論を取り上げています。一方，後半では，確立された理論

というよりは，研究界，産業界ともに現在進行形で議論されている課題を取り上げています。特に第9章，第10章は僕自身にとっても難しいテーマにチャレンジしました。ぜひ批判的にお読みいただき，ご意見をいただければ幸いです。

　ここで改めて，本書で扱うモチベーションの定義と考え方を示しておきます。モチベーション（Motivation, Motive）とは，日本語では「動機づけ」「意欲」「やる気」のことで，人が行動を起こし，一定の方向や目標に向かって行動するときに欠かせない機能のことを指します。行動を生起するために必要な源が人の内部にある場合，「欲求」や「動因」という概念が用いられます。一方，行動の源が人の外部にある場合は，「誘因」という概念が用いられます。
　また，報酬という言葉は，一般に「外から与えられるもの」と認識される傾向にあるために，経済学用語としてのインセンティブの意味と類似したイメージを持たれがちですが，モチベーションは人の内側から湧き上がってくるやる気も含むため，インセンティブに比べ，より広い概念であるといえます。この「内側」「外側」という概念は，第3章で深く取り上げます。
　この他にも心理学の領域では，モチベーションに関するさまざまな理論が提唱されてきました（図表0-1）。これらの理論のすべてがモチベーションと創造性の関係を洞察するものではありませんが，マネジメントや人材育成の場で頻繁に応用されています。本書では，「2要因理論」，「自己決定理論」，「フロー理論」，「学習性無力感」，「公正理論」，「学習動機の2要因モデル」，「期待理論」を主に取り上げます。
　次に，創造性の定義と考え方も記しておきます。モチベーションと創造性の関係性の研究は，1990年代に入り活発に行われるようになりました。創造性研究の第一人者であるハーバード大学のテレサ・アマビル（Teresa Amabile）教授は，労働者における創造性を「製品の改善や新しいプロセスの構築など，ビジネスのあり方に具体的な影響を及ぼすアイデアや知識を生み出す能力」（Amabile, 1983）とした上で，モチベーションは専門性・専門能力，創造的思考スキルと並んで，個人の創造性を発揮するための重要な要素であると結論づけました（Amabile, 1998）。

図表0－1　主なモチベーション・マネジメントに関する理論

理論	提唱者	概要
「欲求5段階説」	アブラハム・マズロー	人間の欲求を5つの階層にわけ，人は最下階層の欲求から順に上位の欲求を満たそうとする
「X理論とY理論」	ダグラス・マクレガー	人の労働意欲を次の2つに仮定し，X理論からY理論への転換を促した。X理論：「人間は本来仕事をするのが嫌いで，強制や命令をしないと働かない」，Y理論：「仕事をするのは人間の本性であり，自ら設定した目標に対し積極的に働く」
「2要因理論」	フレデリック・ハーズバーグ	人の欲求を次の2つに分類し，職務満足と職務不満足の連続性に異議を唱えた。動機づけ要因：「自己実現を目指し成長したいという欲求」，衛生要因：「不快や不具合を回避したいという欲求」
「目標設定理論」	エドウィン・ロック	人の動機づけは，人が目標を受け入れた場合，その目標がある程度困難で，かつ明晰であればあるほど向上する
「自己決定理論」	エドワード・デシ	人の内発的動機づけは，自律性，有能感，関係性によって高まる
「フロー理論」	ミハイ・チクセントミハイ	内発的な報酬（喜び・楽しみなど）が最大限に得られる状態をフローと呼び，その体験を得ることが人の動機となり，フロー状態にあるとき人は強い集中力を発揮する
「学習性無力感」	マーティン・セリグマン	どれだけ努力を重ねても何も変わらないという経験を繰り返すと，人は学習性無力感と呼ばれる「何をやっても無意味」という心境に達する
「欲求理論」	デイヴィッド・マクレランド	人には，達成動機（欲求），権力（パワー）動機（欲求），親和動機（欲求）の3つの主要な動機が存在する
「公正理論」	J．ステイシー・アダムス	人は自分が仕事に投入したもののすべて（インプット）と仕事から得たもののすべて（アウトプット）の割合と，他者が仕事に投入したインプットと仕事から得たアウトプットの割合を比較して，この両者の比率が同じだと感じたときに公平感を感じ，モチベーションを向上させる
「選択理論」	ウィリアム・グラッサー	人の行動はほとんどすべて選択されたものであり，人は，生存，所属，力，自由，楽しみという5つの基本的欲求を満たすために，遺伝子によって内側から動機付けられている
「ピグマリオン効果」	ロバート・ローゼンタール	教師の生徒に対する期待や態度は，生徒たちの知能や学習の意欲に大きな影響を与える
「学習動機の2要因モデル」	市川伸一	学習動機の志向性を「充実・訓練・実用・関係・自尊・報酬」の6つの志向に分類した
「期待理論」	V・ブルーム，R・ポーター，E・ローラー	人の動機づけは，職務遂行の努力が何らかの個人的報酬につながるであろうという期待と，その報酬に対する主観的な価値で決まる

創造性は，周囲の環境の変化によって影響を受ける個人レベルの能力として，すべての人が潜在的にある程度の創造性を兼ね備えていると考えられています。したがって，創造性はモチベーションが変化するプロセスと密接な関係があると考えられてきました。1990年代以前の創造性の研究は，個人的な問題解決能力などの人の気質に重点を置いていました。しかし，近年の創造性研究は，創造性はより柔軟に変化するもので，訓練によりスキルとして身につけることができるものと考えるようになりました。今では，どのような環境や文脈が人の創造性に影響を及ぼすかについても研究が進められています。

　本書は，創造性の中でも知識創造性を念頭に置いて書かれています。組織の知識能力で最も重要なのは自律的創造性であり，創造意欲の高い集団は，ときに環境や資金等のリソースに恵まれている集団よりも高い成果を生むと考えられています（Quinn et. al., 1996）。このことからも，知識創造性がいかに大切であるかがわかります。

　それではまず，第1章のストーリーをお届けします。舞台は，ある大学院のゼミです。

目　次

はじめに

第1章　学習のモチベーション—それぞれの学習動機— — 1
ストーリー …………………………………………………… 2
1.1　学習のモチベーションの多様性 ……………………… 6
1.2　学習動機の2要因モデル ……………………………… 7
1.3　ガードナーの多重知能理論 ……………………………11

第2章　人が没頭するとき — 15
ストーリー ……………………………………………………16
2.1　没頭，才能，集中力，持久力 …………………………22
2.2　"アメとムチ"の外に ……………………………………24
2.3　フロー ……………………………………………………26
2.4　フローと外的報酬の関係 ………………………………27
2.5　フローへと導く環境と要素 ……………………………29

コラム：好きなゲームの種類で適職がわかる？　32

第3章　内から湧き起こるもの — 37
ストーリー ……………………………………………………38
3.1　内発的モチベーションと外発的モチベーション ……44
3.2　外発的モチベーションの影響力 ………………………47
3.3　内発的モチベーションを高める3つの鍵 ……………52
3.4　外的報酬の2つの側面 …………………………………54

コラム：シシュポスの岩　56

第4章 公平な評価を求めて ─── 59

ストーリー …………………………………………………60
4.1 公正理論 ………………………………………66
4.2 期待理論 ………………………………………68
4.3 機会の平等か，結果の平等か …………………70
4.4 手続き的公正の要件 ……………………………72
4.5 分配的公正の要件 ………………………………74
4.6 人の意欲は金で買えるか？ ……………………76
4.7 お金より承認？ …………………………………83

第5章 競争とモチベーション ─── 85

ストーリー …………………………………………………86
5.1 勝者の姿 ………………………………………92
5.2 競争のメリット・デメリット …………………93
5.3 競争と成果に関する実証研究①：大学生の成績 …… 100
5.4 競争と成果に関する実証研究②：ビジネスマンの給与
　　　……………………………………………………… 103
5.5 競争と成果に関する実証研究③：研究者の論文の
　　被引用数 ……………………………………… 104

コラム：左利きには天才が多い？　108

第6章 満足できる職場，やる気の出る職場 ─── 113

ストーリー ……………………………………………… 114
6.1 ハーズバーグの2要因理論 ………………… 119
6.2 若手研究者・技術者の満足と不満足 ……… 120
6.3 上司の誤解，部下の誤解 …………………… 127

コラム：従業員のコミットメントと創造性　135

第7章 年齢と創造性の関係 ── 137

ストーリー ……………………………………………… 138
7.1 知識創造性は年齢とともに衰える？ ………………… 142
7.2 低下する知的能力 …………………………………… 144
7.3 世界的な労働者の高齢化 …………………………… 145
7.4 年配者の反撃 ………………………………………… 146
7.5 イノベーション創出能力 VS 年齢 …………………… 148
7.6 知的能力はいつ備わるのか ………………………… 150

第8章 どうしてもやる気が出ない ── 153

ストーリー ……………………………………………… 154
8.1 無力感とは …………………………………………… 160
8.2 なぜ無気力になってしまうのか？ 無気力になって
    しまったらどうしたら良いのか？ ………………… 162
8.3 新しいもう1つの無気力状態：万能感 ……………… 169

第9章 チャレンジ精神の源 ── 171

ストーリー ……………………………………………… 172
9.1 求められるチャレンジ精神 ………………………… 180
9.2 マクレランドの欲求理論 …………………………… 184
9.3 達成動機 ……………………………………………… 186
9.4 パワー動機 …………………………………………… 188
9.5 親和動機 ……………………………………………… 189
9.6 達成動機と創造性 …………………………………… 191
9.7 チャレンジ精神を発揮するために：7つの仮説の検討
    ……………………………………………………… 192

コラム：効果的にフィードバックを受け取る方法　202

第10章 創造性とイノベーションを高めるインセンティブ・システム ―― 205

ストーリー …………………………………………………… 206
10.1 職務発明のあり方と発明を促進するインセンティブの模索 ……………………………………………………… 212
10.2 外的報酬は知識創造性を高めるか？ ………………… 214
10.3 考察とモチベーション・マネジメントの8つの提案 … 221
  10.3.1 外的報酬の短期的効果と長期的効果を使い分ける　222
  10.3.2 マルチタスク問題に対応する　223
  10.3.3 主観的指標を活用する―測定できることは達成できる―　223
  10.3.4 中程度の難易度の目標を設定する　224
  10.3.5 チーム評価を導入する　225
  10.3.6 相対的評価と絶対的評価のバランスを確保する　226
  10.3.7 報酬の支給方法，タイミング，強度を考える　227
  10.3.8 プロセス評価を導入する　229

おわりに ―― 233

ストーリー …………………………………………………… 234
解説と謝辞 …………………………………………………… 237

引用文献　239

第 1 章

学習のモチベーション
―それぞれの学習動機―

ストーリー

　あと5分で1限目のチャイムが鳴る。1限目といっても時間は今17時55分。ここは，とある大学院経営学研究科のキャンパスである。この大学院は平日の夜間と土日に開講しており，地域内外からさまざまな人が学生として入学してくる。学生たちの目的もまた多様で，大学を卒業した後，ストレートに進学してくる人もいれば，大企業から将来の幹部候補として研修代わりに送り込まれる人，中小企業の2代目，3代目候補として社長職を継ぐ前に知識を身につけようとする人，定年退職を迎えたのち生涯学習の場を求めて入学してくる人，子育てを終えて再び職を得るためのスキルアップとして入学する人もいる。

　多くの学生は，日中はアルバイトに従事したり，講義で出された課題をこなすなどして過ごしている。ただし，社会人学生は普通に仕事を続けている場合も多い。皆，ハードな日常を送りながら卒業（正しくは大学院であるため修了という），つまり修士号の取得を目指して努力を重ねる。

　今年もまた新たな学生たちが入学の日を迎えていた。

　当大学院准教授の新川は，毎年，この日を新鮮でワクワクする気持ち半分，なんとも表現しがたい不安な気持ち半分で迎えていた。今日は新学期の始めに行われる研究室配属の日である。いわゆる文系の大学の場合はゼミ配属という表現が一般的だが，理系や大学院では研究室配属と呼ぶ場合が多い。他の多くの大学院と同様に，この大学院でもすべての学生はいずれかの教員（指導教官）の研究室に配属し，みずからの調査研究テーマを設定し，教員や他の研究仲間とディスカッションを繰り返しながら，2年後の修士論文の完成を目指す。

　今年の新川研究室の配属希望者は8名で，すでに学期が始まる前に個別面談を行い，全員に配属の"内定"を伝えていた。そして今日は初めて全員が集まる日であった。

　多くの教員は大学と大学院を兼務しており，新川も例外ではなかった。新川研究室の配属希望者8名のうち，すでに彼らが大学生のときに指導した経験

があるのは4名—白石さん，円山（まるやま）君，星置（ほしおき）君，美園（みその）君—で，いずれもストレートに大学から大学院へ進学してきた。

　白石さんは大学でもちょっとした有名人だった。経営学部は従来より男子学生の割合が高い。これは他大学でも変わらない。白石さんはその中で10年ぶりに経営学部を首席で卒業した女子学生だった。しかも，学内で毎年行われている学生ビジネス・プレゼンテーション・コンテストでも，史上初の2連覇を成し遂げていた。

　円山君は白石さんと違って，のんびり屋の印象を与える。「ぼーっとしてたら1浪しちゃいました」と言っていたが，何となくうなずけるタイプだ。ただし，これは彼が3回生になったころに気付いたのだが，彼はすばらしい集中力の持ち主だった。ぼーっとしていることと集中していることとは，実は紙一重の違いでしかない。一見，ぼーっと何も考えていないように見える人でも，実は頭の中は高速で回転していた，ということも（ごく稀に）ある。特に円山君のすごいところは，集中力が長く持続することだった。

　星置君も大学からストレートに進学してきたのだが，大学時代は物理学科に所属していたという，異例のキャリアの持ち主だ。といっても"異例"なのは新川も同じで，自身が物理情報工学で博士号の学位を取得したのちに，ちょうど萌芽期だったイノベーション・マネジメントや技術経営といった学問分野に出会い，専攻を転向した経験があった。

　美園君は，進学後の研究室配属のための面談に現れるまで，ほとんど印象に残っていない学生だった。大学時代の単位履修履歴のデータによると，新川の講義を2つ履修し，平均的な成績で単位を取得している。欠席もほとんどしていなかった。このような学生は通常は大学院に進学しないケースが多いので，これまた珍しいなと感じていた。

　残りの4名は，一度社会人を経験したり，入学後も企業等に籍を置きながら通学する，いわゆる社会人学生である。その中で1番若いのは清田君だ。彼は，地元の私立大学を卒業後，そのままその街に本社を置く民間企業に就職し，丸4年間勤務していた。そしてちょうど1年前の3月に退職し，昨年の1年間を大学院のための受験勉強に充てて，晴れてこの春入学してきた。どこ

かクールな努力家タイプという印象を与えるところは，性差はあれど白石さんと似たタイプを思わせる。

次に若いのが定山（じょうざん）さんである。彼には温泉で有名な隣町で食品メーカーを経営する父がおり，ここに入学する前は東京で10年間，製造業の技術者をやっていたという経歴がある。最近の大学院では，このような学生は珍しくなくなった。かつて後継ぎ候補は，そのまま父親の経営する会社や関連会社で経験を積んだ方が効率が良い，と考えられていたし，今でもその考えが主流かもしれない。ただし，最近のイノベーション競争の激化がその流れを変えつつある。企業では，同質な人たちが集うことで得られる組織的な安定性を捨ててでも，異質な知識や経験を持った人を迎え入れようという機運が高まっていた。組織内のアイデアの多様性を高めることで，イノベーション機会を少しでも多く取り込もうという考えがあるためだ。

7人目の中島さんは，大手メーカーの社員である。化学工学で修士号を取得したのち，大阪に本社を置く化学メーカーに就職。開発部門に配属され，ガラス系素材の研究開発に従事したあと，最近では光触媒や炭素繊維素材の開発にも加わっていたとのことだった。そのような中，当該企業内で新たに設立された知的財産部門への異動を命じられ，その後は一貫して知的財産マネジメントの業務に主事してきた。そして勤続20年目という節目の年に，改めてマネジメントを学び直すべく，大学院に入学してきた。

最後の1人，滝野さんは社会人といってもすでに一昨年に民間企業で定年を迎えている。そのため，正確にはこの春からは学生が本業となる。高校卒業後，その企業に就職し部長職まで上りつめたが，その際，多くの部下を持つ管理職に就くということで，通信教育で大学卒業の資格である学士号を8年間かけて取得している。ものすごい学習意欲の持ち主で，1限目開始の30分前には講義室の1番前の席を陣取り，教科書を開き熱心に予習している。しかもどこか楽しそうですらある。

以上の8名が大学院修士課程の新川研究室の配属者である。気づくと18時ちょうどに1限目の開始を告げるチャイムが鳴っていた。すでに8名全員が指定されたゼミ室に集合していた。いよいよ新しい学期の始まりだ。新川は，

今年はまた一段と個性の際立つメンバーが揃ったなと感じていた。特に学習に対するモチベーションは，誰ひとりかぶっているという印象はない。このように学習に対するモチベーションというのは，本来まちまちなものである。小学校から中学校，高校に至るまで，その多様な動機をクラス内で一律に扱ってしまうことの方が問題なのだ。しかし，ここは大学院だ。なるべく早く個々の学習動機を理解して，伸ばしてあげたいと考えていた。

1.1 学習のモチベーションの多様性

　僕の経験上，勉強に対するモチベーションを低下させる最良の方法は，今まさに勉強しようとしている人に「もっと勉強しなさい」と言うことです。これは効果絶大，間違いなしです。

　と，僕がドヤ顔で言わなくても，おそらく多くの読者の方も「知ってる」という話ですよね。「もう，今やろうと思ってたのに！　そんなこと言うから，やる気なくなっちゃったよ」と切り返された経験（あるいは，切り返した経験）をお持ちの方も多いのではないでしょうか。

　それでは，このNGワードですが，実は他にもたくさんある，ということはご存知ですか？　例えば，「お，勉強がんばってるね」です。単に見たままの行動を言葉にしただけなのに，これも人によっては軽いマイナス効果があるようです。同様に，「勉強しててえらいね」，「どんどん勉強して優秀な社会人になろうな」なども，ネガティブ効果を発症する危険性ありです。こうなると，勉強しようとしている人に対して，勉強というキーワードを使用すること自体，NGなんじゃないかと思えてきます。

　ちなみに，ポジティブ効果を生むとまではいかなくとも，ネガティブ効果はないだろうとされる言葉として，「何の科目をやるの？」であったり，「目標はどのあたり？」といった質問が該当します。これらは先と同じように勉強に関する言葉ではあるものの，単純な情報のやり取りと考えられるためでしょう。逆に言えば，先に挙げた例のように，勉強に対する自分の想いや感情を質問や会話の中に込めてしまうと，それが相手に伝わりネガティブ効果を発生させる可能性がありますので，気をつけてください。

　実はこれは，第3章で扱う内発的モチベーションとその阻害効果であるアンダーマイニング効果という理論で説明することが可能です。詳しくはそちらで解説します。

　さて，この本が"いかに勉強させないか"を主題としているのならば，この時点で完結ですが，幸い本章は，ポジティブな学習のモチベーションとその多

様性を主題としています．先のストーリーも，そのことを念頭に置いて展開しました．

学習のモチベーションについては，主に教育心理学の分野において膨大な研究と実務的知見が蓄積されています．今後の日本の経済社会における教育の重要性を考えると，教育論の進展とその応用に対する期待は，増すことはあっても決して減ることはないといえるほど，重要な分野となっています．したがって，本書でもこの分野で得られた知見を活用しながら，解説を進めていきたいと思います．

ただし，もう1つのテーマである学習モチベーションの多様性については，まだまだ知見も議論も少ないと感じています．これは教育や学習に限った話ではないのですが，日本社会はどうしても平均や均一性を求めがちになるため，多様性の議論そのものが不足しがちです．しかし，すでに日本でも，はるか前から人の多様化というのは進んできました．したがって，多様性に対する理解も，もう待ったなしの状態まで来ているように感じています．特に学習に関する多様性の理解は，その最たる領域であると確信しています．

そういう意味では，すでに教育の現場でも，子どもたちの能力や意欲には個人差がある，ということを前提とした教育改革の議論が始まっています．従来型の一方的な知識伝達を是とした一斉授業スタイルから，個別指導スタイルへの変革が必要であるという議論は，もはや当たり前となってきています．現在は，一斉・個別等のスタイルを問わず，学習者1人ひとりの個性，環境，能力等を的確に把握し，それに合わせた接し方をすることが目標とされています．ですから，個別指導を実現するために1クラスあたりの生徒数を減らそうとか，逆に教員の数を増やして学習者1人あたりにかけられる時間を増やそう，といった取り組みは，真に多様化した状態を許容した学習スタイルの実現からすれば，ほんの入り口に過ぎないといえるでしょう．

1.2　学習動機の2要因モデル

それでは改めて，学習のモチベーションにおける多様性について話を進めて

いきましょう。多様性は，次章以降もモチベーション論を語る上での重要なキーワードとして登場します。まず本節では，学習者をいくつかのカテゴリーに分類した研究結果をご紹介します。定量性を重視した研究では，大量のデータを統計処理し，平均値や分散などを計算した上で検定にかけ有意差を推定する，といった作業が一般的に行われますが，今回のケースのように，全体の平均値のみを議論しただけではあまり意味がないと見なされるような対象の場合，研究対象をある程度の大きさに分解し，それをカテゴライズしていくというアプローチが採用されることがあります。本章でも，そのように行われたいくつかの研究の成果を見ていきたいと思います。

1つ目は，東京大学の市川伸一教授の研究成果をご紹介します。市川（以下，敬称略）は，教育心理学の分野における著名な研究者で，彼の代表的な著書である「現代心理学入門3：学習と教育の心理学」（岩波書店）は，1995年に初版が発行されたあと，長い間読み継がれ，2011年に増補版が発行されています。本章でも，当書を参考にしながら解説を進めていきます。

市川は，現実場面での学習モチベーションをより正確に把握するため，被験者である学習者に対し，自由記述による学習モチベーションの回答を依頼しました。このような方法は，アンケートに比べ実施，分析ともに手間がかかりますが，より詳細な情報が収集できるという利点があります。

彼はまず，大学生30名ほどに高校での勉強を想定してもらい，「一般に，人はなぜ勉強しているのだと思いますか」，「あなた自身は，なぜ勉強していたのですか」といった質問を行い，自由記述による回答を寄せてもらいました。そして，出された回答のうち，類似していると思われる要素同士を1つの分類として特徴づけていくことで，すべての回答を整理しました。

その結果，学習のモチベーションを6つのカテゴリーに分類しました。以下がその6つのカテゴリーとなります（市川伸一「現代心理学入門3：学習と教育の心理学」岩波書店，p.19‐20より）。

① 「こづかい（ほうび）がもらえる」，「ほめられる」，「しないと叱られる」に代表される，報酬と罰による外発的な動機。「学歴や出世のため」も含ま

れる。
② 「みんながしているから」という同調的な動機。「先生が好きだから」という回答も，人間関係が動機となっているためここに含まれる。
③ 「新しいことを学ぶのはそれ自体楽しいから」，「わかるとおもしろいから」，「勉強によってもたらされる充実感のため」というような，知的好奇心，理解欲求，向上心に根差した内発的な動機。
④ 「生活上必要な知識を得るため」，「将来の仕事にいかすため」，というような実用を意識した動機。「ほうびがもらえる」が含まれる①とやや類似しているが，こちらは学んだ知識や技能自体の持つ有効性を信じている点が異なる。
⑤ 「人に負けたくない」，「人より優れていたい」などの競争心，自尊心に関わる動機。これも②と同様に社会的な動機であるが，同調的もしくは親和的な動機と異なり，自己の優位性を示したいという気持ちがある。
⑥ 「頭の訓練になるから」，「学習のしかたを学ぶため」というように，学習を通じて間接的に知的能力を伸ばすという動機。学校での勉強は，知的訓練としての意義があるという考え方。

　そして，このように特徴づけたカテゴリーについて，それぞれ①「報酬志向」，②「関係志向」，③「充実志向」，④「実用志向」，⑤「自尊志向」，⑥「訓練志向」と名づけました。
　さらにここから，カテゴリー同士の関連性の考察を行いました。すなわち，カテゴリー間の構造化です。市川はこの作業により，図表1－1に示す"学習動機の2要因モデル"を作成しました。以下，このモデルの説明を行います。
　まず横軸ですが，これは学習の功利性，すなわち学習を行った結果，どの程度の報酬が期待できるか，ということを表します。したがって，モデルの右へ行くほどその期待が大きいことを表します。次に縦軸は，学習内容の重要性を表します。このモデルでは，縦は2段に分かれていますので，上段の3項目の方が，より学習内容そのものを重視する傾向にあるということになります。
　このような分類学の多くに当てはまることですが，これら6つのカテゴリー

図表1－1　学習動機の2要因モデル

	学習の功利性 軽視 → 重視
学習内容の重要性 重視	＜充実志向＞学習自体が楽しい ／ ＜訓練志向＞知力を鍛えるため ／ ＜実用志向＞仕事や生活に活かす
学習内容の重要性 軽視	＜関係志向＞他者につられて ／ ＜自尊志向＞プライドや競争心から ／ ＜報酬志向＞報酬を得る手段として

（市川伸一「現代心理学入門3：学習と教育の心理学」岩波書店，p.21より）

は，あくまでも学習モチベーションの要素を分類したものであって，必ずどれか1つに当てはまる，というわけではありません。逆に言えば，ほとんどの人は6つのうち複数の要素を持っているのではないでしょうか。したがって，これらの中でどれが最も強く出ているか，というくらいのとらえ方が適切といえるでしょう。

　また，市川はその後のアンケート調査により，各カテゴリー間の相関は低いこと，すなわち各カテゴリーは独立した状態であることを，統計的な分析から裏付けています。

　さて，このように学習のモチベーションが分類されましたが，本書を手にとったあなたはどのモチベーションをお持ちでしょうか？　あるいは，周りの人，家族や友人はどうでしょうか？　このように考えることは，学習効率を上げる上でも大切ですし，楽しいのではないかと思います。ちなみに僕の場合は，実用志向，充実志向，自尊志向の3つが強く働いているように思います。本当は充実志向の1本でいきたいのですが，職業柄，必要な知識量は膨大になりますし，研究者としては競争の真っ只中にありますから，実用志向，自尊志向も仕方のないところです。

1.3 ガードナーの多重知能理論

　本章では，学習に関するもう1つの分類―ガードナーの多重知能理論―をご紹介します。これは市川の2要因モデルと異なり，直接学習動機を扱った理論ではないのですが，学習者の本質を知り，より効果的な学習を行うという意味では非常に役に立つ理論です。また，学習者の多様性を理解する上でも大変参考になります。以下，比較的新しい彼の著書：Intelligence reframed: Multiple intelligences for the 21st century. Basic Books.（邦訳「個性を生かす多重知能の理論」松村暢隆訳：新曜社）から引用する形で，整理してみましょう。

　ハーバード大学のハワード・ガードナー（Howard Gardner）教授は，1900年代初めから主流となっていた知能指数（IQ）に対し，否定的な考えを持っていました。IQは画一的で，言語的スキルや数学的スキルに重きを置いています。また，IQは非常に簡便である一方，日常の文脈とは切り離した能力を測定している感は否めず，その結果，創造性やコミュニケーション，リーダーシップなど，多くの重要な特性を測ることができません。そこでガードナーは，人の知能の長所や特性をもっと多元的にとらえることのできる理論が必要であると考え，多重知能理論を提唱しました。人はそれぞれ，以下の7つの異なった知能を持っている，という理論です。

① 言語
② 論理・数学
③ 音楽
④ 身体・運動
⑤ 空間
⑥ 対人
⑦ 内省

　①は言語的知能です。これは言語を学ぶ能力，および言語を活用する能力を

指します。特にコミュニケーション力から連想される能力に近く，話し言葉や書き言葉への感受性，ある事柄を表現する能力などが含まれます。

　②は論理数学的知能です。問題を論理的に分析したり，数学的な操作を実行したり，問題を科学的に究明する能力を指します。日本では数学的知能というと計算力を連想する場合が多いように思いますが，数学的知能と論理構築能力は切り離せない関係にあります。

　ガードナーは，①言語的知能と②論理数学的知能の２つが一般的に学校で尊重されてきたものであり，いわゆる試験に強い人はこれらの能力を兼ね備えた人であると指摘しています。ですが，ガードナーの理論の醍醐味はここからになります。

　③は音楽的知能です。音楽的パターンの演奏や作曲，鑑賞のスキルを指します。意外にもガードナーは，音楽的知能と言語的知能は構造的に対応していると考えており，一方を「知能」と呼び，もう一方を「才能」と呼ぶことには意味がないと述べています。

　④は身体運動的知能です。問題を解決したり何かを作り出すために，身体全体や身体部位（手や口など）を使う能力を指します。ダンサーや俳優，スポーツ選手がわかりやすい例になりますが，工芸家や外科医，機械を扱う科学者，機械工，その他多くの技術専門職にとっても重要な知能とされています。

　⑤は空間的知能です。広い空間のパターンを認識して操作する能力や，もっと限定された範囲のパターンについての能力を指します。航海士やパイロット，グラフィック・アーティスト，建築家などにとって重要な能力とされています。昨今では右脳的な知能を重視する風潮にありますが，これは社会が空間的知能をより求めるようになってきた表れではないかと思われます。

　⑥は対人的知能です。他人の意図や動機づけ，欲求を理解して，他人とうまくやっていく能力を指します。こちらもコミュニケーション力を連想させますが，①言語的知能よりも，より感性的な能力といえるでしょう。販売員や教師などに求められる能力と言われています。

　⑦は内省的知能です。自分自身を理解する能力を指します。さらに，自分自身の欲望や恐怖，能力などを，自分の生活を統制するために効果的に用いる能

力，あるいはそれらの効果的な作業モデルを持つ能力と描かれています。内省的知能は，感情の要因と強く結びついており，我々が生活を送る上での決断に不可欠な役割を果たすとされています。

ガードナーは，以上の7つの知能を巡る理論を構築した上で，さらに2つの追加的な補足を行っています。第一に，多重知能理論は人の認知の全体を説明するものであるということです。人は誰でもこれらの知的な潜在能力を備えていて，それらを自分の性向や文化の好むところに応じて動員し連結できると述べています。

第二に，これらの知能の組み合わせはそれぞれ独自である，ということです。知能のプロフィールには個人差があって，人は誰でも，これらの知能を生まれながらに授かり，そしてどのふたりの人も，まったく同じ知能を同じ組み合わせで持ってはいないという主張です。したがって，我々はこれを無視したり，最小限に抑制することもできるし，尊重し，楽しむことも可能です。

ガードナーが繰り返し強調する点として，ある特定の知能について良いとか悪いとか考えることに意味はなく，そもそも知能を道徳的な視座から評価することは不可能であるということです。また，これらの知能は生まれた時点で確定するものではなく，事後的に育てることも殺すことも可能で，つまりは我々の選択下にあります。「知能の建設的で積極的な使用は，偶然には起こらない。どのように自分の知能を使いこなすかを決めるのは，計算の問題ではなく，価値の問題なのである」というのがガードナーの言葉です。

以上，本章ではモチベーションを理解することの導入として，学習のモチベーションとその多様性について，著名な2つの理論を中心に学びました。どちらの理論も甲乙つけがたいほどに魅力的で示唆に富むと感じるのは，僕が教育に従事しているから，という理由だけではないと思います。学習意欲というのは，本来それだけで美しく感じるものです。学習の意欲も能力も人それぞれ多様である，という事実は，これから多くの人と接しながら生きていく上で，ぜひ念頭に置いておきたい価値あるものだと考えています。

第2章

人が没頭するとき

ストーリー

　円山英治の日常は，大学院生にしてはシンプルといえる。そしてこのリズムは大学生時代からあまり変わっていない。昼前に起きて大学へ行き，講義を受けつつ，空き時間は主に大学図書館で過ごす。夕方からドラッグストアでアルバイトをした後，夜に自宅へ戻ると，父は次の日の仕込み，母やその日の売り上げを計算していた。大学院に進学したあと変わったことといえば，講義とバイトの順番が逆になったくらいだった。

　父が営むケーキ屋は，小さな店舗ながら喫茶コーナーもあって，いつも常連さんの声が絶えない。どうせなら夕方で店じまいせず，夜の8時か9時まで開けて，もっと仕事帰りのサラリーマンやOLの集客も考えたら良いのにと，ついつい経営学かぶれした頭で考えてしまう。ただ，夫婦ふたりで営むには，むしろこのくらいのペースが長続きする秘訣なのかもしれない。

　もっとも，父は昔から金儲けにはあまり興味がない様子だった。今も，会計業務はすべて母任せになっているくらいだから，父はもはや売り上げなどの細かい数字は把握していないのかもしれない。ただ，大学院に進学したいと言い出したときも，理由を聞くだけで反対はされなかったから，特にお金で困っているという状況ではないのだろう。

　実は大学に進学するときも，そのことが1番の心配事だった。例えば，近所に大手の洋菓子チェーン店ができる。あるいは徒歩3分のところにある最寄駅の改札口が改修され人の流れが変わる。そんな，街にとってはほんの些細なことで，うちの店は致命的な打撃を受けかねない。両親とも，家の中ではそんなことは一言も話さなかったが，それがかえって小さい頃の円山を不安にさせたものだ。公務員の父親を持つ友人を羨ましく思ったことも一度や二度ではなかった。しかし父は，そんな円山の心情を知ってか知らずか，いつも黙々とケーキを作り続けていた。

　そして，自分はそんな父の性格を受け継いでいるのかもしれないと，最近よく思うようになった。それならなぜ経営学？　と思われるかもしれないが，自

分は金儲けよりもむしろ，社会の仕組みに興味があった。かつて浪人生だったとき，友人と近所にある大学のオープンキャンパスに参加し，その日，模擬講義を行った准教授が，

「社会の仕組みを学ぶには，経営学が最も適している」
と言っていたのを聞いて，そのまま入学した。

そして，その言葉はその通りだったと，入学後に改めて理解した。経営学といっても，経営者になるための，あるいは現役の経営者にとって必要な知識のみを扱うわけではない。そこは世間的には大きな誤解があるように思う。最近は経営という言葉を使わず，ビジネスという言葉を学科名に掲げる大学も増えているが，円山もその方が実態に近いように感じる。

ただ，さらに言えば，経営学はビジネスに関する知識のみを扱うわけでもない。例えば，マーケティングに関する一連の講義では，製品やサービスを提供する側，つまり企業側に関する知識はもちろんのこと，製品やサービスを受ける側，つまり消費者の視点もたっぷりと学ばされる。そこには，文化，生活様式，収入，心理的嗜好，居住形態，街づくりなどまでが含まれる。円山はこうした一連の学習を楽しんでいた。

そして社会の仕組みの勉強を楽しいと思えるもう1つの要因として，趣味にしている執筆活動の存在が大きかった。小説を書くには，幅広い知識があった方が良いのは間違いない。特にミステリーなどに挑戦するならなおのことだ。社会の仕組みを知ることは，円山にとっては小説の世界が広がっていくことと同意だった。

この執筆活動（正確にはなかなか執筆には至らず，プロット作りでウロウロしていることも多いが）をしているとき，ふと自分は職人気質なのかもしれないと思うことがあるのだ。それはつまり，パティシエの仕事をしている父そのものであった。事実，この前，高校生の妹が，

「お兄ちゃん，じっと座っているときの背中の丸め方，お父さんそっくりなんだけど」
と言っていた。彼女は「背中の丸め方」と表現していたが，つまりは作業に没頭している姿—職人の背中—がかもし出す雰囲気が似ているということではな

いかと，一人前の小説家のようなことを考えていた。
　そんな中，先日，同じ研究室の中島さんが
　「せっかく小説を書いてるんだから，どっかに応募してみたら？　探せば結構いろんなコンテストとかあるんじゃないの？　そのときは，ぜひ読ませてね」
と言ってくれた。
　実は，コンテストへの応募に関する提案は，中島さんが初めてじゃなかった。もちろん，円山自身もそのようなことを考えないわけではない。なにより時間的な猶予がなくなりつつある。大学を卒業し，大学院に進学したものの，2年後には再び卒業を迎える。それはつまり1年後には就職活動を開始することを意味する。少しずつ円山の中にも，将来に対する焦りが芽生え始めていた。そんな中での中島さんの助言が決定打となって，人生で初めてある出版社が主催する新人賞に応募することに決めた。締め切りは3カ月後となっていた。

　最初は，これまで明確ではなかった目標が定まったことで気分が高揚し，頭の中もグングンと回転した。だが，それは長くは続かなかった。
　いざ，プロットを書いてみるのだが，人に見せるとなるといまいち自信が湧かない。気になって現在の売れ筋の作品や，かつての受賞作品を手に取ってみると，いかにも自分の小説がありきたりなもののように思えた。
　円山にとって，こんな感覚は初めてだった。これまで小説を書くことは最大の楽しみの1つだったし，そのために時間を作るべく大学院へも進学したのだ。そして自分の中での小説と経営学のコラボは思いのほか楽しく，いざとなればどんな小説でも書けそうな気がしていた。
　しかし，いざ書くとなると筆が進まない。伝えたい内容のイメージは頭の中にあるのだが，読み手がどのように自分の言葉をとらえるか，ということに意識が集中しすぎて，表現1つひとつが気になって，1行書くたびに猛烈な疲労感を覚えるようになった。
　さらに，よく考えれば，自分の言葉の使い方も正しいのかどうか自信がない。間違った使い方をしていないかどうかは，辞書を引いて確認すれば済むのだが，たとえ辞書を引いたとしても，すべての疑問が解決されるとは限らない。

むしろ，辞書を開いてもなお，用法が正しいのかどうかははっきりしないことの方が多かった。こんなことなら最初から文学部に進むんだった，ふらふらと経営学など勉強している場合ではなかったと，自分の進路さえ後悔するようになった。

　円山は，書くのをやめたいと，生まれて初めて心から思った。

　そんなある日，大学院から帰宅すると，父はいつもと同じように翌日の仕込みをしていた。あまりに日常すぎて，仕込みの作業などまじまじと見たこともなかったが，父はとても深く集中していた。手と目はかすかに動いているが，それ以外の体のパーツは本当に静かだ。息をしてないんじゃないかとさえ思える。むろん，自分が帰宅したことにもまったく気づかない。自分がまじまじと父の作業を見たことがないのは，それが日常すぎるからではなく，子どもながらに父の邪魔をしちゃいけないという心理が働いていたからなのかもしれないと，今，気づいた。

　その日の夜，円山は率直に父の意見を聞いてみた。母に何かを相談することはあっても，父に意見を求めることは初めてだった。瞬間，父は驚いた表情を見せたが，その後，少し考えて，円山にこう言った。

　「俺は小説のことはよくわからん。そもそも文章を書くなんて，想像したこともないしな。

　ただ，一度だけケーキ作りが嫌になったことはあった。ちょうど見習いを終えて，いざ自分の店を構えたころの話だ。新作がうまく作れず，明日でいいやと思うくらいのことは何度もあるが，本当に止めたいと思ったのはこのときだけかもしれない。

　若かった俺は，自分の腕には自信があった。見習いをやってたころの師匠の味に疑問を持つことも少なくなかったし，俺ならもっといいものを作れると，心のどこかでそう思っていた。

　だが，1から，というか0から自分ひとりで作ったケーキを，本当にお客さんがお金を払って買ってくれるのかと想像したとたん，自分の商品に自信がなくなった。ちょうど洋菓子ブームが到来していて，駅前には大手チェーンの

ケーキ屋が並ぶようになっていた。あんな店には負けられない，かといってこだわり過ぎても自分の嗜好を押し付けるだけで客は理解してくれない，という感じで，頭の中は完全に苦悩で支配されていた。

　そんなとき，お前の母さんが，といっても当時はまだ付き合ってもいなかったんだけど，試食会をしてあげるとかいって，友だち3人を連れてきた。当時，母さんはOLをしていたから，そのときの同僚だったと思う。そして俺の作った試作品を食べながら，

　『これはコーヒーに合いそう』

　『私はこっちの方が好きだな』

　『これはもっと酸味を抑えた方がいい』

と，好き勝手なことを言って食べ始めた。

　そのとき思ったよ。自分に客のことはわからない。その才能もない。だったら作りたいケーキを作ろう。そのためにケーキ屋を始めたんだ，と。

　それからはお前も見てきた通りだ。そうやって作ったケーキは，よく売れたときもあるし，まったく売れなかったときもある。そういう意味では，俺にとっての最大の幸運は，若いころに母さんと出会えたこと，そしてその母さんが今ではしっかりと金勘定してくれてることだな。

　お前から見たら，毎日同じことを繰り返しているだけのように見えるかもしれない。よく飽きないな，と。でも仕事は本当に楽しい。作成途中のケーキと向き合ってると，突然，完成したときのイメージが頭に浮かび上がってくることがある。食べたときの触感，甘さや酸味の広がり方，香り，見た目の美しさ。仕込みだって，さっき始めたばかりだと思って時計を見たら3時間経ってた，なんてこともざらだ。これで家族を養うことができるんだから，これもまた幸運なことだな」

　次の日，円山はやっぱり書きたいものを書こうと心に決めた。目標は目標として設定しながらも，それ以上のことは考えても仕方がない。自分の小説にとって，最も大切にしているのは何か。それは世界観だ。だからまずはその世界観をしっかりと形づくることに専念しよう。そのあとで周辺の出来事や人物を

当てはめていけばいい。言葉や細かい表現はさらにそのあとで構わない。中島さんには申し訳ないけど，誰に見てもらうかは，もっとあと，1番最後に考えるとしよう。

　それに大学院の勉強ももっと楽しもう。最近は小説を書くための材料探しのようになってしまっていて，こんなことならストレートに文学を選択すればよかったと，そんなことばかり考えていたが，いったんそんなことは忘れて，社会の仕組みの学習を楽しもう。父親風に言えば，幸運なことに，自分には知識の吸収を楽しむ才能がある。

　そうだ，もう1つ，父に聞いてみたいと思っていたことがあったのを忘れていた。父の作業姿は嫌というほど見ているが，そもそもケーキ作りに必要な知識をどうやって習得しているのだろう？　少なくとも円山が知る限り，家には書籍の類はほとんどないし，父はインターネットも使わない。今日，帰ったらさっそく聞いてみようと円山は思った。

2.1 没頭，才能，集中力，持久力

　皆さんの目からは，円山親子はどう映ったでしょうか？　もちろんさまざまな見方があるのでしょうが，大きく分けると次の3通りの見方があるようです。1つ目は，"羨ましい"です。

「そこまで打ち込めるものがあって羨ましい」
「好きなことをやって食べていけるなんて羨ましすぎる」
「自分はもうしばらく何かに没頭したなんて経験，してないなあ」
「円山君には，どんどんがんばって素敵な作品を書いてほしい」

　このような感想を持った方も多いのではないでしょうか。僕もそう思います。実はこのような感想を持たれた方に届けたくて，この章を書いています。キーワードはすでに出てきている通り，"没頭"です。
　さて，円山親子に対する2つ目の見方ですが，それは"ちょっと心配"です。

「好きなことを続けるのはすばらしいことだけど，いつまで続けられるかは不安」
「お父さんのように好きなことで食べていける人は，ほんの一握り。それを当たり前のように思ってしまう環境はむしろ酷」
「ここまでがんばってきて結局1冊も書けてないということは，才能がないのでは？」
「両親は，嫌われるのを覚悟してでも今のうちに現実的な目標を探させるべき。仮にこのまま就職してもきっとすぐ辞めてしまう」

　いかがでしょう。もし1つ目の感想を持った方でも，つい納得してしまう現実的な意見ではないでしょうか。実は，このような意見を持った方にも，ぜひこの章の続きを読んでほしいと思っています。こちらからのキーワードは"才

能"です。

　多かれ少なかれ，大学生や大学院生は円山君と同じような願望を抱いています。円山君は小説を書きたい，という願望を持っていますが，もちろんその願望の向かう先は学生によってさまざまです。例えば，

「給料は平均的でいいから，理解ある上司のいる会社に入ってのんびり仕事をしたい」

「公務員になって，9時－5時の生活をしたい」

といった例はどうでしょうか。ああ，いかにも最近の学生らしいな，と思われるでしょうか。あるいは，そもそも円山君と同じじゃないじゃないか，と思われるかもしれません。しかし，現実の職業に対してほとんど知識や経験がない学生が自己の将来イメージを広げる，という意味において，基本的には同じ構造にあります。

　そして，やはり多かれ少なかれ，このような学生を前にした社会人経験のある大人の意見も，だいたい共通しています。それは"そんなに甘くない"です。

　ただ個人的には，どんどん夢や願望は持ってほしいと思っています。これは学生に限らず，です。そんなの甘ったれだ，という意見には納得しつつも，そういう我々も，心のどこかでは皆甘ったれではないでしょうか。夢や願望は甘いから成立するのであって，自分の心を守ってくれるお守りのような存在でもあります。

　そうそう，円山親子のストーリーを読んだ上での3つ目の見方ですが，それは，

「このストーリー，きっと実話なんでしょ？　どこのケーキ屋さんですか？　行ってみたい！」

というものですが，これは脇へ置いておくとして，本題のモチベーションの話をしたいと思います。

　先ほど僕はキーワードを2つ挙げました。"没頭"と"才能"です。没頭す

るということは，ものすごく集中している状態を指しますよね。また，ここでいう才能とは，0から何かを生み出す創造性や，その作業を続けられるだけの集中力や持続力でしょうか。もちろん円山君のお父さんの場合は，アーティスト的な芸術センスや手先の器用さなども挙げられますが，これらは高い創造性や集中力が発揮された結果，と見ることもできます。

　この没頭，才能，集中力，持久力といった素養について真正面から取り組んだ研究者がいました。ミハイ・チクセントミハイ（Mihaly Csikszentmihalyi）という研究者です。ここからは，彼が行った研究について，それをまとめた著書 'Beyond boredom and anxiety: Experiencing flow in work and play'（邦訳「楽しみの社会学」今村浩明訳：新思索社）をメインの参考図書としながら，概観していきましょう。ちなみにチクセントミハイはこの本を1975年に発行しています（日本語訳書は2000年）。この年は僕が生まれた年で，ちょっとした運命を感じつつ，そんな前にこれだけの理論をまとめる洞察力に敬意を表しながら解説したいと思います。

2.2 "アメとムチ"の外に

　チクセントミハイは，何らかの活動に深く没入している人，他の人にはない優れた体験を持っている人，内発的に強く動機づけられている人（内発的モチベーションについては第3章で詳しく解説します）などを対象として，彼らの中にはどういった共通点があるのかを探る旅に出ました。現代の経済社会は，金銭，評価・評判，権力，名声，承認，快楽など，いわゆる外的報酬に満ちており，人はこれらの報酬に支配されていると言っても過言ではありません。勉強や仕事という活動は，基本的に厳しく，不快で，退屈なものという原則が存在しているかのように思われます。外的報酬は，これらの行為を半ば強制的に遂行させるための"アメとムチ"として，容易には抗いがたいまでの強さを持って我々の前に存在しています。

　しかしその一方で，ごくまれに，これら外的報酬には目もくれず，あるいはときにはそれらを犠牲にしてまで，一心不乱にある活動に従事する人たちがい

ます。彼らは一体何のためにそのような活動を行っているのか？　ときには命を危険にさらしてまで行うその活動には，一体何の意味があるのか？　これがチクセントミハイの問題意識でした。そして，この問題意識にアプローチし，その一端を解明することによって，日常生活をより豊かなものにする"何か"を見つけ出す，ということが彼のゴールになっていました。

　のちに紹介しますが，彼の研究対象はロック・クライマー，チェス・プレイヤー，芸術家などですが，著書の原題に'Experiencing flow in work and play'とあるように，チクセントミハイは明らかに日常生活における仕事と遊びという対極的２面性を意識して，この調査研究を進めています。

　彼の理論に入る前に，改めて我々の成長過程を振り返ってみたいと思います。"アメとムチ"で子どもたちを誘導するなんてよくない，子どもたちの好奇心を大事にしてあげたい，という考えに対し異を唱える人は少ないと思います。ですが，総論は賛同しつつも，いざ日常生活になると，電車に遅れるから，という都合により，おもちゃ売り場にいたがる子どもを強制的に移動させたり，他の人に迷惑がかかるから，という理由により，電車の中で動き回ろうとする子どもをずっと席に縛りつけたりしています。

　ここで例に出した，電車に遅れる，他人に迷惑がかかる，という事由はすべて親（あるいは社会）の利益（あるいは損失）から計算された大人の事情であり，子どもには関係ありません。このように子どもをコントロールすることは，子どもの発達教育上では良くないと知りつつも，現実ではやむなく大いに活用してしまっているのが現状ではないかと思います。

　外的なコントロールを使うのは，子どもの命や安全，あるいは将来の財産のため，というケースはもちろんたくさんあると思います。しかし，ここで注目したいのは，子どもにはそのような理由は理解できない，ということであり，そうである限り，理不尽に強制されたということに違いはありません。そして小学校に入る時期になると，子どもたちは，外的報酬により作られたシステムの一員となることをさらに強く求められていきます。

　このようにチクセントミハイは，外的報酬によって縛られた社会システムを強く批判しつつ，ロック・クライミング，バスケットボール，チェス，アート，

ダンスなどに没入する人たち，合計173名の心理構造を詳細に観察しました。また，主に余暇の活動として知られるこれらの活動に加え，外科医，作曲家，教師などの職業に就く人たちにもアプローチし，彼らはまさに仕事中においても，ロック・クライミングやチェスなど遊びの中に存在する"何か"と共通した体験をしていることを見出そうとしました。仕事と遊びの間には，橋渡しのできないギャップなど存在しない。つまり，多くの人が遊びに興じるかのように仕事をする社会システム設計は可能だという信念が伺えます。

2.3 フロー

さて，その"何か"とは何なのか？ チクセントミハイは，その"何か"を"フロー"と名付け，次のように定義しました。

「フローは，行為者をその活動に完全に没入させてしまう働きがあり，その瞬間，その活動は絶えず挑戦を提供する。これから起こることと起こらないことに対して，退屈や心配を感じる時間がない。このような状況のもとでは，人は必要とする技能を，それがどのようなものであれ，フルに働かせることができ，自分の行為から明瞭なフィードバックを受けとる。したがって，行為者は筋の通った因果関係の中にあり，そこで行為者が行うことは，現実的で予想可能な結果を伴うことになる」

（ミハイ・チクセントミハイ「楽しみの社会学」今村浩明訳，新思索社，p.65 より）

やや難しい表現が並んでいますが，よく読むと円山君のお父さんのイメージそのものだと気づいてもらえると思います。

チクセントミハイが，この発見をあえてフローというやや抽象的な言葉で表現した背景には，フローがある種，とらえどころのない包括的な感覚を指すからだと考えられます。したがって，私たちがフローを理解するには，もう少しフローの実態を掘り下げる必要がありそうです。

チクセントミハイの研究によると，あらゆる活動においてフローを体験する

ことが可能であるものの，フローを体験しやすい活動というものがあるようです。チェスやダンス，ロック・クライミングはその代表例となりますが，その他にも，これらの活動の中にある共通した"おもしろさ"が含まれていれば，フローを体験しやすい活動とみなすことができるかもしれません。

そこでチクセントミハイは，研究対象とした活動を行う人たちに対し，それらの活動と類似する行為を挙げてもらいました。その結果，"何か新しいものを設計または発見する"，"数学の問題を解く"，"見知らぬ場所を探索する"といった行為が共通して上位に順位づけられたことを見出しました。これらの行為の背景にある共通した類似性として，これらすべての行為が，発見，探索，問題解決，挑戦，といった要求を行為者に与えていることを明らかにしています。そしてこれらの共通したおもしろさが，人をフローへ導く要素だとしました。

また，フローの得やすさは，活動の種類や特性のみならず，行為者の個性（パーソナリティ）にも依存しているとしました。つまり，フロー状態に突入しやすい人とそうでない人がいるということです。先に述べたように，一般的にフローを体験しやすい活動というものは存在します。のちに記すように，ゲームはその典型例となるでしょう。しかしながら，周囲にどのような外的報酬が存在しようとも，それとは無関係にフローを体験しやすい人と，なかなか体験しにくい人がいる，ということです。それでは，どのような人がこの種のパーソナリティを強く備えているのか，ということについては，改めて第3章の内発的モチベーションの議論の中で解説したいと思います。パーソナリティですから，年齢や性別に多少の影響は受けるものの，原則としてそれらを超越したところに共通項は存在しています。

2.4 フローと外的報酬の関係

さて，先ほどから少しずつ触れてはいますが，ここで改めてフロー体験と外的報酬の関係を見ていきましょう。そうすることで，フローの要素をより深く理解することが可能になります。

外的報酬といえば，その適用先はやはり仕事や勉強ということになります。例えば，ほとんどの仕事は，それに見合うだけの報酬が支払われない限り，なされることはないでしょう。そして仕事の中にフロー体験を伴う行為が含まれていれば，その仕事はより生産的で創造的なものになる可能性があります。

実はここに根本的なジレンマがあります。ほとんどの仕事は外的報酬がなければなされない。その一方で，外的報酬というのはフローを阻害する強力なツールとなり得ます。"アメ"を得ることへの欲が人を迷わせ，"ムチ"を受けることへの恐怖が人を不安にさせます。このように外的報酬を認知することは，人をフロー状態から引き戻し，行為の対象から気をそらせてしまうのです。フローは，その行為の結果から生まれるいかなる報酬への配慮も伴わない，純粋に熱中した状態に訪れます。また，多くの行為はトリガー的な役割としての外的報酬を必要とします。つまり我々は，フローを阻害する最大要因である外的報酬を，現実的には必要としているというジレンマに直面しています。

そこで次の問いが生まれます。それは，いかなるときでも，外的報酬はフローを邪魔する存在でしかないのか？　両者は，相反する関係ではなく，補完関係となる状況は存在しないのか？　もしそうであるとしたら，極めて幸運な状況が訪れない限り，フローを体験することは難しいといえます。

チクセントミハイもこの問いに直面し，答えを見つけ出そうと研究を進めました。それは，先ほど紹介したように，研究対象を遊びと想定される活動から，仕事として想定される行為にまで拡張したときから始まっています。そして，一連の研究から導き出した結論は，余暇的な活動に見られるフロー体験は仕事の中にも存在する，ということでした。そして，仕事に何らかのフロー活動の性格が伴ったとき，それを遂行するために内側から湧き起こってくる意欲は，あらかじめ設定されていた外的報酬に加えて，集中力や創造性を喚起する強力な武器となることを示しました。

もし彼が言うように，仕事と遊びの2軸対立構造を補完的なものに変えられるのならば，我々はさまざまな活動を退屈で不快なものから，チャレンジングで楽しいものに変えられるはずです。事実，スポーツやゲームの類は，このような論理が示す道筋に沿って発展してきました。チクセントミハイも，もし退

屈で不快な仕事をフロー活動を生ずるように再構成できれば，多くの職業は楽しさと挑戦に満ちたものに作りかえることができるだろうと語っています。

2．5　フローへと導く環境と要素

さて，それでは"フロー活動を生ずるように再構成する"とは，具体的にどのようにすればよいのか？　その際の要素は何なのか？　という問いに向き合うことで，本節の締めくくりにしたいと思います。

ここは文章で解説するよりも，まずは視覚的にご理解いただきましょう。図表2－1をご覧ください。これはチクセントミハイが作成した概念図です。まず横軸に，行為者が保持している能力や技能の大きさをとります。右に行くほど高い能力や技能を持っているということになります。次に縦軸ですが，こちらにはその行為が行為者に対し提供する機会や挑戦の量と理解してください。簡単にいえば，その行為の難易度ということになります。ですので，上へ行けば行くほど，遂行困難な難しい行為となります。

ここまでご理解いただければ，フローはどのような状態のときに得られやすいか，ということは一目瞭然です。それは，ある難易度を伴った行為に対し，行為者がその行為を遂行するのにちょうど最適な能力を備えているときです。

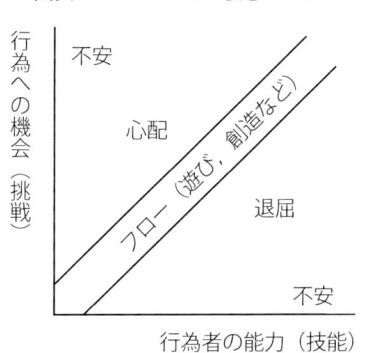

図表2－1　フロー状態のモデル

縦軸：行為への機会（挑戦）
横軸：行為者の能力（技能）

領域：不安／心配／フロー（遊び，創造など）／退屈／不安

（ミハイ・チクセントミハイ「楽しみの社会学」今村浩明訳，新思索社，p.86 より）

ここでいう"ちょうど最適"の水準とは，みずからが持てる目いっぱいの能力や技能を発揮したとき，ようやくその行為を遂行できるギリギリのラインという意味です。

　確認の意味も込めて，フロー状態に入るラインの外の状態も整理しておきましょう。図の左上の状態，すなわち行為の難易度が非常に高く，かつ行為者の能力がそこまで備わっていないような活動に直面したとき，人は強い不安を感じます。また，行為の難易度がそこまで高くなくとも，やはり行為者にとっては難しすぎると感じている場合，行為者は心配になるということです。また，行為者の能力や技能に比べて，行為の難易度が低めに設定されていると行為者が感じた場合，行為者は退屈であると感じます。そして，さらに行為の難易度が低い場合，行為者は再び不安を感じるといいます。

　なお，ここで扱っている横軸の能力水準と縦軸の難易度水準ですが，これらは両者とも行為者における主観的な認知によるものだということを覚えておいてください。客観的に測定された水準ではなく，あくまでも自分の認知上の水準です。ですので，例えば「これなら自分でもできそうだ」と思って高い意欲を持って挑んでみたものの，まったく歯が立たず急速に集中力を切らす，ということは稀にあることだと思います。これは，行為の難易度を実際の水準よりも低く見積もっていたか，あるいは行為者の能力を実際よりも高く認知していたかのいずれかの結果によるものとなります。

　いかがでしょうか？　この図を見たとき，僕はシンプルながらも非常にクリアに構成されていると感じました。そしてもう1つ感じたことは，すでに多くの人が，この図と似た認識を持って仕事や学習にあたっているということです。例えば僕も，すべての学生に対し同じレベルの課題を課すのではなく，なるべく各学生の能力を見極めた上で課題を課すように気をつけています。僕の場合は教育の例ですが，例えば会社において部下やチームのマネジメントに従事している人ならば，なるべくその部下やチームの水準に見合ったレベルの課題を与えようとしているのではないでしょうか。それでも難しすぎると思う課題の場合は，解決できるかどうかのギリギリの水準まで課題を分解するなども実務レベルではよく見られることです。逆に，経験者には簡単すぎると感じた

課題は，あえて新人に任せてみることもあるでしょう。

このように，みずからの経験の中から独自に理論を構築し，それを実際に運用することで，部下やチームのモチベーションのみならず，みずからのモチベーションも高めている人も多いと思われます。このことを，神戸大学の金井壽宏教授は"セルフ・セオリー"と呼んで，モチベーションの1つとして紹介しています（金井壽宏「働くみんなのモチベーション論」NTT出版）。

以上，本章ではここまでチクセントミハイの研究成果をなぞりながら，人が最も集中力や創造性を発揮する瞬間について掘り下げてきました。チクセントミハイの研究結果は，ルールや法則が明確に体系づけられているため，非常にわかりやすいものになっています。それは，ある活動を行おうとする人の持つ能力や技能が，その活動を完遂するのに必要と思われる水準に適合している場合には，人はその活動を行おうとする行為そのものから大きな報酬を得ることがある，というものでした。この狭く，かつピンポイントな状態に突入したとき，人はものすごい集中力や創造性を発揮します。そして，ときには極めて危険な状況や，極度に緊張した状況すら楽しむことができます。

さらにチクセントミハイは，観察する行為の対象を日常生活にまで拡張し，日常の活動の中でもフローを体験することが可能であることを示しました。

チクセントミハイ自身が強く強調しているように，これらの体験を得るためには，金銭などを含む一切の外的報酬は不必要であることを示しました。その代わりに体験者に必要なこととして，外的環境と自己の融合，自己の行為に対し外的環境から瞬時に返されるフィードバックなどを指摘しています。

チクセントミハイがここまで強く外的報酬で満たされた社会システムを批判する根拠の1つとして，外的報酬の有限性を挙げています。金銭や，金銭を使用することにより得ることのできる物的所有物，サービス，それを生み出すエネルギーなどはすべて，天然資源の浪費と労働の搾取により成立していると考えられます。もし人が，外的報酬の追求を幸福の追求と一致させてしまうと，人はいずれ地球と人間の両方を枯渇させてしまうと警告しています。環境科学やエネルギー科学，地球科学の観点から地球資源の枯渇を警告することは頻繁

に見られますが，社会心理学の視点からこのような主張がなされることは非常に珍しく驚きです。

Column 好きなゲームの種類で適職がわかる？

　大学に勤務しているとよくわかるのですが，非常に多くの学生たちがゲームに夢中になっています。最近の学生は勉強せず，本も読まないといわれています。それは昔からでは，と思うのですが，ついでにいえば，最近の学生はテレビも見ないし，車にも乗らない。旅行もしないし，恋人を作ることにも興味を示さない，とも指摘されています。そしてその理由としては，主に次の2点が挙げられています。

　1つ目は，経済的理由によるものです。端的にいえば，お金がないので活動できない，ということです。ご存知のように，1990年代前半のバブル崩壊後，日本人の平均所得は低下の一途をたどっており，当然，子ども世代となる学生たちもその打撃を受け，貧困化する傾向にあります。ですので，データから見ても，これは事実といえそうです。さらに学生の立場から見れば，現時点でお金がない，ということも重要ですが，将来における経済的な不安感がこれに拍車をかけています。

　そしてもう1つの理由が，時間の過ごし方が変わった，というものです。ではどう変わったのかというと，上記に挙げたような活動から，ゲームやSNSを使ったコミュニケーションに割く時間が増えたという構図です。確かに僕自身の経験からいっても，学生にテレビ関係のネタをふってもあまり通用しません。それでは，昨夜は何してたの？　と聞くと，答えの双璧がアルバイトとゲームです。ということで，このことからも1つ目の経済的理由（アルバイト漬けの学生は本当に多い）と，2つ目の時間の過ごし方の変化（高いゲーム率）は，ともにある程度，的を射ているといえるかもしれません。

　さて，ここからが本コラムの本題です。それではなぜ，人はゲームにはまるのでしょうか？

　この問いに対するヒントは，すでに第2章の中で語られています。この章の解説では，チクセントミハイという研究者が，チェスやロック・クライミングなど，さまざまな活動に没頭する人たちを対象とした研究を通して，フローという状態を説明しました。そして人はフロー状態に入ると，この上ない楽しさを感じると同時に，高い集中力や創造性を発揮することができることを明らかにしました。また，人がフロー状態に入るには，自身の能力と，行おうとする活動の難易度がピタリとマッチする水準にあることが望ましいという見解を示しました。

　本コラムで扱うゲームは，まさにこのフロー状態に没入する絶好の条件を兼ね備えています。というより，ゲーム開発者たちは，いかに多くの人をフロー状態に呼

び込めるかという1点に絞り，精緻なゲーム制作を行ってきたといえます。つまり，ゲームがフロー活動の代表例ということができるのは，それを目指して開発が続けられてきたという文脈において，ある意味当然のことといえるでしょう。

　それでは，いったいゲームのどのような要素が，そこまで人を惹きつけるのでしょうか？　ときには徹夜までさせてしまうゲームの魅力とは何なのでしょうか？

　ある精神分析によると，人は本来，動物としての人間が持つ基本的，本能的な欲求を満たしたいという願望を，社会的な生活を営むためには抑圧しなければならず，ゲームはその両者の間で生まれる葛藤のはけ口として具現化されたものである，と指摘されています。事実，人気ゲームソフトを考えてみると，超人的な能力を持って敵を倒したり，超高速で走る車を操縦したり，広大な未知の世界を冒険したりしています。これらはまさに，現実には起こりえない願望をバーチャルな世界で実現させてくれているように思います。その意味では，次々と美少女から告白されるようなゲームは，この種の中で象徴的な存在といえるかもしれません。

　ただし，モチベーション研究の世界では別の見方をします。もちろん上記の説明は説得力がありますし，否定もされていません。しかし，これだけでは食事を取るのも忘れてゲームに没頭する理由にはなりません。なぜなら，もし社会的抑圧からの解放だけを求めるのであれば，ボタン1つで次々と敵を倒せるゲームが最も売れるはずです。論点は，なぜ人気ゲームはここまで複雑で，現実に勝るとも劣らない難問・課題が満載なのかということです。

　これを探るべく，ここではゲームをいくつかのタイプに分類して考えてみましょう。1つ目の分類は金間（つまり僕）による分類をご紹介します。もちろんゲームにはさまざまな種類がありますが，シューティング系，バトル系，ロールプレイング系に大別できるように思います。それに加え，これらとは並列に扱えないのですが，近年はインターネット接続によるウェブ通信系があります。

① シューティング系：主に戦闘機などに乗り，砲撃や爆弾を使って敵機を打ち落としながら，画面のスクロールに合わせて進む。バンゲリングベイ，ツインビー，グラディウスなど。
② バトル系：主に対戦相手（人が操作する場合とコンピュータの場合がある）と，さまざまな技を繰り出しあいながら戦う格闘系や，将棋，チェスなどのボードゲーム系がある。バーチャ・ファイター，ストリート・ファイターⅡ，など。
③ ロールプレイング系：ある舞台設定の中に主人公を置き，プレイヤーはこの主人公となってさまざまな冒険を繰り返す。世界を救うなどの目的が設定されている場合が多い。ファイナル・ファンタジー，ドラゴン・クエストなど。
④ ウェブ通信系：上記のいずれの場合でも，インターネットに接続することで他のプレイヤーと，ときには仲間，ときには敵としてゲームの世界を共有する。

いずれの例も古臭くてすみません。僕としては，読者の皆さんのイメージに合うようにチョイスしたつもりではあります。

さて，考察は後回しにして，ここでは先にもう1つの分類についてご紹介しましょう。こちらは僕のような素人ではなく，専門家が行ったものです。それは，リチャード・バートル（Richard Bartle）という人が作った，「バートルのプレイヤーズタイプ」（Bartle's Taxonomy of Player Types）というものです。

① アチーバー（Achievers：達成者）：他者との競争や挑戦を好む。ゴールのレベルが高いほど燃えるタイプ。高いスコアを挙げたり，1秒でも早くクリアすることを求める。
② キラー（Killers：攻撃者）：他者を攻撃したり，他者に勝利することを求める。また，そのための技や武器を磨くことを好む。
③ エクスプローラー（Explorers：冒険者）：冒険や探検を好む。単にゲーム上に展開されたマップを広げることだけではなく，秘密のアイテムや隠された裏ワザ，トリックなども隅々まで知り尽くすことを求める。
④ ソシャライザー（Socializers：社交家）：ときにゲームそのものよりも，ゲームを通して他者と交流することを好む。プレイヤー同士で，お互いに仕入れた情報を交換することを求める。

いかがでしょうか？ もともとの文献が英語であるため，分類名はそのままカタカナで表記し，カッコ内には英語と適切と思える日本語訳もつけました。

金間の分類とバートルの分類，同じ4分割で，かつ同じ表記法で①～④まで番号付けしました。実はこれは，あえてそうなるように書きました。金間の分類はゲームそのものの分類，バートルの分類はプレイヤーの分類という明確な違いはありますが，モチベーションの観点から見ると，これらのカテゴリーはそれぞれ対応関係にあるように思われます。つまり，どのジャンルのゲームを，どういったタイプのプレイヤーが好み，どういった報酬を得ているか，という相関関係があると考えられます。

　　　（ゲームタイプ）　　×　（プレイヤー）　＝　（得られる報酬や求める環境）
① 　シューティング系　　×　アチーバー　　　＝　熟達，有能感，達成感
② 　バトル系　　　　　　×　キラー　　　　　＝　競争心，有能感
③ 　ロールプレイング系　×　エクスプローラー＝　自律性，課題発見・解決，
　　　　　　　　　　　　　　　　　　　　　　　　目標達成
④ 　ウェブ通信系　　　　×　ソシャライザー　＝　関係性，共有感

こう見ると，それぞれのゲームのタイプによって，求めている報酬も大きく異な

ることがわかります。特に自律性，有能感，関係性は，内発的モチベーションを語る上で非常に重要なキーワードであることを，第3章で解説しています。これらの報酬が得られる限り，ゲームの技術的な精緻さなどは，それほど重要ではない可能性があります。なぜなら，1980年代のゲームは2014年のそれと比べて，グラフィックが粗く，操作性も低いものの，ゲームの売り上げは技術レベルの差ほど大きくはありません。

逆に，ゲームをやめたいと思うのは，これらのモチベーションに対する報酬が満たされなくなった時ということになります。

読者の皆さんは，どの分類に当てはまるでしょうか？ ちなみに僕は，③のロールプレイング系です。

さて，本コラムはここでは終わらず，もう少し掘り下げていきます。「ビジネスなんて結局のところゲームと変わらない」という人がいます。僕もその言い分には一理あると考えています。つまるところ，ある種のルールがあって，それに則った上で勝者と敗者が決まる。ビジネスにはそんな性質があると思います。

ということは，好きなゲームのジャンルや得意なゲームのジャンルによって，自分に合った職種もわかってくるのではないか，という仮説が成立します。

そう思って，実は以前に，とある大学で調査を行ったことがあります。その調査は，次のようにアンケートとインタビューを組み合わせたものです。

まず，学生たちに次の質問をしました。

Q1. あなたはテレビゲームやビデオゲームを日常的にしますか？
Q2. YESの場合，どんなジャンルのゲームが好きですか？

その後，Q1とQ2の結果を踏まえた上で，次の質問をしました。

Q3. あなたは将来，どんな職業を志望しますか？

このように尋ねたあと，Q2とQ3の結果の相関関係を見ることで，好きなゲームのジャンルと将来の希望職種の間にどのような関係があるかを知ることができます。

その結果，いくつかのゆるやかな相関関係が得られました。まず第1に，ロールプレイング系を好む学生は，企画系や製品開発系を希望していました。また，起業に興味を持つ人も，このジャンルが最も多くなりました。第2に，シューティング系を好む学生は，営業系や販売系を希望する割合が高くなりました。バトル系も，やや営業系が高くなる傾向にありました。第3に，ウェブ通信系を好む学生は，事務・管理・会計系，IT系を希望する割合が高くなりました。

これらの結果は，母数でいうと数十人規模のデータから得られたものですので，正確にはしっかりと統計的な検定を行う必要があります。そのためには，母数もも

っと増やさなければなりませんので，上記の結果そのものは，そのような傾向が見られた，程度にお考えください。

　以上，ゲームはとかく悪者にされがちです。特に子どもの勉強を邪魔する最大のライバルといえます。しかしその一方で，第 2 章で解説したように，ゲームにはフロー活動をもたらす要素が満載されており，そこでは人のチャレンジ精神や高度の集中力，創造性などが大いに引き出されています。ゲームをすることそれ自体は，人がフロー体験をすることの保証にはなりませんが，逆にいえば，フロー体験はゲーム以外の活動にも見出し得ます。もし退屈だったり不安だったりする仕事や学習の中にゲーム的要素を組み込むことができれば，人はより創造的で生産的になれるでしょう。それはすでに，第 2 章のチクセントミハイが主張していることであり，現在も多くの行動科学者や教育学者が挑んでいるテーマでもあります。今後，さらにゲームに対する研究と理解が進み，それらの要素が現実社会に応用できるようになることで，仕事を楽しんだ上で，かつ十分な報酬も得られる，という社会が到来するかもしれません。

第3章

内から湧き起こるもの

ストーリー

　その日，星置学は時間を持て余していた。講義は夜からなのだが，14時には大学に来ていた。大学に来たはいいものの，学期が始まったばかりで，まだどの講義からも課題は出されていない。大学時代の学費および生活費はまるまる親に出してもらっていたため，せめて大学院の分くらいは自分で稼ごうと決めたカー用品店でのアルバイトも，来週からとなっていた。本来，経営学研究科の講義はすべて都心のサテライト・キャンパスで行われるので，いま星置がいるメイン・キャンパスには足を運ぶ必要はないのだが，何となくフラフラと来てしまっていた。

　社会人学生の利便性を考えて，夜間および土日という開講時間になっているのだろうが，星置のように大学からストレートに上がってきた学生にとっては，むしろ生活しにくくなったといえる。実際，大学2年生から続けてきた塾講師のアルバイトは，基本的に中高生の帰宅時間となる夕方からの開始となっていたため，すべて辞めざるを得なかった。

　こうして大学に来てみると，当たり前のことなのだがこの時間はまだ大学生がたくさんいる。しかも，4月は最も学生数が多い。これが5月の連休を過ぎると，急に半分くらいになるのだから残念なことだ。大学院生の星置から見ると，やはり大学1，2年生は若い。というか，幼い。逆に，彼らからは星置はどのように見えるのだろう。せっかく大学にいて，しかも目の前にはこれだけ面白い講義をやっている教室がたくさんあるのに，どうして興味を持たないのだろう。

　「日本の学生は18歳がピークなのかもしれないね」
と，大学時代にできたアメリカ人の友人に言われたことがある。物理学科時代に興味があって参加した，アメリカの高校からの短期留学生のお世話をするボランティア・サークルでの一幕だ。彼らの来日初日の基礎物理特別講義では，星置はTA（ティーチング・アシスタント）も担当した。彼らは，これで本当に高校2年生かと疑いたくなるほど理科に関する知識は乏しかった。しかし，そ

のことを引率として一緒に日本に来ていた教師に率直に尋ねてみると，
「この子らは大学に進学後，急速に力をつけるよ。だから今は基本だけは押さえるようにして，あとはいろんなことを経験してくれればいいと思ってる。今こうして日本に来ているみたいにね」
と，答えてくれた。事実，ITや生命科学など，ハイテク産業のほとんどは，アメリカのベンチャー企業が起点となっていることは星置も知っている。しかもこれらの企業の創業者はみな若く，大学や大学院在学中に起業した例も少なくない。
「うーん，やっぱりもったいないなあ」
と，日本人学生ののんびり風情をぼやきつつ，星置自身だって，今まさに明確な目標を定められずにフラフラと時間を持て余しているのだから，まったくもって偉そうなことは言えない。

　と，まさに文字通りフラフラとキャンパス内を歩いていると，ふとキャンパス奥の図書館が目に入った。
「そうだ，新川先生はこの時間なら研究室にいるかもしれない。何かお勧めの本でも借りに行こう。確か前に訪問したときは，興味深そうな本が棚にずらっと並んでたし」
　そう考えて，経営学部へ足を向けようとした矢先，食堂から出てきた清田とすれ違った。清田はまっすぐ前を向いて歩いている。
「あれ，清田さん！　こんな時間に珍しいですね。昼間はお仕事をしていると聞きましたが」
「おー，星置君か。お疲れさん。そう，今は派遣の仕事をね。基本的に経済面はすべて自分で工面しなきゃならないから。ただ，今日は大学の事務手続きの関係で，午後から休みをとった」
「清田さんは確か社会学部の心理学科卒なんですよね？　そのあと営業の仕事をされていたとか。そう考えたら，経営学に来たのはすごい転向じゃないですか」
「そんなことを言ったら，星置君の方がすごいじゃないか。俺の場合は同じ

文系と呼ばれる中でのことだけど，星置君はもともと理系だろ？　しかも物理」

「僕の場合は，すごいというより変わってるとか狂ってるって言われます」

「多くの人から見たらそうかもしれないけど，俺は何となくわかる気がするな。星置君の転向」

「本当ですか？」

「どこかの調査会社が発表したのを見たのだけど，日本人の平均年収をまったく同じ世代同士で比較した場合，文系出身者より理系出身者の方が平均して100万円から200万円ほど高かったそうだ」

「そうなんですか？」

「うん。ただ，この数字にはちょっとトリックがあるというか，しっかりと背景を踏まえる必要があると思ってる。例えば，理系に区分される大学や学部は，ほとんどが国公立や私立の上位校になるからね。医歯薬看護系もしかりだ。逆にギリギリで大学に入れるような学生は，基本的にまず理系の大学は選ばない。あるいは手が届かない。つまり，おおざっぱに言ってしまえば，文系に比べて理系の方が高学歴っていう構図があると思う。これは，あくまで総体的に見れば，の話だけど」

「あれ，ちょっと待ってください。そうなると，僕はそのまま物理をやってた方がよかったってことになるんじゃ…」

「いや，そうでもない。ここにさっき言ったトリック的要素がある。今言ったように，統計母集団の構造上，理系の方が高収入になるのは当たり前のように思える。理系の方が高学歴なんだから。でも，これを東大とか京大とか早慶に限定したらどうなるのかな。ちゃんとした数字は出してなかったけど，別の調査会社はその場合，理系と文系の年収差は逆転する可能性がある，と書いていた。その根拠として，文系出身者の方が組織の中で高い地位に就いていることを挙げている」

「確かに研究者や技術者って，いつまでも研究者，技術者の場合も多いですよね」

「そう。と，いうことを，星置君は知っていたからこそ，経営学に転向した

んじゃないかと思ったんだけど，違ったみたいだね」
　「はい。全然知りませんでした」
　「そっか。それじゃ余計なことを言ったかもしれない。それに今のは日本の，しかもごく狭い調査の話だ。アメリカあたりじゃまったく話が違うだろうし。忘れてくれ。じゃあまた講義のときに」
　「はい。またあとで」

　まだ会って数日しか経ってないけど，清田さんとの会話は本当に楽しい。まったく考え方が違うからなんだろう。そのくせ，年齢が５つ離れているせいか基本的に衝突することはない。何より清田さんは，考え方や主張の軸がしっかりしていて，説明も論理的だ。理屈っぽい，という意味では，まるで物理学研究科に進学したんじゃないかという錯覚を覚えるくらいだ。
　僕が専攻を転向した理由に対する清田さんの仮説は外れたみたいだけど，僕が転向した気持ちを「わかる」と言ってくれたのは清田さんが初めてだった。実際，多くの人が僕の転向に反対した。その理由の多くは，単に，もったいない，とか，せっかく勉強がんばったのに，とか，物理なんて誰にでもできるもんじゃない，といったものだったが，その中で最も説得力があったのは，４年生のときの指導教官だった平岸先生の言葉だった。
　「星置君は知らないかもしれないが，自然科学系の研究者や技術者をやっていた人が，営業や企画，経営戦略の部署に移ることは，会社の中では実はそんなに珍しいことじゃない。大学や大学院でいうところの，物理学科から経営学科，という感じだね。ただし，その逆の異動は極めて少ない。少なくとも私は，トップの経営者層を除いて，その例をただの一度も見たことがない。
　実際，この類の現象は，高校生のときから見られることではないかな？　例えば，理系のクラスに所属しながら，経営学部や経済学部に進学する子はいたかい？」
　「少ないけど，いました。社会環境系の学部なんかも含めると，もっと多いかも」
　「それでは，その逆は？　つまり文系のクラスの子が，理学部や工学部に進

学するパターンは？」

「僕は見たことはありません」

「そう。私が言いたいのはそこだ。つまり，理系から文系へはいつでも移れる。しかし，その逆は極めて難しい。ビジネスの勉強はその気になればいつでもできる。あるいは将来，強制的にやらなければならない日が来るかもしれない。そうであれば，今はしっかりと物理学研究科に残って，技術的な知識とスキルを身に付けておくべきだと私は思う」

尊敬する平岸先生の言葉ということも相まって，この考えはしばらくの間，星置の頭の中を支配した。極めて説得力のある言葉だ。そうして悩むうち，平岸先生からの問いは最終的に，そもそも自分はどうして経営学を学びたいと思ったのかという，その原点に自分を押し返した。

まず第一に，自分は物理学が嫌いかといえば，そんなことはない。むしろ，興味深いと感じたことはたくさんあった。大学2年の量子論でハイゼンベルグの不確定性原理を学んだときは，自分やまわりの物質的存在そのものが揺らぐ感じがしたし，高校のとき初めてメンデレーエフの周期表を見たときも，物質の根源である原子がこんな風に整理されるなんて，なんて美しいんだと思った。ただし，そのような感動は物理学に限定されたものではなかったということはいえるだろうが。

じゃあ経営学がより好きか，というと，そういうわけでもない。経営学の勉強はこれからだから何とも言えないが，きっと物理と同じようにいろいろと刺激を与えてくれるだろうと思う。そう考えると，実際に進学した今でもワクワクしてくる。

そう，自分がなぜ経営学を学びたいと思ったのか，その答えの1つはここにあるのかもしれない。自分は新しい知識や学問に触れるのがこの上なく好きなのだ。それを想像するだけでワクワクするくらいなんだから。新川先生は，経営学の中にはイノベーションという新しい研究領域があって，解かなければならない課題が山ほどあると言っていた。それを聞いたとき，自分はそれを知りたいと思った。物理でもそのような感覚が味わえないとは思わないが，やは

り新鮮さが違う。

　新しい知識や学問だけでない。清田さんとの会話もまた新鮮で楽しかった。ほんの少し立ち話をしただけなのに，もっと知りたいと思った。自分は新しい知識，新しい分野，新しい人，新しい課題との出会いを求めているのかもしれない。

　ただ，それだけが転向の理由かといえば，そうではないとも思う。最初に新川先生の研究室を訪ねたときに聞いた話が頭に残っていた。
　「よく人は，○○には答えがない，という言い方をするよね。例えば，教育方法には答えがない，とか，最適なチームの作り方は１つじゃない，みたいに。経営はその○○に当てはまる最たるものと思われているようだ。ビジネスの答えは１つじゃない，会社経営の方法は千差万別，てね。
　ただ，僕はそうは思ってない。天邪鬼な言葉遊びに聞こえるかもしれないけど，ものごとには必ず答えがあると思ってる。ただ，今は誰もわからなかったり，答えを見つけるのに何年もかかったりするかもしれないだけで。経営学の特徴は，その答えというものが経営者１人ひとりで異なるということなんだろう。経営学にもたくさんの理論と呼ばれる知識が存在するけど，その解釈はまさに１人ひとり異なる。もし星置君がそんな分野に興味があるのなら，その無数の答え探しを手伝ってほしいと思う」

　無数の答え探し。今の自分はこの言葉に魅かれているのかもしれない。
　実際に転向した今でも，自分の本当の興味がどこにあるのかはよくわからないけど，今度また平岸先生を訪ねてみよう。そしてもう一度，改めてゆっくりと話をしてみよう，と星置は思った。

3.1　内発的モチベーションと外発的モチベーション

　知的好奇心。星置君を一言で表現するならば，やはりこの言葉じゃないでしょうか。この章では，この知的好奇心に代表されるモチベーション"内発的モチベーション"に焦点を当てます。そして，この内発的モチベーションの対極にある概念として理解される"外発的モチベーション"を合せ鏡として用いることによって，本書のもう1つの主題である知識創造性を高める方策について論じていきます。

　まずは心理学における内発的モチベーションと外発的モチベーションの概念的進化を簡単に俯瞰していきましょう。

　外的報酬とモチベーションの関係は，古くから多くの心理学系の研究者の関心を集めてきました。事実，心理学の本場ともいえるアメリカでは，さまざまな方法で研究されてきました。古典的な考えでは，外的報酬は人の意欲を高め，生産性を向上させるとされてきました。しかし1950年代から60年代に入ると，この考え方に異議を唱える研究報告が現れ始めました。その代表例として，ハーロウが行った動物実験（Harlow et. al. 1950）などがありますが，これは非常に有名で他の多くのモチベーション関連の書籍で扱われていますので，ここでは割愛します。そして，ハーロウの実験と同様，あるいはそれ以上に著名な研究成果として，エドワード・デシ（Edward Deci）教授らが行った一連の研究報告があります。こちらは割愛せずに紹介していきたいと思います。

　人のやる気は，内側から沸き起こってくるものなのか，それとも外からの働きかけによるものなのか。デシらはこの視点から長年研究を続け，内発的モチベーションの存在を明らかにしました。改めて，ここで報酬，外発的，内発的といった言葉の意味するところを確認しておきましょう。

　報酬という言葉は，一般に「外から与えられるもの」と認識される傾向にあるため，経済学用語としてのインセンティブの意味と類似したイメージを持たれがちです。しかし，デシらの理論に関わる一連の研究によると，人の内側から湧きあがる欲求や動因も「内的な報酬を満たす」という意味で，報酬の1つ

とされます。この内的報酬については，実は第2章でもたくさん登場しました。興味，好奇心，達成感などがそれに当てはまります。そして，内的報酬に反応して発生するモチベーションのことを内発的モチベーションと呼びます。一方，これに対して，インセンティブに代表されるような外的な報酬により発生するモチベーションのことを外発的モチベーションと呼びます。

　少し難しい言葉を使いますが，以下に両者の定義を記します。

内発的モチベーション：「個人が活動そのものに引きつけられ行動する状態を指し，活動自体の楽しさ，達成感，自己の成長など内部から得られる報酬によって動機づけられた状態」

外発的モチベーション：「外的な報酬や強要，制約によって引き起こされる動機づけであり，主に金銭や褒賞，顕彰，評価，名声，叱責，罰則など外部から与えられる報酬や罰によって動機づけられた状態」

　現在では，最も効果的なモチベーションは本人の外から与えられるもの，特に親や教師，上司など，本人よりも知識や経験において上位にいる人が与えてくれるものである，と言い切れる人は少なくなってきたように思います。これは，やはりデシらの一連の研究結果が，その一助をなしているように思います。彼らは，さまざまな心理的実験を行い，その結果，人は外から動機づけられるよりも，自分で自分を動機づける方が，創造性や責任感，健康といった点に至るまで，より優れた結果をもたらすと強く主張しています。外からのプレッシャーや，称賛などによる巧みな誘導などによっても人をコントロールすることは可能であるが，実はそのような服従には，反抗という強い衝動を含む多様な否定的結果を伴う場合が多いというのです。

　そしてこの見解に対する帰結は，必然的に次の問題に直面します。それは，もし仮に最も創造的で責任ある行動を導くモチベーションが，本人の中からしか生じえないのだとしたら，親や教師，経営者など，教育やマネジメントに従事する人たちは，どうやって彼らの子どもや児童，生徒，学生，社員らを導け

ば良いのか？

　本当は，この問いを投げかけた後，読者の皆さんにも少し考えてほしい（要するに，少し焦らしたい）と思っているのですが，ここは先を急ぐべく，さらにデシらの思考をたどることにしましょう。

　デシらは，上記の問題，すなわち，どうしたら周りにいる人たちをより良い方向へ動機づけることができるのか，という問いかけそのものを否定しました。そして，その問いを次のように変換しました。それは，どうしたら周りの人たちがみずからを動機づける条件を生み出せるか，です。

　我々は，子ども，生徒，部下らに対して，たとえ自分がそこにいなくても，我々が期待する行動をするように望んでいます。ちゃんと後片付けをしてほしい。たくさん勉強してほしい。たくさん契約を取ってきてほしい。そんな風に思っています。そのとき，我々の前には2通りの道筋が現れます。1つは，報酬，罰，称賛などを巧みに駆使して，あるいはその量を増やして，より強く彼らを動機づけようとする道。そしてもう1つが，自分たちの言動や振る舞いを変化させることで彼らの環境を変え，みずから進んで行動してもらおうという道です。

　誰もが後者の方が優れており，理想的であると感じるはずです。しかし，まことに残念ながら，我々はまだそれを実行する術を知らずにいます。そして現場ではやむを得ず外的なコントロールを強めてしまうという傾向にあります。

　以降では，まず外発的モチベーションと内発的モチベーションの概念をしっかりと理解した上で，両者は図表3-1のように，本当に相反する性質を持つものなのか，それとも補完的に機能し得るものなのかについて，考えていきます。

図表3-1　外発的モチベーションと内発的モチベーションの関係

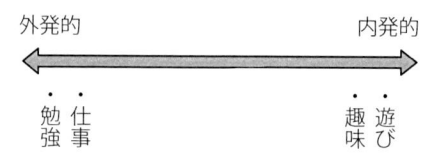

外発的　　　　　　　　　　内発的
←―――――――――――――――→
　仕　　　　　　　　　　遊
勉事　　　　　　　　　趣び
強　　　　　　　　　　味

3.2 外発的モチベーションの影響力

　ここで，外的報酬がいかに強力なものであるかをもの語るエピソードを2つご紹介します。1つ目は，すでにこの章を執筆するにあたり参考させてもらっている1冊：Edward Deci and Richard Flaste 'Why we do what we do: The dynamics of personal autonomy'（邦訳「人を伸ばす力：内発と自立のすすめ」桜井茂男監訳：新曜社）に，非常に興味深く，僕も大好きなエピソードが載っていますので，同書の33-34ページからそのまま引用します。あるユダヤ人のお話です。

　「ある町の偏屈な男たちが，洋装店を目抜き通りに開いたユダヤ人の男性を町から追い出そうと躍起になっていた。彼らは，その洋服屋に嫌がらせをするために一団の乱暴者を送り込んだ。この不良たちは店の前で毎日，大声でやじったりののしったりする手はずだった。ぞっとするような事態だったが，その洋服屋は賢かった。不良たちがやってきたある日，洋服屋は彼らのやじったりののしったりする努力に対して，全員に10セントコインを1枚ずつ手渡した。すると彼らは喜んで，ますます無礼なことを叫び続けた。
　次の日も彼らは10セントを期待して騒ぎにやってきた。しかし，今度は5セントしかあげる余裕がないと洋服屋は告げ，全員に5セントずつ手渡した。彼らは少しがっかりしたが，5セントでも金がもらえることには変わりがないので，各自5セントのコインを受け取り，叫ぶだけ叫んで帰っていった。
　次の日，彼らはまたやってきた。今度は1セントしかあげられないと洋服屋は言って，コインを手渡そうとした。それを聞いて憤慨した不良たちは，あざ笑いながら言い捨てた。おれたちには，1セントぽっちのはした金のためにわざわざやじるような暇はないんだ，と。そして彼らは騒ぐことなく立ち去った。結局，洋服屋は不良たちのいやがらせを阻止することに成功したのであった」

　続けてもう1つ紹介します。こちらは僕のオリジナルで，あるおばあさんと少女の悲しいお話です。

「ある少女は，彼女のおばあさんのことが大好きだったので，『肩もんであげる』と言って，よく肩もみをしてあげていました。ある日，このときも居間でテレビを見ながら少女がおばあさんの肩をもんであげていると，一緒にテレビを見ていたお父さんがこう言いました。『○○子ちゃんは15分間（テレビ番組の時間）も肩もみしてあげて偉いな。じゃあ100円あげるから，これでジュースでも買っておいで』。

翌日，同じようにおばあさんに肩もみをしてあげたあと，少女はこう言いました。『今日は30分してあげたから200円ね』」

いかがでしょうか？ 外的報酬がいかに人の心に影響するかを強調したいがあまり，若干ブラックなお話も入れてしまいました。ただ，1つ目は非常にウィットに富んでいて，示唆の多いお話だと思います。この他にも，外的報酬が内発的モチベーションに及ぼす影響を語るエピソードは枚挙に暇がありません。皆さんもよくご存じの例えとしては，好きなことは仕事にするな，でしょうか。大好きな事柄があると，これを続けていくことで食べていけたらどんなに良いことか，と誰しもが思うことでしょう。しかし，いざそれを仕事にすると，大好きだったそのことが急に嫌なことに思えてくる，というパターンです。

このように，外的報酬が内発的モチベーションを阻害することを，心理学ではアンダーマイニング効果と呼びます。非常に有名な効果ですから，聞いたことがある方も多いかもしれませんね。経済学の分野では，ほぼ同様の現象のことをクラウドアウト効果，あるいはクラウドアウト理論と呼ぶこともあります。

最近では，脳科学のアプローチによりアンダーマイニング効果の存在を確認するまでに至っています（Murayama, et. al. 2010）。つまり，心理的な作用として議論されていた外的報酬の負の効果が，実際に脳内の電気信号としてその存在がとらえられ，モチベーションの低下が裏づけられたことになります。

アルフィ・コーン（Alfie Kohn）は，その著書「報酬主義をこえて」（田中英史訳：法政大学出版）の中で，外的報酬に依存したモチベーション方策が，もはや現代社会において機能不全を起こしつつあることを主張しました。彼は，ア

ンダーマイニング効果の他にも，外的報酬の持つ問題点を次の4点にまとめています。

　第1に，金銭など受け取る外的報酬が前回より減少したとき，人はそれを罰，あるいは低評価と感じることです。先ほどの少女とおばあさんのエピソードにおいて，仮にいつもと同じように15分間肩もみをしてあげたとして，それでも50円しかもらえなかったとしたら，はたして少女はどのように思うでしょうか？

　さらに悲しいことに，罰や評価の低下は，通常改善ではなく反抗，弁明，怒りなどを生じさせます。肩もみという労働を50円に減額された少女は，おばあさんのことをどう思うようになるでしょうか？　これも容易に想像できることではないかと思います。最初は，ただ好きだからという理由でともに時間を過ごし，肩もみまでしてあげていたのに，まさか反抗心を抱くことになるとは恐ろしいですよね。ことの発端はお父さんが作ったのに，おばあさんもたまったものではありません。しかし，お父さんも悪気があってしたわけではなく，むしろ喜んでほしくてしただけなのですが。

　さて，第2，第3，第4の問題点は，報酬という名から連想される通り，主にビジネスシーンを想定して述べられています。

　第2の問題点として，外的報酬は，それが意図されたものであるかどうかに関わらず，会社や団体，組織内部の構成員に対し，競争を強いることになると主張しています。少し想像してみてください。あなたは今，ある営業部に所属しています。間もなく月末の営業成績の発表日で，勝ったものには報酬として10万円が付与されます。そしてその月，あなたはライバルとトップを争っているとします。そこへ，たまたまライバルにとって有利となるかもしれない情報を手にしました。さて，あなたはその情報をライバルに教えますか？

　どうも外的報酬をテーマに解説を書いていると，いじわるなエピソードばかり増えてしまいますね。正直に言って，僕なら10万円に目がくらむかもしれません。あるいは10万円の決着がついた後にその情報をライバルに教えるか…。いずれにしても，このように外的報酬の設定は，組織内のオープンな意思疎通を破壊するというのがコーンの主張です。

続いて第3の問題点です。一度，外的報酬が設定されると，報酬を受ける側は，その報酬そのものに注意が向いてしまうあまり，そもそもなぜその行動が必要か，といったより重要な要素を思考の対象から外してしまうといいます。先に記述した，ユダヤ人が営む洋服屋のエピソードがこれに近いかもしれません。当初は，街に来た異人種を追い出すためという（彼らにとっての）重要な目的が存在していました。それが，外的報酬が付与されたことで，報酬そのものに注意が移ってしまい，そして報酬が減額されていくことで，その行動自体の意味を消失させるという効果が発揮されました。

また，この効果を逆に考えると，何らかの報酬を設定しない限りそのタスクは行われない，辛い行動なんだというメッセージを発しているともいえます。つまり，この行動は誰もやりたがらないタスクであり，だから外的報酬を付与する必要があります，というメッセージです。例えば，アルバイトの募集欄に，時給1万円と書いてあったら，皆さんはどう思いますか？ なにかそれ相応の負荷が待っているに違いない，だから高額なんだろう，と考えてしまいますよね。このような効果を，経済学ではシグナリング効果と呼んでいます。シグナリング効果については，本章の最後でもう一度復習したいと思います。

最後となる第4の問題点は，外的報酬は，人がリスクを冒してでも仕事の質を上げたり，創造的な発想に基づいた行動を起こそうとする意欲を喪失させてしまうという主張です。知識創造性とモチベーションを焦点としている本書としても，この主張は見過ごせませんので，しっかりと考えていきます。

この主張は，要するに外的報酬が設定されると，人はリスクを取らず守りに入ってしまうということです。これは非常に大切な論点です。わかりやすい例から考えてみましょう。仮に今，月20万円の仕事に就いているとします。そして今，追加的にある課題に挑戦し，解決することができたらプラス10万円が与えられるとします。ただし，もし失敗したらマイナス10万円です。なお，この課題の成功確率は50％とします。さて，あなたならどうしますか？ この課題に挑戦しますか？

「挑戦するかどうかは，その人の状況によるのでは？ 貯金が1億円ある人

なら 10 万の差なんて関係ないだろうし。いずれにしても，やる人とやらない人がいるように思う。だとしたら，問題ないんじゃないの？」

　このように考えた方，きっといらっしゃったと思います。僕も最初はそう思いました。しかし，問題点はそこではありません。この先にあるのです。
　それではこの課題，外的報酬が設定されていなかったとしたら，どうでしょうか？　つまり±10 万円の報酬はなしです。あなたなら，どうしますか？　また，外的報酬があるときとないとき，どちらがより多くの人がこの課題にチャレンジすると思いますか？

　この答えは難しいところだと思います。もしかしたら，チャレンジする人数自体には，大きな差は生まれないかもしれません。あるいは，「そりゃ課題の中身によるだろう」と思われるかもしれませんね。
　実はここが大事なポイントなのです。僕が問いかけていたのは，実はどちらがチャレンジする人が多いかではありません。チャレンジするか否かの判断基準が問題なのです。外的報酬が設定されているバージョンでは，やるかやらないかの判断基準は，設定された金額の大きさや成功確率ではありませんでしたか？　しかし，外的報酬がない場合では，今度はその課題の内容が気になってきたはずです。やるかやらないか，それはまずは課題の中身を見てから考えよう，と。
　この違いは何を意味しているのか？　それがコーンが指摘する第 4 の問題点——外的報酬の設定は創造的な発想に基づいた行動を起こそうとする意欲を低下させる——という点につながります。
　再びこの±10 万円の課題の例で考えてみましょう。外的報酬がある場合とない場合，どちらの方がより高い創造性を発揮できると思いますか？　さすがに創造性の発揮の程度をすぐにイメージするのは難しいかもしれません。それだけ創造性というのは抽象的なものでもあります。そこで，問いをこのように変換したらいかがでしょう。どちらのバージョンの方が，よりそのプロセスを楽しんだり，いろんなことにトライしてみようと思うか？　どちらのバージョ

ンの方がより飛び抜けたアイデアの数が多く出ると思うか？

　こう考えると，答えはある程度見えてくるのではないでしょうか。解説が長くなりましたので，重要な点のみ繰り返します。フロー理論を展開したチクセントミハイは，喜び，楽しみ，達成感などの内的報酬が人の創造性をより引き出す，と結論づけています。外的報酬を設定することで，人の意識の一部がそちらへ向いてしまい，わずかかもしれませんが人の創造性を阻害する可能性があります。またそれは，人がリスクをとってチャレンジするモチベーションを奪うことにもなり得ます。この場合はマイナス10万円というリスクです。外的報酬がない場合は，そのようなリスクを気にする必要はありません。

3.3　内発的モチベーションを高める3つの鍵

　ここまで内発的モチベーションと外発的モチベーション，そしてアンダーマイニング効果について理解を深めてきました。もうお腹いっぱいと思われている方もいらっしゃるかもしれませんが，デシらの研究成果にはまだまだ続きがあります。本章では，もう少し理解を深めていきましょう。

　ここまでは，内発的モチベーションの存在そのものと，その重要性，そしてそれを阻害する要因について議論してきました。ただし，いったい何が内発的モチベーションを高めるのか，という疑問が未解決のままです。もしその要因がわかれば，多くの人の内発的モチベーションを今以上に向上させることが可能になるかもしれません。デシらも当然，この視点について深く追求すべく，多くの実験と検証を行っています。本章では，その格闘の痕跡は飛び越して結果のみを拝借することにしましょう。

　デシらは，内発的モチベーションを向上させる最大の鍵として，自律性，有能感，関係性の3点が特に重要であると結論づけました。自律性とは，自分の行動は自分で選択しているという実感のことを指します。実感ですから，あくまでも自分がどう思っているか，その認知状況に重きを置きます。

　有能感とは，その言葉の通り，自分は有能であるという実感のことですが，細かく考えると，どうやら2通りの解釈があるようです。1つは，ある事柄に

対して，自分はそれを遂行するのに十分な能力を有している，と認知していることです。デシらによると，有能感は人間の基本的な欲求に近いとし，また達成感とも密接に関わっているとも述べています。人は達成感を得るために，さまざまな活動に積極的に取り組もうとします。そう考えると，好奇心とは，周りとの関わりを通して有能感を感じたいという欲求の表れなのかもしれません。つまり，自分は自分の周りのさまざまな環境に対して，影響力のある人間だという感覚がそこにあるということです。

　有能感のもう1つの解釈は，現在というよりもむしろ未来に対する力，すなわち自己のポテンシャルの認知が関わってきます。今はまだある対象の事柄に対し無力であったり力不足であるかもしれないが，自分ならいずれそこへ到達することができる，という感覚を指します。一見わかりにくいかもしれませんが，ある野球少年が毎日つらい素振り練習を自分に課すことができるのは，自分もいつかイチロー選手や大谷翔平選手のようになれると信じているから，と考えることができます。

　内発的モチベーションを高める最後の鍵は関係性です。これは，人と一緒にものごとに取り組んでいる，あるいは共有しているという実感を表します。読者の皆さんの中で，ひとりだとなかなかやる気が起きないのだけど，誰かと一緒だとなぜか（それがひとりでやっても誰かと一緒にやってもまったく同じことだとしても）やってみようという気になる，という方もいるのではないでしょうか。誰かと一緒なら人の目もあるし途中で止めることもなくなるだろう，という外的な効果を狙った場合もあるでしょうが，ここはそうではなく，誰かと一緒にやると考えるとエネルギーが湧いてくる，そんな感覚を指しています。

　そしてデシらは，この3つは並列ではなく，内発的モチベーションを高めるには自律性が最も重要であり欠かせない要素であると主張しています。その理由として，自律性を伴わないということは，結局のところ他者に統制されている感覚が心のどこかに残るということを意味しており，そのような状態において得られる有能感や関係性では，十分に内発的モチベーションを高めることはできないと結論づけています。

3.4 外的報酬の2つの側面

　さて，このように内発的モチベーションには，自律性，有能感，関係性がキーポイントになっていることがわかりました。そして，その中でも自律性が中心的要因であることもわかりました。それではさっそく自分の周りの人たちの自律性を重視した接し方や環境構築を進めていこう，とできれば良いのですが，これがなかなか手ごわい問題です。そして結局，我々は，本章の冒頭で述べた論点に戻ってきています。それは，「内発的モチベーションが本人の中からしか生じえないのだとしたら，親や教師，経営者など，教育やマネジメントに従事する人たちは，どうやって彼らの子どもや児童，生徒，学生，社員らを導けばいいのか？」というものでした。そのキーポイントが自律性だとわかった今でもなお，うまくその問いに答えることができません。

　ここで，僕自身が講座などでよく受ける質問をご紹介します。これはある小学校の先生からのご意見です。

　「なんとなく自律性の重要性は自分なりに理解していたことだと思います。だからこそ，普段から自分は子どもたちを型にはめるようなことは決してせず，可能な限り褒めたり，参考となる例を示すだけにとどめたり，本当に必要だと思えるものだけを与えるようにしてきました。これでは不十分ということでしょうか？」

　もう1つ，これはある企業の管理職の方からのご意見です。

　「自律性が大事なのはわかるが，そうはいっても組織である以上，好き勝手にやらせるわけにはいかない。結局は外から報酬を設定することでしか，彼らの行動を（企業がそうしてほしいと思う方向に）促すしかないのではないだろうか？」

このような質問をされる方々は、おそらく自分たちの行動はベストではないと知っていて、だからこそ悩まれているのだろうと思います。特に1つ目のご意見は示唆に富みます。自分は相手のために行動している、相手の求めるもののみを与えている、と思っていても、心のどこかでは相手を自分の望む方向へ誘導するためという心理が働いているものです。人は相手の心理に非常に敏感なものです。自分でも気づかないほどのほんのわずかなコントロール意識であっても、相手はそれを敏感に察知します。それは相手が子どもでも変わりません。結局、相手に報酬を与えるときは、心からの誠実さが求められるのだと思います。

この点について、デシらは次のように外的報酬を分類することで、我々の思考の整理を手助けしてくれています。それは、いかなる外的報酬にも"統制的側面"と"情報的側面"があるということです。統制的側面とはいわゆるアメとムチのことで、他者をコントロールすることを目的に使用される報酬のことです。ここでもやはり認知がキーワードとなっており、他者をコントロールするという目的が明示的になっていようとなっていまいと、相手がそれを少しでも察したら統制的側面が作用しているということになります。そしてデシらは、この統制的側面を持つ報酬のみがアンダーマイニング効果を引き起こす可能性があると述べています。

一方、情報的側面とは、報酬とともにフィードバックされる情報の方に重きが置かれている状態のことを指します。ですからその場合の報酬は、情報に付随した金銭的報酬や称賛等という意味であくまでも付属品であり、そのように情報的側面が強調された報酬は内発的モチベーションを高める効果があると伝えています。

情報的側面を強調した例を挙げるのは難しいのですが、例えばノーベル賞には巨額の賞金がつきます。しかし、そのために金銭的報酬狙いで研究を進めるような受賞者や候補者はいません。これは、ノーベル賞が社会に対する研究の有用性を評価したために与えられるものであり、要するに研究成果に対する純粋なフィードバックだからです。このように、事後的に与えられる称賛や表彰にはコントロール性はなく、内発的モチベーションを高める効果が期待されます。

この整理は，僕自身とても有用だと思い多くの方にお伝えしていますし，僕自身もいつも参考にしています。

　本章はいったんここで幕を閉じます。いったん，というのはまだなお内発的モチベーションに課題を残しているからです。それは以下の問いです。

　「これまでの議論は，もともと内発的モチベーションを持っている人（例えば小さな子どもなど）に対してのものではないか？　残念ながら世の中には，そもそもアンダーマイニングされるほどの内発的モチベーションを持ち得ていない人も多いのではないか。そういう人に接する場合には，どうしたら良いのか？」

　この問いに対する検討は，第8章の解説で行いたいと思います。デシらから続く一連の研究は，ここでも我々に大きなヒントを与えてくれています。
　さて，次章のストーリーは，公平な報酬と名誉を求める清田悟史君の登場です。

Column　シシュポスの岩

　モチベーションの話をするとき，特に人の生きる目的や，あるいは無力感に関する話をするとき，いつも思い出すエピソードがあります。それが「シシュポスの岩」です。これはギリシャ神話の一説として登場します。文献によっては，シーシュポス，シジフォス等と表記されることもありますが，基本的に同一のエピソードを指します。

　実は僕はギリシャ神話の大ファンです。皆さんにとっても馴染みがあると嬉しいのですが，おそらく多くの方は「名前くらいは知ってる」程度だろうと思います。ですが，登場人物（神様を含む）の名前はどれもビッグネームです。まず神話の中心的存在として大神ゼウスが君臨しています。その他にもオリンポスの神々として，芸術や医術をつかさどるアポロン，知恵を担当するヘルメス，美の女神アフロディーテ（ヴィーナス），恋愛の神エロス（キューピット），海のすべてを支配するゼウスの弟ポセイドン等々，そうそうたる面子が顔を揃えます。

　ギリシャ神話は，有名なエピソードにも事欠きません。その中でも最も有名なのが「トロイア戦争」でしょう。ギリシャの大軍がエーゲ海の対岸の国トロイアを攻め落とすというエピソードで，ギリシャ神話最強の戦士アキレウスもこの中で登場

します。終結に至るきっかけとなったのが「トロイアの木馬」ですが，これだけでもご存知の方も多いかもしれませんね。

　他にもギリシャ神話では，ヘラクレス，イカロス（の翼），ミノタウルス（半人半獣）など，魅力満載のラインナップを揃えています。

　と，ギリシャ神話の売込みはこのくらいにして，シシュポスの岩に戻ります。ギリシャ神話では，あの世（地獄）の様子も頻繁に描かれるのですが，その地獄の一番奥深いところはタルタロスと呼ばれ，頭を３つ持ち，口から炎を吐く番犬ケルベロスによって守られています。ここは主に神々を冒とくした（と神々が思った）罪人が投獄されています。

　そしてシシュポスもこのタルタロスに幽閉されていました。なぜシシュポスがこのような事態に陥ったのかは，ここでは割愛します。一言で言うと，ゼウスに逆らったからです。ギリシャ神話には，果敢にもゼウスを欺いたり，知恵比べを挑む勇敢かつ無謀な人間がいました。そして，ゼウスは神様のくせに普通にとっても怒ります。

　タルタロスは地獄の中の地獄。ですからここで科される懲役も半端ではありません。シシュポスに与えられた刑罰は，大きな岩石を山の上まで押し上げるというものでした。シシュポスの逸話は芸術家の感性をも刺激するのか，まさに岩を押し上げようとするシシュポスを描いた絵も多く現存しています。そして，どの絵のどのシシュポスも大変屈強な肉体を持っています。そのシシュポスが全力を振り絞ってなんとか動かせるほどの岩石というわけです。

　これだけでも大変ですが，本当の苦行はこれからです。シシュポスがその岩を山の頂上まで押し上げるや否や，その岩は転げ落ちます。まさにふりだしに戻る，です。つまりシシュポスは，永遠にその無償の努力を繰り返すことを強いられたのです。これは想像するだけでもきついでしょう。

　しかし，この逸話を描いたフランスの作家アルベール・カミュは，その作品において次のようにシシュポスの苦行を解釈しています。

「ひとはいつも，繰返し繰返し，自分の重荷を見いだす。しかしシーシュポスは，神々を否定し，岩を持ち上げるより高次の忠実さをひとに教える。（中略）頂上を目がける闘争ただそれだけで，人間の心をみたすのに充分たりるのだ。いまや，シーシュポスは幸福なのだと想わねばならぬ」
（アルベール・カミュ「シーシュポスの神話」清水徹訳，新潮文庫，p.173 より）

　いかがでしょうか。僕がこのエピソードに魅かれる点もまさにここです。もとより，ギリシャ神話では，想像しうる最大級の苦行をシシュポスにあてがわれたに違いありません。しかしカミュは，あえてこれを前向きなものへと解釈し直しています。

　なぜこの行為を「幸福であると想わなければならない」のでしょうか。ここから

は僕の想像も過分に入るので，その点ご留意いただきたいのですが，おそらくカミュは，シシュポスの苦行そのものに，人の生き様を見ているのではないかと思うのです。人の寿命は，長い歴史から比べればあまりに短い。そしてそうである以上，究極的には人の行いなんてどれも無意味なものなのではないか。まさにシシュポスが繰り返しているように，岩を押し上げる人，それを頂上から転がす神，そしてそれをまた押し上げる人。人はそれぞれの目的を持って行動しているのかもしれないが，突きつめて考えればどれも大した意味なんてないのだ，というメッセージに僕は感じられてなりません。

　ただ，「頂上を目がける闘争ただそれだけで，人間の心をみたすのに充分たりる」という言葉には，人の行為は結果よりも過程にこそ意味がある，という解釈がしっくりきます。そう考えると，つらいときも楽しいときも，今その一瞬を充実させようという人は輝いて見えますよね。モチベーションを考える際にも，重要な概念の1つだと思います。

第4章

公平な評価を求めて

ストーリー

　時給換算で1,390円。ボーナスなし。交通費支給。リフレッシュコーナーの飲み物およびお菓子は食べ放題。
　大学院入学が決まり，その間の生活費を稼ぐために決めた派遣業務の清田悟史の待遇である。仕事内容は，ある中堅企業のネットワーク管理およびメンテナンス業務。同社のシステム情報室室長のもと，2名の派遣職員がこの業務に当たっている。実際は，全社対応のヘルプデスク業務も兼ねているため，システムの管理やメンテナンスよりも各部署からの問い合わせ対応に最も時間が取られるのが実情だ。
　ただし，仮にいくら仕事が残っていても，同室の派遣職員は残業はしないルールとなっている。そのため，ヘルプデスクも17時で完全に閉める仕組みになっていた。夜に講義やゼミが入っている清田にとっては，この条件こそが必須であったため，パソコンにはさほど自信はなかったもののすぐに飛びついた。会社ではすでに市販のネットワーク・システムを導入していたので，あとはこのツールを誰よりも詳しく使いこなせるようにしておけば，だいたいの問い合わせには事足りていた。
　むろん，清田はこの報酬に満足しているわけではない。修士号を得るまでの2年間の収入源，と割り切っていた。かつて勤めていたころの収入には遠く及ばない。それでも清田は，卒業後の就職先として，そのときの2倍の収入を第一の目標に設定していた。
　自分はいつからこんなにも稼ぎを意識するようになったのだろう。この前，同じ研究室の星置とキャンパス内でばったり出くわしたとき，彼もてっきり報酬目当てでビジネスを学びに来たのだと思い質問したら，どうやらその推測は外れていたようだ。それでも別に，星置が変わりもので自分の考えの方が一般的，とは思っていない。むしろ，そこまで収入にこだわるのは少数派かもしれない，ということもわかっていた。
　清田は特に貧しい家庭に生まれ育ったわけではない。今，客観的に振り返っ

てみても、人並みの暮らしだったように思う。誕生日にはテレビゲームを買ってもらったし、高校生のとき急速に普及しだした携帯電話も、友だちにさほど遅れることなく持たせてもらっていた。実家から通うなら、という条件付きではあったが、私立大学にも行かせてくれた。

やはりお金に対する認識が変わったのは、大学2年のときだろうか。それまで元気だった父が病気で他界したのだ。そのときはさすがに私立大学に入ったことを後悔したし、当然退学しなければならないと思った。

しかし清田は退学も休学もせずに済んだ。そのとき助け舟を出してくれたのが祖父だった。残り2年間の学費を捻出してくれたのである。清田の結婚資金のために貯金しておいた金だから気にするな、その代わり結婚式は自前であげなきゃ、と祖父は笑っていたが、本当かどうか。

そんな清田に、突然の不幸が2年連続で訪れた。今度はその祖父が他界したのである。葬式の席で初めて知ったのだが、祖父はすでに卒業までに必要な学費をすべて前倒しで納めてくれていた。祖父が出してくれた分は、就職したら少しずつ返そうと決めていただけにショックだったが、おかげで清田は卒業まで何の心配もなく大学生活を送ることができた。

そして清田は地元の農業機械の輸入品卸会社に就職した。東京の大企業から比べれば見劣りする水準であったが、政策の後押しによる農業分野への堅調な投資機運の高まりもあって、会社の業績は緩やかな上昇カーブを描いており、社員に対しても安定した基本給と、大学の同期よりは少しばかり高い賞与が用意されていた。

職種は営業を希望した。その第一の理由として、コミュニケーション力には自信があったからだ。就職活動の面接もほとんど練習をしたことなどなかったが、ロジカルに、しかも相手が望む答えを即興で話せる自信があった。実際、エントリーシートや書類審査で落とされることはあっても、面接まで進めば落とされることはなかった。

営業職を選んだ第二の、そして最大の理由として、営業の世界は実力社会だと思ったからだった。就職活動をしてみて初めてわかったのだが、営業職とい

っても，きっちりと成果に連動させた報酬体系をとる企業もあれば，事務職と同じようにほとんど差をつけない企業もあった。清田は就職先として，成果連動型をうたう企業を選択した。

　この社会はコネで成り立っている。これがこれまで生きてきた清田の結論だった。東京や大阪などの大都市圏は正直なところよく知らない。ただ，自分の地元を含めて，多くの地方では間違いないだろうという確信を得るまでに至っていた。就職活動ではこの確信がさらに深まった。

　清田には子どものころ，所属していた少年サッカークラブで親しくしてもらっていた先輩がいた。彼は今，毎年のように地元の小学校の教員採用試験にチャレンジしていた。つまり，彼は落ち続けていた。それでも夢を捨てられず，今は非常勤講師として小学校に勤務していた。その非常勤講師も昨年ようやく決まったものだ。今年は本採用でいけるだろうと周りは期待していたが，再び不採用となった。そしてそのとき採用されたのが，地元の教育大を出た3歳下の男だった。詳しくは知らないが，彼の父親もまた教育関係者らしい。

　客観的に見ても，先輩はコツコツと腐らずに努力していた。地元の子どもたちが参加するようなイベントでは率先してボランティアもやっていた。自分には，とてもじゃないがあんな風に子どもと接することはできない。そう思わせるほど，先輩にとっての小学校教師は天職に見えた。しかし，先輩は最終面接に呼ばれることすらなかった。

　新川との最初の面談のとき，進学の理由として経営に興味があると言った記憶があるが，それは嘘だった。本当は，清田は公平な場所を求めていた。自分の力と努力に見合う処遇と報酬を得たい。少なくとも今，自分は過小評価されている。

　就職後3年目で，清田は営業成績で初めてトップになった。長らくトップとして会社に貢献してきた営業マンが，現場を退き管理職に登用された直後のことだった。このことで，清田は若手の中で一目置かれる存在となった。当然，成果連動型の報酬も同期では1番となった。

しかし，清田が営業成績でトップをとった翌月，思いがけないライバルが現れた。コネで入社した同期の南郷だった。当然，清田は南郷との関わりを避けるように敬遠してきたが，その南郷が突然，大きな成果を挙げたのだ。

　清田の会社は，外国製農業機械の輸入代理店だ。つまり，農家や農協，農業生産法人などが主な顧客となる。農機の市場には大手国内メーカーも参入し徐々に力をつけているが，特に大型の農機はいまだに輸入品が大きなシェアを占めていた。類似した市場として，自動車業界を思い浮かべてもらうとわかりやすいかもしれない。大型の高級車は外国メーカーが，大衆車やコンパクトカーは国内メーカーがシェアを握っている構図と似ているためだ。ただし，農機は嗜好品としての対象でもある自家用車とは異なり，完全なるビジネス・ユーズだ。少しの性能差が農家の生産性に反映されるため，性能面での競争は激しく，営業マンたちもそのアピールには細心の注意を払っていた。逆にデザインにこだわったものはほとんど見かけなかった。

　そんな中，南郷は農機の卸と販売のみを行ってきた会社に，農機レンタルの概念を持ち込んだ。先輩や上司を巻き込んで綿密にビジネスモデルを検討し，一部の協力的な顧客に試験的導入をお願いしたところ，これが大きな反響を呼んだ。次々と他の顧客から問い合わせがあった。すぐにトップは，農機レンタル・ビジネスを試験販売から本販売へと切り替えるためのロードマップを作成した。営業マンたちは，このロードマップにのっとったレンタル商品の詳細をプレゼンするために，呼ばれるままに顧客のもとを訪問した。南郷が仕掛けたレンタル・パッケージの商品化は，会社組織はもとより，販売代理店，顧客，仕入れ元の外国メーカーにまで変革をもたらそうとしていた。

　正直，清田はやられたと思った。営業マンとして顧客にプレゼンをするたび，清田は悔しさで胸が痛んだ。何より清田を打ちのめしたのは，そのレンタル・パッケージが本当に優れていたことだ。農業分野への投資が進むにつれ，農機の性能も高度化が進んだ。最新のITシステムも次々と導入された。そのこと自体は，農機輸入元の企業がもともとITに強かったため，会社にとって追い風となると確信していたのだが，顧客である農家の知識や技能，そして資金力がその高度化の波に追いついていなかった。日本の農家は年々高齢化してい

る。清田が担当するエリアでも，農家の60％以上が65歳以上となっていた。彼らは，高度で高価格な農機の購入に二の足を踏んでいた。そこへ南郷はレンタルの仕組みを提案したのだ。

新しい機械の購入を躊躇していた農家たちほど，この仕組みに興味を示した。これならば，高額の機械を購入するという大きなリスクを負うことなく，最新の農機を試すことができる。このパッケージをうまく活用すれば，確実な収量アップと労働時間の軽減がもたらされた。

ただ，南郷のレンタル・ビジネスが優れていたのは，これだけではなかった。新しい農機やITシステムの研修も，すべてパッケージ化して提供したのだ。これがレンタル・パッケージと命名された理由だった。これによって，農家は収量の向上や労働時間の低減を実現しつつあったが，もう1つまったく思いがけない恩恵を受けることになった。農業を志す若手が少しずつ増えてきたのだ。

今まで若手が農業をやろうと思ったら，どこかの農家に弟子入りし，その人のもとで修業を積む必要があった。しかも農業は，原則として1年で1ターンだ。すべてのことが，1年で1回ずつしか学べない。つまり，技術の習得にとても時間がかかるのだ。5年10年という単位で，たったひとりの農家に師事する。その決断を，ほとんど情報がない中で下す。そのリスクは，いろんな意味で今の若手にとっては高いと言わざるを得ない。

しかし南郷のレンタル・パッケージは，その状況にも変化をもたらした。新しい機械やITシステムは，当然，若手の方が習得が早い。これまで1から10まで教わる立場だったのが，わずかでも師匠より秀でる領域ができるという事実は，自身の有能感や達成感を高め，やりがいにつながる。しかも教わる相手はマニュアルをそろえて訓練された企業人であり，研修会の後も定期的な勉強会やメンテナンス実習会が用意されていた。つまり，若手にとっては，教わる相手も交流する相手も師匠ひとりではなくなったのだ。

南郷がこの仕組みを発案した当初は，当然ながら反対もあった。最大の懸念は，数年間レンタルしたあとに返却されることで，社内に大量の中古在庫の山ができることだった。しかし結果的にこの懸念は杞憂に終わろうとしていた。レンタル契約していた顧客の多くが，契約後にそのまま購入に切り替えること

第 4 章　公平な評価を求めて　｜　65

で，むしろ機器購入数も増加した。また，当然，新規購入よりもレンタルの方が敷居が低い。つまり，営業マンもある程度気楽に，そして強気に提案することができる。営業マンたちは自分たちに課せられるプレッシャーが低下したことで，士気が向上したようにも思えた。今では，小型・中型の市場において，国内メーカーのシェアを奪い取る勢いだった。

　それまで清田は南郷のことをまったく評価していなかった。父親のコネで入社し，入社後もどちらかというとのんびりしているように見えた。コネをまったく持たない清田にとっては，コネは嫌う対象ではあったものの，多くの利点も備えていることは理解していた。中でも最大の利点は，信頼関係といえるだろう。コネが効くほどの間柄ということは，要するに古くから知る存在であり，ある種の運命共同体であることを意味する。つまり，なかなか他の社員には頼みにくい仕事であったり，あるいはわがままであったりというところは，一定以上の信頼関係があればこそ融通できる領域である。
　ただし，そのような利点があったとしても，南郷には，頭がきれる，といった印象を持ったことはない。それだけに清田はわからなくなった。自分は日々の営業活動の中で，慎重に顧客の声を聴いてきたつもりだし，顧客からの信頼も得ていると自負していた。しかし今，自分は南郷が作ったレンタル・パッケージプランを抱え，指示されたルートに営業をかけている。自分は成績と報酬に集中するあまり，レンタルというアイデアなどまったく考えもしなかった。もしかしたら，日々の仕事の中にヒントが落ちていたのかもしれないが，それを拾って磨き上げるという創造性を清田は持ち合わせていなかった。
　なぜあいつができて，自分にはできなかったのか？　というか，
　なぜあいつは，あんなに楽しそうに仕事をしているのか？　今だけでなく，成績が振るわなかったときでさえも。
　入社 4 年目に入っていた清田は，今年度いっぱいでの退職を決意し，大学院進学という目標を立てた。その目的は，改めて自分を公平に，正当に評価してくれる場所を見つけるため。そしてもう 1 つは，このモヤモヤした感覚の答えを見つけるためだった。

4.1 公正理論

　一見穏やかで，しっかりとした価値観を持っているように見える清田君ですが，最後に本人も言っているように，その心の中には絶えずモヤモヤしたものがくすぶっており，どう対処したらいいかわからない悩みを秘めているようです。彼が追い求めるのは高額な報酬ですが，これは一義的なもの，あるいは結果的なものに過ぎず，その奥には公平な評価とそれに見合う処遇に対する枯渇感が垣間見えます。

　本章ではまず，その名の通り"公正理論"をご紹介します。そのあとに，公正理論と並んで主に金銭的な処遇を扱う理論"期待理論"を解説していきます。

　公正理論（Equity Theory）は，ジョン.S.アダムス（John Stacey Adams）教授らが1960年代に発表した理論です。さて，アダムスらが唱えた公正理論の要点は次の通りです。

　「人は自分が仕事に投入したもののすべて（インプット）と仕事から得たもののすべて（アウトカム）の割合と，他者が仕事に投入したインプットと仕事から得たアウトカムの割合を比較して，この両者の比率が同じだと感じたときに公平感を感じ，モチベーションを向上させる」

　ここでいうインプットとは，個人の努力，教育，経験，学歴，業績，技術など，おおよそ活動を行う際に投入される要素を指します。そしてアウトカムには，金銭的報酬，評価，名声，地位，作業環境などが含まれます。したがって，公正理論では次の4つのパラメータが発生します。

　　$I_{自}$：自分のインプット（努力，業績，年齢，学歴，技術など）
　　$I_{他}$：他人の　〃
　　$O_{自}$：自分のアウトカム（金銭，地位，名声，評価など）
　　$O_{他}$：他人の　〃

そして，次の等式が成立するとき人は公正だと感じ，逆に等式が成り立たないと感じたときは，人にある種の緊張感あるいは違和感をもたらします。

$$O_自／I_自 = O_他／I_他$$

このような緊張感や違和感は，総じてモチベーションの低下につながります。特に，自分は能力や努力量のわりに他者に比べて十分なアウトカム（この場合，報酬や評価）を得ていないと感じたとき，そのような状況から離れようとしたり，あるいはみずからの努力水準を低下させることで帳尻を合わせようとする心理的作用が働きます。すなわち，次式のように，等式における左辺の方が小さい場合，意図的に$I_自$を低下させることでイコールに近づけようという作用が働きます。

$$O_自／I_自 ＜ O_他／I_他$$

このように数式で表すとなんだか難しいなと感じるかもしれませんが，主張しているポイントはシンプルですし，非常に身近な感覚です。例えば，あなたは今，まったく同じ水準の報酬を得ているメンバーによるプロジェクトチームに参加したとして，あなただけが遅くまで努力していたり，あなたの仕事だけが不公平なまでに多いと感じたとしたら，あなたならどうしますか？　さらには，そのような状況下でプロジェクトを完遂したのちに与えられた評価が，全員おなじものだったら？　ここでモチベーションが上がるという人はまずいないのではないでしょうか。そのくらい公正理論は，まさに理論と命名されるにふさわしいほどの普遍性が備わっています。

ちなみに，不等式の向きが逆の場合はどうなるでしょう？　自分の方が不公平な状況におかれていると感じたときのモチベーションの変化は比較的わかりやすいですが，それが反対だったら？　つまり，他者の方がより損をしていると認知された場合のことです。

なんと，いくつかの実験によると，この場合でもバランスを元に戻そうとする（すなわち，不等式を等式に近づける）心理作用が働くといいます。ただし，その方法はさまざまで，理想は自分のアウトカムをさらに高めて他者に追いつこ

うとすることですが、残念ながら皆がそのような行動をとるとは限りません。この他の方策としては、見かけ上の自分の努力量を多くする（つまり、たくさん努力しているように見せる），他者のアウトカムは実は大したことないと自分の認知を改める、などが含まれます。

そう考えると、いずれにしても等式が成立するような状態、つまりは皆が公正だと思えるような状態が理想的だといえます。

ストーリーで登場した清田君が抱いている不満は，まさにこの等式が崩れていると感じることから生まれているようです。ただし、彼の場合は，そこで自分のインプットを低下させてバランスを取る，といった行動に出るのではなく、その場を離れるという選択肢を選ぶことで，心理的な不満足に対処しようとした例となります。実は，人が自分の職場を離れたいと考える理由として，この心理的不満足が挙げられています。それについては，また第6章で取り上げます。

4.2 期待理論

本章では，主に金銭を扱ったもう1つの理論である期待理論（Expectancy Theory）を解説します。この理論は，ビクター・ブルーム（Victor Vroom）教授，ライマン・ポーター（Lyman Porter）教授，エドワード・ローラー（Edward Lawler）教授らによって構築されました。期待理論の要諦は次の通りです。

「人が発揮する努力は，その努力の結果として得られる報酬に対する主観的価値と，その報酬を得ることができると思われる期待または主観的確率の関数として表される」

数学が嫌いな方には恐縮ですが，ここでも数式を用いて表現します。上記の定義の中にある努力水準をMとすると，Mは次のようになります。

$$M = E \times P$$

ただし，
　E：ある報酬に対する主観的な価値
　P：ある報酬を得ることができると思われる期待（確率）

　数式を眺めているだけではもの足りないという方のために，再び具体例を出して説明してみましょう。
　今日，あなたはショッピングモールで5千円分のお買い物をしました。するとちょうどその日，5千円以上お買い物をした人は，レシートを見せることである抽選に参加できるというキャンペーンが行われていました。そのキャンペーンは，5千円につき1回の応募が可能で，A賞かB賞のどちらかを選択して応募する仕組みになっています。
　A賞は北海道旅行ペアチケットです。往復航空券，ホテル，食事つきで，当選総数は5組10名となっています。あなたはまだ一度も北海道へ行ったことがありません。これはぜひ当てたい賞品です。B賞は北海道産スイーツセットです。有名スイーツ店の盛り合わせで，当選総数は20名です。スイーツ好きのあなたとしては，こちらも非常に魅力的ですが，旅行チケットほどではありません。ただ，当選数の多いところに魅かれます。

　これを期待理論で算出すると，次のようになります。

　A賞の価値：100
　A賞が当選する確率：1％
　A賞に応募するモチベーション：100 × 0.01 ＝ 1

　B賞の価値：30
　B賞が当選する確率：4％
　B賞に応募するモチベーション：30 × 0.04 ＝ 1.2

　仮に今，A賞とB賞への応募総数が同じだとすると，当選する確率はA賞を1％とするとB賞はその4倍の4％となります。さらに，B賞の価値をA賞

の3割程度に設定して計算してみました。その結果，B賞に応募したときの期待値（モチベーション）がわずかに大きいため，あなたはB賞に応募することになります。

もちろんここで設定した100とか4％といった数値は，あくまで主観的なものです。人によってA賞の価値は10にも1000にもなるでしょう。仮にA賞の価値を1000とした人にとっては，期待値は10となるので，B賞のことなど目もくれずA賞へ応募するということになります。

ここで僕が強調したいことは，人は無意識のうちにこのような計算を行っているということです。それは日常のさまざまな意思決定の場面で登場します。ランチにお寿司を食べたいけど値段は高い。だから食堂の定食で我慢する。といった場合の計算と似ているかもしれません。

4.3 機会の平等か，結果の平等か

ここまで公正，公平，平等といった言葉を使ってきましたが，ここで改めて微妙なニュアンスの違いを確認しておきたいと思います。これらの言葉を「デジタル大辞泉」で確認してみたところ，以下の通りとなっています。

　公平：すべてのものを同じように扱うこと。判断や処理などが，かたよって
　　　　いないこと
　公正：公平で偏っていないこと
　平等：かたよりや差別がなく，みな等しいこと

ご覧のように非常に近い意味を持つ3つの言葉ですが，各意味の後半部に着目するとその違いが際立ってきます。「公平」は，ものごとをかたよらないようにすることに重点が置かれています。「公正」は「公平」とほぼ同義ですが，反意語に「不正」を持つことを考えると，不正やごまかしがないことを指しているように思われます。そして「平等」とは，みなが等しいことであり，明らかに公平≠平等であることがわかります。ときには不平等であることが，公平

である場合もありそうです。

　ただし，日本人が公平という言葉を使うとき，暗黙的に平等であることを想定している場合も多いように感じます。つまり，公平感＝平等感です。例えば，日本の残業代は時間単位で支給される場合が多くなっています。これは，時間は皆に等しく，それを単位とした支払いが平等である，という思想があるように思います。しかし，これが公平あるいは公正か，と問われれば，そうとはいえません。バリバリ働いても，のんびり過ごしていても同じ時間単位で支払われるよりは，具体的にどんな仕事をしたかで報酬を決めた方が公正であると考えることも可能です。

　そこでここからは，公正理論にちなんで，日本人は何をもって公正と考えるか，ということについて考えてみたいと思います。理論の通り，公正の解釈や認知によってモチベーションが変化することを鑑みると，避けては通れない論点といえます。

　経営学では2つの組織的公正が存在します。そしてこれは，皆さんにとっても馴染みのある考えでもあると思います。1つ目は手続き的公正です。これは組織内における意思決定の手続きにおける公正さを指します。最もイメージしやすい例は，法的な手続きにおける公正さです。例えば，ある書類を申請するとき，それが受理されるかどうかは，その内容いかんを問わず，まずは正式な手続きにのっとって出された書類かどうかがポイントになります。逆に言えば，定められた手続きにのっとって対応することが，不正を防ぎ，かつ万人に均等の機会を提供することを裏づける証拠となります。

　手続き的公正はモチベーションにとっても非常に重要です。仮にあなたが会社員だとして，同期の中で自分だけが昇進できなかったとき，その結果に至ったプロセスが公正だと思えるかどうかで，その後の仕事に対するモチベーションは大きく変わることでしょう。仮にそれが納得できる手続きに従って出された結果なら，受け入れることもやむなし，と思えるかもしれません。

　このように手続き面での公正さを担保することを機会の平等といいます。ものごとの結果は等しくない（つまり，平等でない）としても，そこに至るプロセスが平等に用意されているならば公正と見なす，というものです。

組織的公正の2つ目は分配的公正です。なんらかの資源や金銭，栄誉，ペナルティなど，おおむね外的報酬として区分できるものを分配する際に求められる公正さを指します。再び，あなたはある会社の会社員だとします。もしあなたが提供した資源，それは時間や労力や専門能力といったものに代表されますが，それらが他者と同等だと思える場合，報酬や昇給，昇進に差があってはならないとする考えです。

これは明らかに手続き的公正とは異なります。手続き的公正の場合は，その審査のプロセスの平等さに重きが置かれますが，こちらは先に解説した公正理論により近く，自己のインプットとアウトカムの間の整合性に重きが置かれています。僕たちは，こちらの公正さを結果の平等と呼んでいます。

4.4 手続き的公正の要件

手続き的公正はすでに多くの理論的研究が進んでいます。ここからは，高橋潔「組織と公正：機会の平等と実力主義」（二村敏子編「現代ミクロ組織論：その発展と課題」第8章，有斐閣）を参考図書として，議論を進めていきます。手続き的公正が成立するためには，次の6つの要件があります。

① ルールや制度の一貫性
② 個人に偏ることのない偏向抑制性
③ 情報の正確性
④ 事後的な修正可能性
⑤ 当事者すべての利害の代表性
⑥ 倫理性

本来であれば，1つずつじっくりと解釈していきたいところですが，ここでは先ほどと同様，もしあなたが会社員だったらシリーズで理解してみましょう。

あなたは今，ある会社の会社員だとします。そして同期の中であなただけが

昇進できなかったとしましょう（繰り返しますが，あくまでも例え話です）。先ほど解説した通り，ここでもし手続き的公正が保たれていて，かつそれをあなたは理解・納得しているのならば，その人事結果に対しても一定の理解を示すことができるでしょう。それでは，このときの手続き的公正とは，具体的にどういった内容なのでしょうか？　これを整理したのが，先に示した6つの要件になります。

　その要件によると，あなたや同期が昇進するための条件は，関係者の間において一貫していなければなりません。このルールの一貫性は，人に，本件は公正である，と納得してもらう非常に大切な要件になります。本章のストーリーにおいて，主人公の清田君がコネに対し強い拒絶反応を見せるのは，このルールの一貫性に疑問を持っているからに他なりません。

　また，①の要件と絡んで，ルールの適用は個人に偏っていてもいけません。つまり，個人差を超越したものである必要があります。この要件に関し公正ではないと頻繁に人に思わせる例が性差です。例えば，あなたは同期の中で唯一昇進できなかった社員で，かつ同期の中で唯一の女性だったらどうでしょう？　嫌でも性差による個人偏向性を感じずにはいられません。最近では，政府主導でこの偏向性を抑制しよう，むしろ積極的に女性を登用しようという機運を作り出しています。同じくらいの評価ならまずは女性を，という機運は，逆に男性軽視につながりかねませんが，それを政府が積極的に関与することで，社会的な常識に変えてしまおうという狙いがあります。

　③の情報の正確性と④の事後的な修正可能性は強く関連しています。昇進に係る評価は個人に偏ることなく一貫していなければなりませんし，かつ評価にかけられる情報も正確で偽りのないものでなければ意味がありません。会社員であるあなたが評価されるとき，当然，正確な情報に基づいたものであることが必要です。つまり，なんらかのエビデンスや第3者の意見が重要になります。もしそれらの情報に不備があった場合，事後的に修正する機会が設けられているかどうかも，手続き的公正を担保する上で欠かせない，というのが④の要件の示すところです。

　残りの2つは抽象度が高く，具体的なイメージをすることは難しいかもしれ

ません。そもそも，ルール自体は一貫していたとしても，一部の当事者の利害しか代表されていなかったり倫理的に問題があるようなルールであれば，一貫性や情報の正確さを議論する以前に，公正なルールとして成立し得ないという考え方です。極端に言ってしまえば，昇進をジャンケンで決めることは，ルール上は一貫しているし，（ジャンケンの能力は皆等しいと仮定すれば）個人偏向性もありません。情報の正確性は間違いありませんし，遅出しなどの不正が疑われれば事後的な検証とやり直しを提言できます。つまり，①から④まですべてクリアしています。しかし，そもそも昇進にジャンケンってどうなんだ？　という倫理的な疑問が発生しますよね。

　ちなみに，このような手続き的公正が職場に浸透していると感じるのは，やはり日本ではなくアメリカです。雇用，報酬，昇進，退職などのルールについては，非常に細かく決められています。一方，日本では，昇進の際の事後的な修正可能性が担保され，かつそれが行使される例がどのくらいあるでしょうか？　僕個人の経験からは，正確な情報開示や，それに基づく事後的な修正可能性よりは，事前の意識共有化（つまり根回し）が重視される文化だと感じます。

4.5　分配的公正の要件

　先に紹介したもう1つの公正―分配的公正―についても，多くの理論的研究が存在します。先ほどは結果の平等に近いというお話をしましたが，どうすれば結果的に平等だと思えるかについて，ここでは次の4つの考え方にまとめます。

① 平等分配
② 必要性分配
③ 実績に応じた分配
④ 努力に応じた分配

　①平等分配とは，その名から連想される通り，年齢や性別，個々の能力などの個人差をすべて無視し，完全一律に分配することを指します。最もシンプル

でわかりやすい分配方法であるといえます。

　ただし，このように均一に分配しようとするとき，もっと欲しいという人と，逆に自分はいらないという人が出てくることも多いですよね。そんなときにまで均一に分配することが全体最適だとは誰も思いません。そこで②必要性分配案が浮上します。これは個人の必要度に応じて分配数を変化させることで，より多くの人のニーズを満たそうとする考え方です。仮に職務上は同じ給与水準の人でも，扶養家族を多く持つ人に（扶養家族手当として）少し多めに配分することは現実に行われています。そしてこの考え方も1つの公正であるということに異論がある人は少ないでしょう。

　さて，分配方法は徐々に現実的に，そしてより意見が分かれる領域に突入していきます。次は③実績に応じた分配です。②の必要性に応じて分配する案は一見フェアに思えますが，それは比較するふたりがまったく同じ権利を持っている場合，あるいはまったく同量の仕事をした場合という前提があります。仮に扶養家族を持たない人の方がより組織に貢献したとして，それでも扶養家族が多いから，という理由だけで報酬に大きな差がつけられたら，自分は何のために尽くしているのだろうと疑問に思い，モチベーションは大きく低下する可能性があります。実績に応じた分配とは，まさにこのような不満足に対応した分配法で，いわゆる成果主義に代表されます。整理すると，多大な成果を挙げたものは，それだけ多くの労力や費用を犠牲にした結果であり，分配はそれに応じるべきという考え方になります。

　少し考えていただくとわかる通り，②と③は反目するケースも出てきます。利益配分を考えても，必要度の高い人，あるいは貧しい人に多くの施しを与えることが人道的であるとする一方，必要度とは関係なく成果や貢献度にこそ報いるべき，少なくともそうしないと人も組織も成長しない，という論理も説得力があります。

　このトレードオフを緩和する可能性を持つのが，最後の④の分配法である努力に応じた分配です。その名の通り，個人の努力量に応じて分配量を決定することです。なぜこれが②と③の反目を緩和するかというと，実績というのは生まれ持った才能や育った環境の違いに影響される場合も多く，成果主義的な分

配の下では，才能や環境に恵まれなかった人はいつまでも低い報酬に甘んじるしかありません。一方，努力量というのは才能や環境と違い，100％自分でコントロールできる指標になります。実績というのは，才能や環境，そして運にも大きく左右される指標であり，それに依存するよりは個人がコントロール可能な指標と報酬を結びつけた方がフェアで，かつモチベーションの面でも効果的ではないか，という考え方です。

以上，代表的な4つの分配方法をご紹介しました。さて，皆さんはどれを支持しますか？ そして，どれが最も多くの人の支持を集めると思いますか？

実際にアンケートを用いて，これを調査した結果があります。興味深いことに，この調査では男女別に統計をとっています（社会階層と社会移動全国調査：SSM調査研究会編「1995年SSM調査シリーズ」，および佐藤俊樹「不平等社会日本：さよなら総中流」中公新書より）。

① 平等分配： 男性 5.2％ 女性 7.5％
② 必要性分配： 男性 9.8％ 女性 9.1％
③ 実績に応じた分配：男性 30.4％ 女性 16.6％
④ 努力に応じた分配：男性 51.2％ 女性 62.2％

いかがでしょうか？ 努力に応じた分配が半数以上の支持を集める結果になっています。ただし，女性の方がよりこれを支持する割合が高く，その分，男性は成果主義的な分配を支持する人が多くなっています。ただし個人的には，すべての国や地域がこの割合に当てはまるとは思いません。例えばアメリカではもっとドライに考え，実績が支持される割合が高くなるかもしれません。その意味では，この結果は日本ならではといえるでしょう。

4.6 人の意欲は金で買えるか？

さて，ここまで公正理論と期待理論という2つの有名な理論をご紹介し，また関連した知識やデータも見てきました。そこで，改めて議論を報酬とモチ

ベーションに戻しましょう。金銭的報酬とモチベーションの関係は，経済社会にとって永遠のテーマといっても過言ではありません。そこで本節ではストレートに，"人の意欲は金で買えるか？"について考えてみましょう。

　比較的最近の研究結果によると，人は職業を選択したり仕事を引き受けたりする際に考慮する要素の中で，給与が最も重要であるとされています。しかし，トロント大学のゲイリー・レイサム（Gary Latham）教授の整理によると，人の意欲に対する金銭の影響力は，時代によって，あるいは計測の方法論によって変化するようです。レイサムは，20世紀を四半世紀ごとに4分割した上で，金銭の効果を概観しています。1900年から1925年ごろまでの第1四半世紀では，金銭は人の意欲を引き出す効果的かつ効率的なツールであったという研究結果を紹介しています。しかし第2四半世紀においては，金銭は労働者が持つ多数のモチベーションのうちの1つであり，最も重要なモチベーションは他者から認められ，尊敬されることであるとした報告を取り上げています。

　続く第3四半世紀になると，本書でものちに解説するフレデリック・ハーズバーグの研究結果などを取り上げ，金銭は不足したり低下したりすることによる不満足を引き起こす要因になる一方，満足要因となることは稀であることを示しています。先ほど解説した公正理論や期待理論が生み出されたのもこの時代であることを考えると，その時代背景として，人々の（特にアメリカの）生活水準が全体的に向上していく中で，他者との比較による自己水準の評価に重きが置かれ，満足や不満足につながる様子が伺えます。また，期待理論においても，主観的認知という考えが強調されていることから，人は他者と比較することによって自己の公正を確認しつつ，さらなるモチベーションや満足度は，個人の主観的な認知がより大きな影響を及ぼすという意味において，多様性の時代に突入したことを伺わせます。

　この傾向は第4四半世紀に入っても受け継がれており，金銭は必要最低限のインセンティブであるものの，多くの場合，金銭そのものが欲求の対象となるよりは，金銭が代替指数として機能しているもの，例えば社会における自己の客観的評価，能力や努力に対する見返りとしての正当性などを測る指標としての役割が大きくなったといえます。逆にいえば，金銭は第2章で解説したフ

ロー状態や，第3章の自律性・有能感・関係性，マズローが唱える自己実現欲求を満たす手段にはなりにくいと考えられます。

それでは，21世紀に入った現在，特に日本の状況はどうでしょうか？　今からお金にまつわる2つの調査結果をご紹介します。どちらも僕自身が非常に興味深いと思っているものです。

1つ目は，明治安田生命が2014年に実施したアンケート調査です。同社は毎年，新入社員に対する大規模なアンケートを実施し，それを公表しています。ここではその中から，「次の項目の中であなたが就職先として選んだ理由は何ですか？」（複数回答可）という質問項目の回答結果を見てみましょう。図表4－1がその結果です。このような調査は他にもいくつか存在していますが，この調査の興味深いところは男女の違いも公開しているところです。

就職先を選んだ理由として，最も多くの票を集めたのが「仕事のやりがい」

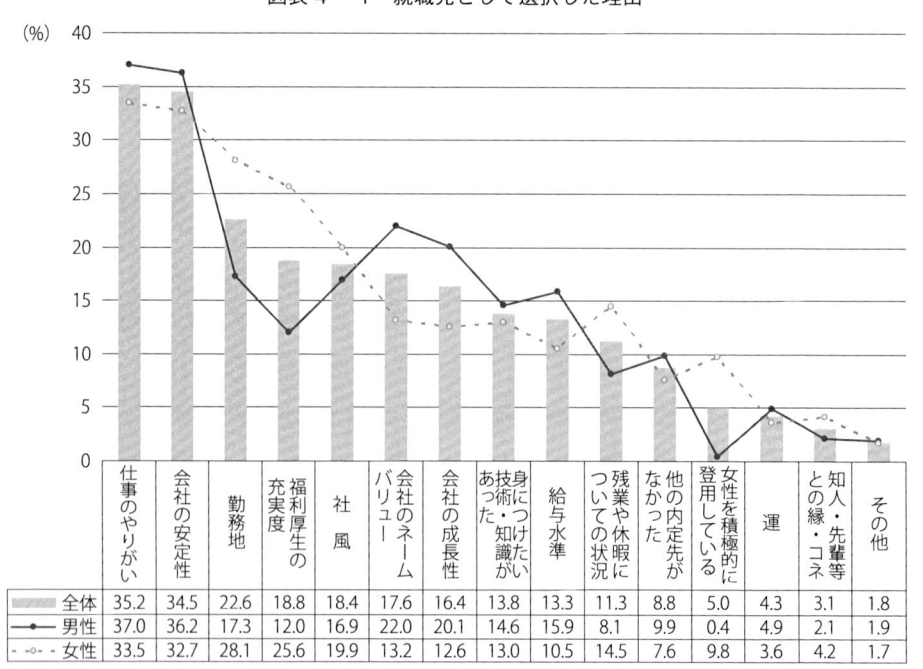

図表4－1　就職先として選択した理由

	仕事のやりがい	会社の安定性	勤務地	福利厚生の充実度	社風	会社のネームバリュー	会社の成長性	技術・知識が身につけたいあった	給与水準	残業や休暇についての状況	他の内定先がなかった	女性を積極的に登用している	運	知人・先輩等との縁・コネ	その他
全体	35.2	34.5	22.6	18.8	18.4	17.6	16.4	13.8	13.3	11.3	8.8	5.0	4.3	3.1	1.8
男性	37.0	36.2	17.3	12.0	16.9	22.0	20.1	14.6	15.9	8.1	9.9	0.4	4.9	2.1	1.9
女性	33.5	32.7	28.1	25.6	19.9	13.2	12.6	13.0	10.5	14.5	7.6	9.8	3.6	4.2	1.7

（明治安田生命「新入社員アンケート調査」2014年より）

と「会社の安定性」となっています。これらは男女ともに高い値となりました。ただし，これらは男性の票数が多かった一方，女性は僅差で「勤務地」や「福利厚生の充実度」が挙がっています。これらの項目は，男女の開きがとても大きくなっています。以降，「社風」，「会社のネームバリュー」等，ご覧のランキングになっています。

　もし「仕事のやりがい」がダントツのトップに立っていれば，いかにも若者らしいなあ，と思うところだったかもしれませんが，「会社の安定性」もほぼ同率でした。現在の社会では，むしろこれが若者らしいということになるのかもしれません。ただ，これは経済社会における不確実性が高まった結果の反応と見ることもできます。不確実性が高いとはつまり，将来にわたってビジネスを見通すことができない，新事業を始めるにあたっての成功確率がまったく読めない，などの状況を指します。人々が何を求めているのかわからなくなった，ということもでき，これを経営学では「ニーズの潜在化」といったりします。そんな中では，安定していることの価値が高まるのは当然のことかもしれません。

　また，「勤務地」の項目で男女の差が 10 ポイント以上もついていることにも，モチベーションの書籍としては注目する必要があるでしょう。勤務地という言葉だけでは読みにくいかもしれませんが，これは主に地元という意味合いが高いと考えて良いと思います。女性にとっては，将来子育てをすることなどを考えると，やはり両親のいる地元が理想的でしょうし，休日をともに過ごす友人たちが多いのも女性にとっては魅力です。この原稿を書いている 2014 年 11 月現在，永田町では地方創生を日本の成長戦略の主軸に据えています。個人的には，このデータで見られるように，若手の，特に女性の地元志向ニーズをくみ取るような地方創生の施策を進めることができれば，女性のワーク・モチベーションも高まり，社会進出も向上するのではないかと考えています。

　興味深いデータが並んでいるので見過ごしてしまいそうですが，ここからは金銭に着目したいと思います。このアンケートでは金銭を表す項目として「給与水準」が設定されています。順番でいうと第 9 位，全体の 13.3％の人が，就職先の選択基準として金銭を指摘しました。僕自身としては，このデータを見

た瞬間に，思ったよりも少ないな，と思いましたが，皆さんはいかがでしょうか。実は類似したアンケート調査でも，金銭を重視する人の割合はだいたい10％～20％台程度で，この傾向はアメリカにおける調査でも変わりませんでした。

　むろん，この結果をもって，人はお金のために仕事はしない，と結論づけることは早計です。第一に，このアンケートは新卒者の職業選択について問うたものであり，新卒者にとってみれば，どの会社もあまり初任給に違いはありません。それよりも，将来安定的に給与が得られること，という意味で「会社の安定性」が最上位に来ているとも考えられます。また第二に，新卒者にとってみれば，給与の大きさの実感がまだあまりないことも影響しているかもしれません。

　そして，もう1つ踏まえておきたいのが第三の点で，それは，これって本音か？　建前じゃないの？　という疑問が残ることです。人は自分を良い人間だと思いたいわけで，それはつまりお金のために仕事を選ぶ人間ではないということになります。お金を追い求めることは善悪の区別とは関係ないということを頭では理解している一方，お金を重視することへの後ろめたさや低俗さといった感覚が作用している可能性があります。ちなみに，このようにある種の心理作用が働くことで調査結果の信頼性が低下することを，心理バイアスと呼びます。

　最後に，本調査を見る際にもう1つ大事な点を述べておきます。「仕事のやりがい」や「会社の安定性」が全項目でトップといっても，それは複数回答ありという条件付きでの35％程度に過ぎません。逆にいうと，どの項目にも大きく偏ることなく，それなりに票が入っています。つまり，人の職業選択の理由は多様である，ということは大前提として理解しておきたいと思います。

　ご紹介する2つ目の調査結果は，日本生産性本部から毎年発表されているアンケート結果です。この調査は，新入社員の人たちを対象として行われ，非常に古くから継続的に実施されていることが最大の特徴となっています。ですから，その経年変化を見ることで，人の意識の変化を追いかけることが可能です。この調査の中で「あなたの働く目的は何ですか？」という問いが立てられています。

第 4 章 公平な評価を求めて | 81

図表 4 − 2 　新入社員の働く目的の変化

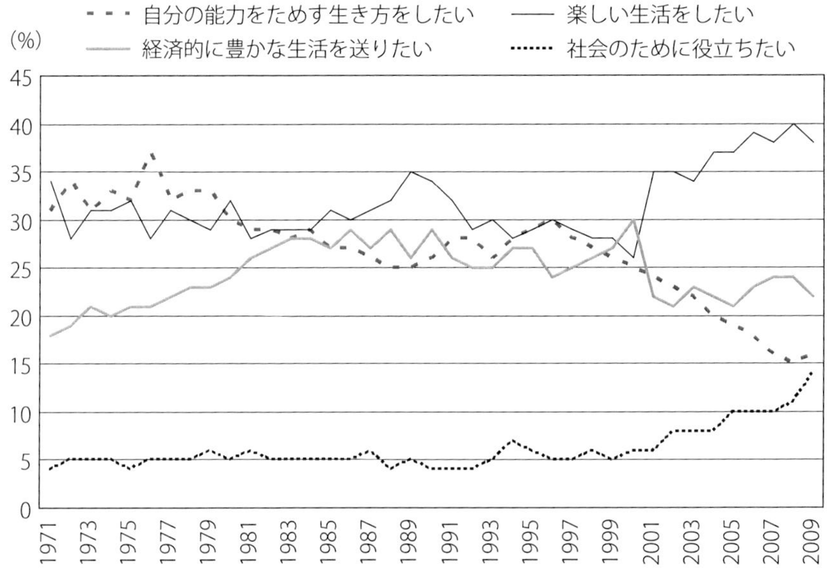

（公益財団法人日本生産性本部・一般社団法人日本経済青年協議会
「新入社員『働くことの意識』調査結果」2014 年より）

　問いに対する選択肢として，「経済的に豊かな生活を送りたい」，「楽しい生活をしたい」，「自分の能力をためす生き方をしたい」，「社会のために役立ちたい」という，我々が生きる上で極めて根源的な回答が用意されています。ここでは，時代の変化を追いかけるために，1970 年代から掲載しました（図表 4 − 2）。

　その 1970 年代では，「楽しい生活」と「自分の能力をためす」がほぼ同率で，「経済的な豊かさ」が少し離れて低い値に，さらに大きく離れて「社会のため」となっています。70 年代といえば，高度経済成長の時代ですから，最初はもっと金銭が高くなってもおかしくないと思いましたが，同時にこの時代はオイルショックがあったり，人の嗜好がぐんと多様化した時代でもありました。それに加えて，今では考えられないような力強い需要があって，商品供給が追いつかないほどでした。したがって，ある意味では今よりもずっとビジネスチャンスを見出しやすい時代でもあり，お金よりも自分をためすことの方に関心が向けられていたのかもしれません。また，「社会のため」という回答は，5％を

切る水準の低さでした。

　ただし，1980年代に入ると上位の3項目が近接します。その後，1990年代に入るころにいったん「楽しい生活」が抜け出しますが，再度3項目がだんご状態になり，ちょうど2000年ごろに大きな変化が訪れます。ここで「楽しい生活」が一気に浮上し，そのまま現在に至っています。逆に「自分の能力をためす」は低下の一途をたどっています。さらに，同じく2000年ごろから「社会のため」のポイントも上昇傾向に転じ，現在では「自分の能力をためす」とほぼ並んでいます。

　2000年ごろにいったい何があったのか？　どんな変化が起こるとこのような結果になるのか？　それは僕にもわかりません。ですが，「楽しい生活」が最も望まれていることを実感できるか？　と問われれば，即座にYesといえます。大学を中心とした日々の仕事からも，このことはヒシヒシと感じます。

　なお，「楽しい生活」を第一とすることに対しては，賛否両論が存在します。まず，経済社会が安定した成熟化に向かっている，いう文脈においては，これは好ましいことだと考えられます。人は，それぞれの楽しさを追求しながら仕事に就き，そして生涯を全うするという考えは，誰にとっても理想的であり，それをいよいよ明示的に追求できる時代に入った，と見ることができます。

　しかしながら，日本の経済力や国際競争力の低下が懸念される，という文脈においては，このワーク・モチベーションの変化は大問題です。辛い思いをしてまで戦ってビジネスで勝利し名誉と報酬を得る，という意欲が低下しているととらえることができるからです。また，新しいことを始めるには，文字通りの生みの苦しみが存在しますし，生んだ後も多くの人との衝突を繰り返しながらアイデアの実現を目指さなければなりません。これもまた嫌われる生き方となりつつあり，それはつまりイノベーション力の低下を意味する可能性があります。

　また，「自分の能力をためす」だけは長期スパンで見ると，緩やかな低下傾向が続いています。マズローによれば，自己実現は人間が持つ最後の欲求です。その項目が低下トレンドにあるということは，多くの日本人はすでに自己実現を達成しつつある，ということなのか，それとも自己実現を追い求めるような

ことができなくなってしまった，ということなのか。皆さんのご意見を伺いたいところです。

　お金は生きていく上で欠かせない存在であるという共通認識がある一方，お金に対する意識や反応は実に多様であることがおわかりいただけたと思います。お金＝労働の対価という機能がある以上，経営者は常にその扱いについて細心の注意を払う必要があります。したがって，経営学者の間でも慎重な議論が繰り返されています。僕自身も報酬と知識創造性の関係について，細々とではありますが研究を進めてきました。本章では創造性についてはほとんど触れることができませんでしたので，報酬と創造性や成果の関係については，第10章で改めて議論を重ねていきます。

4.7　お金より承認？

　本章のストーリーで登場した清田君は，公正な処遇を求める一方，もう1つの隠れた欲求を持っているように思います。それは承認です。本章では，最後にこの承認欲求について議論したいと思います。

　同志社大学の太田肇教授は，長年に及ぶ一連の研究から，従業員の多くは金銭的報酬を重視する"経済人"ではなく，他者からの承認を重視する"承認人"であるという興味深い主張をしました。太田は，まさに清田君のように，公正な評価や報酬を追い求めているように見える人の多くが，実は報酬そのものや評価の内容よりも，それらが与えられることによって顕在化する承認を強く意識しているといいます。さらに，お金は承認を代替化した指数に過ぎないという主張に加え，内発的モチベーションの根源である楽しさや面白さも，その背景には人から認められたい，尊敬されたいという承認欲求が関係していると論じています。例えば，人から認められたり褒められたりすることが，より楽しさや面白さを倍増させるため，一見楽しさや面白さに動機づけられているように見える場合でも，背後には承認欲求が隠されていることがあるということです。

　また太田は，承認が得られることによって，自己効力感，挑戦意欲，組織への貢献意欲などが高まることを，いくつかの実証研究によって証明していま

す。特に自己効力感は，企業を対象とした実証研究によって有意に高くなることを確認しました。自己効力感とは，自分の環境を効果的にコントロールできているという感覚のことで，デシが示す有能感に近い概念といえます。

ただし，承認による自己効力感の向上は，すべての職業で認められたわけではないことも示されています。例えば，看護師を対象とした実証研究では承認の効果は小さかったと報告しています。また，承認が効果を上げる条件として，何らかの報酬に結び付いている必要性を挙げており，年長者よりも若年者の方に大きな効果が見られるという特徴も備えているようです。

なお，承認を与える最も日常的な方法はコミュニケーションによるフィードバックですが，これについては第6章で集中的に取り上げたいと思います。

さて，次章では白石沙希さんのお話です。次章のキーワードは"競争とモチベーション"です。本章で登場した清田君と白石さんとは，どこか似たところがあるようです。ふたりの共通項も承認です。"報酬と公正"と"競争"。一見まったく異なる概念のように思えますが，その背景には他者からの承認が潜んでいるようです。

第5章

競争とモチベーション

ストーリー

「白石さんは負けず嫌いなんですね」
「最近はそういう女性も減ってきたから貴重な存在だな」
　白石沙希はよく人からそう言われる。
　"負けず嫌い"。そう言われるたびに変な言葉だなと思う。むろん自分を表現する言葉として変という意味ではなく，日本語として，という意味で，である。もし負けることが嫌いな性格ならば，"負け嫌い"と表現するのが正しいのではないのか。負けず嫌いと言ってしまうと，負けないことが嫌い，つまり"負け好き"のように思えてしまう。
　いずれにしても，"負けず嫌い"の使用例から推測する限り，白石自身も当たっているなと思う。ただ，彼らが使うところの"負けず嫌い"という言葉は，どうやら良い意味で使ってくれているらしい。まあ直接相対した人を表現しているのだから，悪い意味では言わないだろうが。
　しかし，白石自身は自分の"負けず嫌い"を少しも良いことだと思ったことはない。むしろ，直せるものなら直したい。いつもそんな風に考えていた。なぜ自分はこんな性格になってしまったのだろうか。

　白石の家は，ごく普通の家庭だったように思う。父親は地元の県立高校に勤める教師で，母は結婚してすぐ姉を産んでから専業主婦となった。父は部活動や課外活動にも熱心に取り組むタイプで，そのため週末や夏休みも家を空けがちだった。教職らしく夕方の6時ごろには仕事から帰宅するのだが，軽く晩酌しながら夕食をすませ，8時半には寝てしまう。そして，そこから日付が変わるまでのおおよそ3時間が，女3人だけの時間帯だった。
　白石には2つ上の姉がいた。姉は母似の美人タイプで，性格も明るく話好きだった。アート系全般に対する才能の持ち主で，絵やイラストがとてもうまく，歌も上手だった。その才能をいち早く見抜いた母は，姉に小さいころからピアノを習わせていた。女3人の時間帯では，姉がピアノの練習をし，母と

私がそれを聞いて感想を言う，という過ごし方が多かったように思う。姉がいくらアップテンポな曲を弾いても，父は一向に目を覚ます様子はなく，負けじと大音量のいびきをかいていた。父の睡眠妨害よりも近所迷惑を心配した母が，夜でも思いっきり弾けるようにと，所有していたアップライトのピアノとは別に，音量調節ができる電子ピアノを購入したほどだ。姉はそれ以来，ますます楽しそうに弾いていた。

　才能を持った小学生がそんな風に恵まれた環境で毎日を過ごせば，必然的に実力はものすごい勢いで向上する。通っていたピアノ教室が主催する発表会ではまったく敵なしの実力で，県全体が対象となるコンクールでも優勝を狙えるほどの腕前となっていた。コンクールのときに着るドレスが，また目鼻立ちのはっきりした姉にとても似合った。妹ながら，そして小学生ながらにして白石は，これは審査員の印象も2割増しだな，などと考えていた。姉はそれを自覚してのことか，人並みには緊張していたと思うが，それを跳ね返す強さと自信を全身から発し，目立ったミスをすることなく演奏を終えた。

　姉のコンクールのとき，あるいは女3人で過ごした夜，自分はどんな顔をして姉のピアノを聞いていたのだろうか。やはり笑顔だったのだろうか。きっとそうだとは思う。他に表情の作りようがない。しかし，白石の心の中はまったく笑顔を浮かべる気分ではなかった。

　白石は姉とは対照的な性格だった。特に幼少期というのは，大人のように知識や経験を基にした処世術テクニックを持ち合わせていない分，持っているキャラクターや能力がくっきりと浮かび上がる。まして，姉妹ふたり。嫌でも姉との差を感じずにはいられなかった。

　姉と比較すると，まず白石は話すのが苦手だった。会話をしていても，姉のようにすぐに次の言葉が出てこない。そのことが相手には良い印象としては伝わらず気分を害してしまうことも多く，余計に白石を会話から遠ざける結果となった。

　また，白石はアート系全般が苦手だった。才能とか遺伝とか，要するに生まれる前からあらかじめ決められているものをどこまで信じるかは人それぞれだ

ろうが，仮にそれらの存在を信じるとすると，なぜこれほどまでに姉と自分が違うのかまったく説明がつかない。それを個性と呼んで，人生を楽しむスパイスとするのが今風なのだろうが，白石としては，SF映画で出てくるクローンのように遺伝子を完全コピーしてくれたら，自分も親もさぞ楽だったろうにと思う。

　このような境遇から導かれる当然の帰結として，白石は辛い小学校生活を送った。少子化の影響もあって，クラスの数も1クラスの人数もさほど多くない学校において，姉妹というのはどうしても目立つ存在になる。少なくとも恰好の話題にはなる。児童たちの間だけでなく，教師たちの間でもそれは変わらない。そして姉妹が話題に上るということは，それは比較されるということと同義である。姉が高学年となり，全校生徒が集まる終業式で特別に弾いた校歌の伴奏を完璧にこなしたとき，先生たちは口々に「次はおまえの番だな」と白石に言った。

　こういうとき感じるのは，緊張や困惑ではない。恐怖だ。この恐怖感は，きっと他人にはわかるまい。

　白石が5年生になったとき，姉が中学校へ進学した。これで少しは静かになるかもしれない，とにわかに期待していた。が，その期待はあっさりと裏切られた。いや，正確にはそれまでとは違った恐怖が訪れた。

　ある意味で期待通りに，白石の周りで姉の話題はパタッと止んだ。そこまでは良かった。しかし白石は，自分の想像力が足りなかったと後悔した。白石の周りで姉の話題が消えるということは，すべての話題が消えるということを意味していたのだ。4年生から5年生になるときにクラス替えを行ったこともあって，新しいクラスの女子たちは，まったく自分に興味を持たなくなった。興味がないだけなら何の問題もない。むしろそれは白石が望んでいたことだった。しかし，どうもあちこちで自分の噂をしているように感じられた。直接暴力的ないじめにあったわけではない。それでも，教室の片隅，トイレ，体育館の更衣室。学校の中は白石が嫌いな場所ばかりになっていった。

　そして中学校時代は，一言でいうと小学校時代のコピペだった。違うことと

いえば，小学校時代では，白石の感情センサーの主な対象は教師と女子児童だったが，中学校ではこれに男子も加わった。基本的に小学校では，一部の児童を除いて男子と女子の間に交流はなく，まったく違う生き物のようにお互いを観察していたように思うが，中学校になると一部の生徒は堂々と異性と交流するようになる。むろん，姉もそうだったに違いない。

　そんな中，中学3年になり，小学校時代とは異なることがもう1つ現れた。受験である。3年の夏が終わり，生徒たちはにわかに勉強に集中するようになった。そのおかげで，少し教室内の温度も低くなったような気がした。それは，白石に呼吸しやすくさせた。
　白石はそれまで，あまりに対人関係に神経を使っていたためか，勉強というものに集中したことがなかった。例えば3回の食事や毎晩の歯磨きのように，皆が同じようにこなすもの，といった習慣的感覚でしかとらえていなかった。あるいは，家でもほとんど勉強について話題にしたことがなかったせいかもしれない。姉が遠く離れた私立高校の音楽科に進んだことも大きかっただろう。いずれにしても，それまでの白石にとって他者との比較軸といえば，芸術系，運動系，そして容姿に限定されていた。それがにわかに勉強という第4の比較軸が表出したのである。
　食事や歯磨きのように，と比喩するだけあって，白石は勉強自体は好きでも嫌いでもなかった。そういうものかと思って，淡々とこなしてきたに過ぎない。しかし，ここにきて勉強には1つ，白石を惹きつける要素があることがわかった。本質的に勉強は孤独である。どんなに社交的でも運動ができても，勉強だけは黙々とこなさない限り，実力は向上しない。そういうことなら白石の得意分野だ。正確に言うならば，白石は勉強が得意，というわけではなく，勉強することが得意，ということになる。
　白石は，周りと歩調を合わせるように，受験勉強を開始した。繰り返すが，白石は特段，優れた頭脳を持つわけではない。しかし白石は，まさに淡々と同じ問題に繰り返し取り組むことで，徐々に正答を導くことができるようになった。中3の秋から冬にかけて，少しずつ成績は向上した。今から思えば，も

う少し早く始めていればと悔やまれるが，それでも白石は地元では進学校と呼ばれる高校に合格した。

　このことで，また1つ白石の環境に大きな変化があった。それまで姉にばかり興味関心を向けていた母が，心から嬉しそうに白石を褒めたのだ。勉強して，母に褒められる。たったそれだけのことだが，白石は何となく自分の役割を見つけた気がした。これなら他人に勝つことができる。自分の居場所を確保できる。そう感じた。

　進学校だけあって，高校入学直後は下位層に甘んじていたが，とにかくコツコツと続ける才能だけは抜群だ。他にやりたいことがあるわけでもない。息抜きといえば，好きなミステリー小説を読むことくらいだ。高校2年になったときには校内偏差値は50を超え，主要5教科とも校内平均を上回るようになった。そうして，白石はストレートで大学へ進学した。

　白石にしてみれば，特に何かを変えたわけではない。朝のホームルームがなくなった分，起きる時間が少し遅くなっただけで，それ以外は高校時代と同じように大学へ行き，夕方に帰宅し，教科書を開いてその日学んだことをノートに書き写した。そしてミステリーを読みながら床につく。それだけだった。

　それなのに突如，白石は学年でトップとなった。正確には，その年の同じ学部の1回生の中で，すべての科目において「優」を修得したのが白石だけだったということらしい。つまり，単位の落第を意味する「不可」はもとより，「優」より下位の「良」や「可」もなし。最近設けられたらしい「優」の中でも秀でた人のみが与えられる「秀」も，全単位の半数程度に与えられていた。白石としては，高3のときとまったく同じように続けてきたに過ぎない。ただそれだけで同級生をぶっちぎったことになる。

　その後，2回生になり，教授から勧められるままに応募したプレゼンテーション・コンテストで優勝した。これも白石としては，講義で教えられた基礎知識を忠実に再現しただけだったが，それが高く評価された。白石にとって人前でプレゼンをすることは恐怖以外の何ものでもなかったが，教わったことを淡々と表現するだけなら問題はなかった。

　そして3回生のときも，コンテストに出場し優勝した。大学史上初の快挙

と言われた。しかし，白石はこのころから自分の弱点に気づいていた。応募したビジネス・プレゼンテーション・コンテストは，知識の広さ・深さや論理性，財務的な実現可能性のほかに，アイデアの新規性やプレゼンの魅力度，発表者の熱意によっても評価された。白石は，知識量や論理性，実現可能性などでは最高点を獲得するものの，アイデアやプレゼンの魅力度に対する評価では他者に劣る面もあった。教授によると，これらの評価軸は，ビジネスの現場においても大差はなく，むしろなるべく実社会に近い形で評価軸を作ってあるとのことだった。

　このことは，白石にとって再び恐怖の訪れを意味していた。自分には弱点がある。そしてそれは今後も避けては通れない。負ければまた自分の居場所がなくなる。それだけは避けねばならない。絶対に負けられない。暗記系や計算系なら負けない自信がある。少なくとも時間をかければ，その分勝つチャンスも増す。しかし，どうしてもそれだけではアイデアの斬新さや魅力度というものは磨けないらしい。もしかしたら，これまでのコツコツスタイルには限界があるのかもしれない。だとしたら，自分はどうすればいいのか…。

　白石は，内定が決まっていた地元の金融機関への入社を辞退して，大学院へ進学することを決めた。ゼミは，自分の弱点である創造性やプレゼン能力が求められるというイノベーションの講座を選んだ。この講座の准教授が，イノベーションとは「発明×普及であり，発明には創造力が，普及にはコミュニケーション力が大きな役割を演じる」と，いつかの講義で言っていたからだった。

5.1 勝者の姿

　本章のテーマは競争とモチベーション，そして創造性です。このテーマで1章書くことは，最初の構想段階から決めていたのですが，どのようなストーリーにして誰を主人公にするかは決めかねていました。女性を主人公にして競争を描くのは少し珍しいかもしれませんが，あえてそうすることで負けず嫌いの背景にある心理を強調したいと考えました。

　他者に勝つこと。そのこと自体は称賛されることですが，その勝ち方や勝った後の振る舞いによって，勝者に対する評価は大きく変わってきます。例えば，皆さんは大相撲でガッツポーズを見たことがありますか？　どの力士でも初優勝したときは，喜びの頂点にいると思うのですが，それでも淡々と祝杯を受け取り，土俵から降りていきます。これはもちろん嬉しくないからではなく，相撲は神事であり，喜びを表現することは醜悪で，負けた相手に対して精神的に追い討ちをかけると見なされています。

　逆に，勝者が大きなパフォーマンスを見せるとき，それは劣等感の裏返しであると言われます。あるいは，勝利に対する大きな重圧からの解放を表しているかもしれません。確かに大相撲に限らず，勝者でありかつ尊敬される人というのは，どこか勝負を自己鍛錬の追求の場としてとらえているふしがあります。負けることは恐怖であることと同時に，課題を顕在化してくれる貴重な場であり，それはやはり自己鍛錬につながると考えています。この場合の競争に対するモチベーションは，達成感や有能感がその根源として機能しており，広く肯定されるもの（少なくとも一般的に美しいとされるもの）といえます。つまり，競争や勝負というものを，単なる自己顕示の場として使うのか，あるいは自己を成長させてくれる場としてとらえるのかで，競争に対するモチベーションは大きく異なるとともに，競争者たちの見え方もまったく違うものになるということです。

　しかしながら，白石さんの場合は，姉に対する劣等感と自己の居場所の確保のために勝つことを必要としていました。本人が自覚しているかどうかに限ら

ず，このように感じる人は多いようですし，僕自身，これを否定するものではありません。このような感情はなかなか1人では変えられないものですし，競争を重ねることによって精神的に成長していく姿を何度も見ているからです。問題は，勝利そのものを目的化したり，ひたすら外的に競争をあおることといえるかもしれません。本章では，競争をモチベーションの道具とすることの功罪について，しっかりと確認していきましょう。

5.2 競争のメリット・デメリット

(1) メリット

まずは，競争のメリットとデメリットを整理してみましょう。競争することによるメリットとしては，以下が考えられます。

① 短期的な集中力が高まる
② 生産性が向上する
③ 結果を出すスピードが早まる
④ 競争者の管理がしやすくなる
⑤ 目標を明確化・共有化しやすい

簡単にそれぞれが意味するところを考えてみましょう。まずは①の競争と時間の関係についてですが，競争時間が短ければ短いほど集中力は高まる傾向にあるといえます。具体的なタイムスケールについては競争環境やルールにも影響されるので言及しにくいですが，例えばサッカーは1試合90分ですが，プロのトップリーグでさえ，途中何度か中だるみしてしまう時間帯があるといわれます。野球はストライク3つでアウトとなりますが，例えばこれが12ストライクだったら，あそこまで見るものを惹きつける集中した戦いができるでしょうか。

時間と集中力の関係は，我々も日常から意識している要素です。目標があまりにも遠く長期的な場合，あえてそこへたどり着くまでの道のりを短く区切っ

て，マイルストーンを設定することはよく見受けられます。そうすることで，とりあえずあそこまではがんばろう，という意識が芽生えるためです。

　②と③は，①の結果として期待されるものと考えることができます。短期的な集中力が高まれば，必然的に生産性の向上や進捗のペースアップが期待できます。これは裏を返せば，そのような生産性やスピードを必要としないジャンルでは，競争は適さないということを示しています。具体的には，科学における発見や優れた芸術作品などは，他者と競争したからといって高質な成果が実現されるわけではありません。つまり，競争と創造性とは，どこか水と油のような関係にある可能性があります。

　④は，後述するように競争には多くのデメリットが存在するにも関わらず，競争の原理がここまで広く支配的になっている大きな要因です。それは，競争がある特定の組織や集団をコントロールしたり動機づける手段として極めて容易かつ有効なためです。教育現場では特にこの指摘が当てはまります。「これは競争だ」のひと声で，その他のあらゆる教育上の配慮を払拭できますし，少なくとも競争中は競争者の努力を引き出すことができる一方，管理者は高みの見物が可能です。ただし，教育現場における競争原理の過度な適用は，不必要な不安感や緊張状態を生み出すとして，批判の的となりやすい傾向にあります。

　⑤の目標の明確化と共有化は，あえて最後に持ってきましたが，個人的には最も強調したいメリットです。これには2通りの考え方があります。1つ目は，当面の目標としてライバルを設定する，という考え方です。例えば，学習には本来終わりはありません。入学試験を突破するため，と割り切って勉強する人がいますが，そうして進学した先ではまた新たな勉強が始まります。そして就職した後も，さらには引退した後ですらも，まだまだ勉強が足りないと感じ，何らかの学習を継続している人もたくさんいます。そんなとき，長期的な目標や抽象的な目標だけでは，なかなかモチベーションを維持することは難しいものです。そのために活用するのが先ほど触れたマイルストーンを置くという方法と，ライバルを作るという方法です。

　例えば，お医者さんになりたいと思って一生懸命，算数を勉強している女の子がいたとします。その目標を念頭に置いて勉強するのと，自分より算数が得

意な友だちを念頭に置いて，まずはあの子に追いつこうと考え勉強するのと，どちらがより成果が上がるでしょうか？　もちろん前者の方が効果的だという人もたくさんいるでしょう。しかし，やはり後者のように身近なところにライバルを設定した方が，より成果が上がることが知られています。これは単に目標が具体的でイメージしやすいという効果の他にも，切磋琢磨できる（相手のいいところを吸収できる），周りの人に認知されやすい，長期的な目標は比較的ぶれやすいがその影響を排除できる，といった効果が期待できます。

　目標の明確化と共有化というメリットの2つ目は数値化です。これは，大きな目標や大きな組織などの場合に特に有効です。安倍政権では極めて意識的にこの方法を多用しています。人口1億人を維持する，農産物の輸出を1兆円にする，日本を訪れる外国人観光客を2,000万人にする。これらの目標で出てくる数字には，特に深い意味があるわけではありません。わかりやすい目標を明確にし，皆で共有するために設定されたものです。

　また，数値化にはもう1つの効用があります。それはランキングです。コンビニや外食チェーン店などでは，当然，店舗ごとの売り上げ目標というのが設定されていますが，それに加えて，店舗別売上高ランキングなるものを作成している企業も多く見受けられます。これも，それ自体は特段意味のあるものではありません。それをわざわざ作成し全店舗に公表することで，各店舗の競争心をあおったり，売り上げ等の絶対的な指標以外にも相対的な目標を見つけてもらおうという意図が伺えます。

(2) デメリット
　競争することによるデメリットは，以下が挙げられます。

① 協調関係が構築されにくい
② 一定数以上の参加者がいないと成立しない
③ 多くの敗者を生む
④ 競争以外の重要な要素が軽視される
⑤ 他者との相対的な比較が重視されるため，絶対的な成果は軽視される

引き続き，これらの意味するところを考えていきます。①は競争と協調のバランスの問題です。映画やゲームの世界では，敵と味方が比較的わかりやすく設定されていますが，残念ながら現実はもう少し複雑です。全体的に見れば協調すべき相手であるにも関わらず，局所的には競争関係となることが頻繁に発生します。社内における出世競争や政治の世界などがその典型例かもしれません。プロスポーツのチームメイトも同様の環境下にありますが，競争と協調のバランスに長けた監督は高い評価を得る傾向にあると言われています。

　現実的な問題としては，同じ部署内において必要な情報の伝達をしなかったり（あるいは遅らせたり），非協力的な態度をとる，などの状況は十分に発生し得ることです。特に，競争心の強い人には注意が必要です。このような人は基本的にモチベーションが高く優秀ですが，身近な人をライバル視する傾向にあります。このようなタイプの人には，敵と味方をはっきりさせてあげるようなマネジメントをお勧めします。そうはいっても，今は不確実性の高い世の中ですから，マネジャー自身も何が敵で何が味方かよくわからないまま，ものごとを進めなければならないかもしれません。競争と協調は，今まで以上に優先順位を上げて議論し対処していく必要があります。

　次に②に示した通り，競争には一定の数が必要になります。当たり前の指摘のように思えますが，これが近年では難しくなってきています。キーワードは多様化と個性の重視です。経済社会にとって必要なもの，あるいは多くの人が求めるものが同じ場合，競争環境は成立しやすくなりますし，実際にそういう環境下にあるものごとにおいては，今でも競争が前提となっているケースが多いでしょう。先ほど例に出したプロスポーツはその典型例ですし，アメリカのNASAが募集する宇宙飛行士への応募数は想像もつかないほど高く，激しい競争となることでしょう。

　その一方で，皆さんの周りの環境はどうでしょうか？　出世を巡って若手が激しく成果を競っているでしょうか？　クラスで1番を取ることが（親たちではなく）生徒たちの中でどれだけ名誉なことだと認識されているでしょうか？　国会議員はまだしも，地方議会選挙では論戦を争うどころか，定員割れも見られるようになりました。近年，競争し上位を勝ち取ることの魅力が急速

に低下していることを我々は認識しなければなりません。かつては強力なインセンティブとして機能していた経済的な成功や名誉，権力なども，人々の志向の多様化によってその威力が失われています。大量消費の時代には，競争の結果，優れたもののみが市民権を得るという意味において，競争は効率的なツールの1つでしたが，規模面で縮小へ向かう今，競争は機能しない可能性が高いことを知る必要があります。

　次は③多くの敗者を生む，です。これも極めて当たり前のことですが，競争が行われるということは多くの敗者が生まれるということです。当然，敗者のモチベーションは少なくとも一時的には下がります。したがって競争を仕掛ける側は，なるべくこの敗者の意欲低下を防ぎたいと考えます。このとき必要なことがルールと評価基準の明確化です。スポーツでも評価基準の可視化が進められています。それでもなお，演技の採点で競う競技などでは，いつも評価基準の不明瞭さが問題になっています。

　これと同じように，ビジネスや教育の世界でも競争を導入したいなら，まずはなるべく公正な条件を設定し，評価基準も明瞭でかつ意味のあるものを作る努力をしなければなりません。そうはいっても，スポーツと違ってビジネスや教育の世界では，個人差を無視してすべての条件を揃えることは不可能ですから，評価の際にはこれらを考慮し，その正当性を十分に認知してもらう努力も必要になります。これらを包含することによってはじめて敗者の意欲低下を抑えることが可能となります。

　もし競争に参加している人に競争の目的を問うたなら，もちろん競争相手に勝つことだと答えるでしょう。競争の④のデメリットはここに集約されます。本来，競争を行うことの背景には，もっと深い意義があるはずです。例えば，競争者に成長してもらうため，多くの人の注目を集めるため，有限な資源の配分基準を決めるため，などが挙げられます。しかし，勝つこと自体への意識が強くなりすぎるがゆえに，これらの重要な要素，特に個人の成長が阻害される可能性が生じます。これでは完全に本末転倒です。

　この意味において，⑤のデメリットが関係してきます。本来，最も成長を遂げた個人やチームが勝利を掴むことが理想的な競争環境であるわけですが，単

に勝つことを目的とするならば，成長すること以外にも方法はあります。出し抜く，おとしめる，奪うなどがそうです。このことを防ぐには，競争の意義を競争者が理解することはもちろんのことですが，やはり評価の基準にも工夫が必要です。個人やチームの成長度を評価軸に盛り込んだり，絶対的な基準を作成することも有効です。僕は10代の大半を水泳に費やしましたが，連続する競技会の中で激しい競争にさらされながらも，タイムという明確な絶対軸があるがゆえに，個の成長に集中して向き合うことが可能でした。

ビジネスや教育の世界に対し，タイムの例を出しても意味はありませんが，僕が主張したいことは，競争のデメリットが大きいあまり，安易に競争することをやめてしまうことへの危惧です。理想的な競争環境を考え出せないからといって，それをすべて望ましくないものとして扱うべきではありません。あらゆる競争の排除は，悪い意味での"ゆとり"の世界へとつながることを我々はすでに経験しています。必要以上に競争を怖がらず，引き続き競争の有効性に関する議論を先へ進めていきたいと考えています。

ここで人々が競争のことをどのように思っているのかを，World Values Survey（世界価値観調査）というデータを使ってみてみましょう。これは，世界的な社会科学者らによって行われている国際プロジェクトで，社会，経済，政治，宗教などのさまざまな価値観をアンケートベースで調査しています。おおよそ5年おきに実施され，これまでに6回の調査を終えています。

図表5-1（上）は，日本人は競争をどのように思っているのかについて，経年的に可視化したものです。1994年には約40%だった競争肯定割合が，2014年には約60%まで増加しています。また，図表5-1（下）は，2014年の内訳を年齢別に示したものです。若い人ほど，競争を肯定している傾向にあることがわかります。これらの結果から，近年は競争環境を歓迎しているように思われます。

また，競争には公正な環境が必要条件となりますが，近年の傾向として，公正な競争環境が整ってきていることを示唆するデータが図表5-2になります。社会的・経済的な成功において，努力よりも運やコネの方が大事だとする割合が，2010年から2014年にかけて低下している様子が伺えます。ただし，これ

第5章 競争とモチベーション | 99

図表5−1 「仕事や新しいアイデアの発展にとって競争や良いことである」とした割合（上）と，2014年調査における年齢別割合（下）

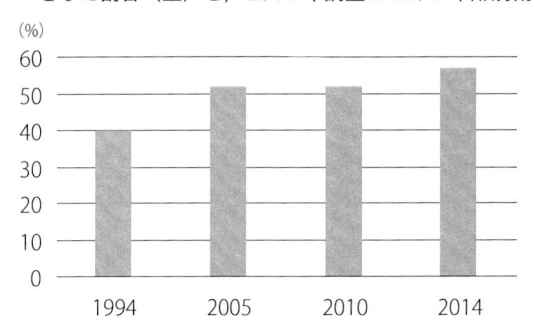

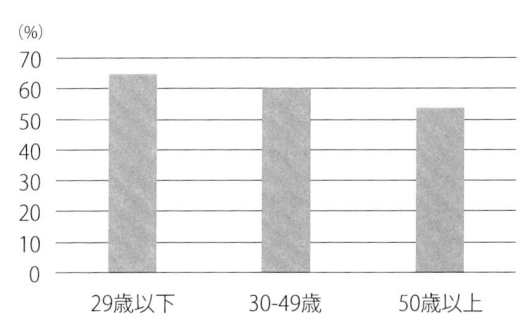

(%)
- 1994: 40
- 2005: 52
- 2010: 52
- 2014: 57

(%)
- 29歳以下: 65
- 30-49歳: 60
- 50歳以上: 55

(World Values Survey より)

図表5−2 「人生の成功において努力よりも運やコネの方が大事だ」とした割合

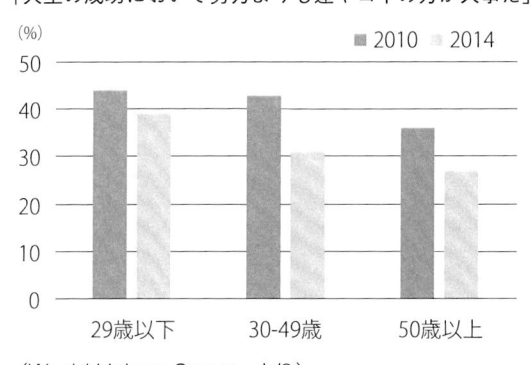

■ 2010　□ 2014

- 29歳以下: 2010=44, 2014=39
- 30-49歳: 2010=43, 2014=31
- 50歳以上: 2010=36, 2014=27

(World Values Survey より)

を年齢別に見ると，若い人の方が運やコネの方が大事だと思っている割合が高く，やや気になる結果となっています。

5.3　競争と成果に関する実証研究①：大学生の成績

　ここからは，競争をテーマにした科学の世界をご紹介します。登場してもらうのはアメリカ・テキサス大学のロバート・ヘルムライク（Robert Helmreich）教授らの研究グループです。ここでは，彼らが行った一連の研究結果を追いかけながら，競争と成果の関係に焦点を当てます。

　ヘルムライクらは，モチベーションを次の3つ―①興味・関心・満足，②有能感，③競争意識―に分けました。①は仕事や学習に対する強い興味を持ち努力していたり，そこから高い満足感が得られるような状態を指します。②の有能感とは，あるものごとに対し，自分なら十分に適応できる，あるいは克服できると思う状態を指しています。第3章で紹介したデシの理論における有能感と似た位置づけになります。③の競争意識とは，競争を好んだり，他者に勝利することを重視する状態を指します。本章ではこの③がメインテーマになります。

　ヘルムライクらはこれら3つのモチベーション指標を使って，①から③のどの状態にある被験者が，より大きなパフォーマンスを発揮するのかを調査しました。調査方法は比較的シンプルで，①，②，③と成果の相関関係を見ていくというアプローチになります。本章では，3種類の被験者を対象とした研究結果を見ていくことにします。

　1種類目の被験者は大学生です。日本ではそれほど多くありませんが，かつてのアメリカでは，頻繁に大学生を対象とした心理学的実験が試みられていました。大学生の本業はもちろん学習であり，その成果は成績に反映されます。そこで大学生の成果指標としてGPA（Grade Point Average）が使用されました。GPAとは，各科目の評定を点数化し，それを学生ごとに算出した平均値のことです。あまり聞き慣れない言葉かもしれませんが，最近では日本の大学でも導入されています。例えば，「秀（優の上）」を4点，「優」を3点，「良」を2点，

「可」を1点,「不可」を0点として,その平均値をその学生のGPAとします。ですので,一般的にGPAが3を超えている学生は非常に優秀です。逆にGPAが1点台だと,あまり褒められた状態とはいえないでしょう。大学によって差はありますが,全学生の平均は2から3の間にあることが多いと思います。

さて,ヘルムライクらは上記の①,②,③のどの状態のモチベーションが高いとき(あるいは低いとき),学生のGPAが最も高くなるかを算出しました。その結果を図表5-3に示します。なお,結果的に①と②は極めて似た傾向を示すことがわかりました。そのため図表5-3では,①と②を1つの軸として横軸に,③の競争意識を独立した1つの軸として図表中に示しています。縦軸はGPAの値です。

この結果の解釈として,僕が強調したいポイントは次の3点です。1つ目は,学習に対する興味・関心や有能感が高く,かつ競争意識が低い傾向にある学生が,最も高い成績を収めたということです。図表5-3でいうと,右上のプロットがそれです。これは男女とも同じ結果となっています。

2つ目は,もし学習に対する興味・関心や有能感が高いのなら,競争意識の高さは学習効果を阻害する要因となる,ということです。図表5-3でいうと右側の2つのプロットの高低差が該当します。明らかに競争意識が高くなるとGPAが低下していることがわかります。

3つ目は,逆にもし学習に対する興味・関心や有能感が低いのなら,競争意識は学習効果に対し有意に働く,ということです。これは図表5-3でいうと左側の2つのプロットの高低差を指していて,特に男性においてはその差が大きいことがわかります。

さて,改めてこの3点の結果をどう受け止めたら良いのかについて考えてみましょう。1つ目の状態(学習に対する興味・関心や有能感が高く,競争意識が低い状態)において高い成果を示したことについては,さほど大きな疑問はないかもしれません。ヘルムライクらはこの点について,「もともと優秀な学生は学習内容に対し高い関心を持って努力するし,結果として好成績を収めるため有能感も得やすい。したがって競争相手を打ち負かそうという気持ちを生じさせる必要がない」と解釈しています。僕もこの点は賛同します。

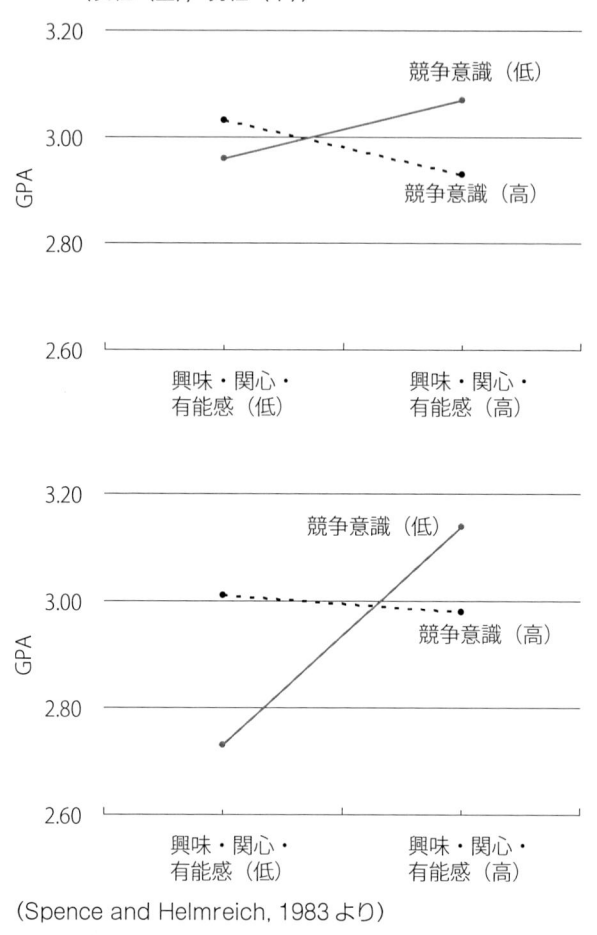

図表5－3　大学生のGPAと興味・関心・有能感および競争意識の関係
（女性（上），男性（下））

(Spence and Helmreich, 1983 より)

　僕が驚いたのは2つ目の結果です。最初にこの論文を読んだとき，2つ目の状態（学習に対する興味・関心や有能感が高く，競争意識も高い状態）が最も高いGPAを示すか，あるいは競争意識の有無はさほど影響がないかのどちらかだと予想しました。しかしヘルムライクらの研究結果はその予想に反し，競争意識の高さは大きくGPAを下げる要因となりました。ヘルムライクらもこの結果については驚きを持って伝えており，明確な解釈の言及も避けています。

なぜこのような結果になるのか？　ライバルを意識するあまり学習本来への集中力が阻害されるのか。あるいは，学習内容に対する興味・関心や有能感を感じながらも，どこか苦手意識を感じたときにそれが劣等感となって表出し，競争意識へと転移していくのか。どちらも正しいように思えますし，どこかピンとこない部分もあります。皆さんはどう思われるでしょうか？　僕はこの解釈についてさらにもう1つの仮説を考えています。それは創造性に関することで，のちほど改めて議論したいと思います。

さて，3つ目の状態（学習に対する興味・関心や有能感が低い状態）のときは，競争意識は学習のパフォーマンスに有意に働く，という結果はある程度納得できるものかと思います。これは男女差が激しいことも1つのポイントで，女性にとっては競争意識というのはさほど大きく機能しているわけではありませんが，男性にとってはその有無が大きな違いを生んでいます。とりあえず競争環境を持ち込むことで効果が上がる（前述した競争のメリットが効果的に機能する）のは，主に男性を対象としたとき，といえるのかもしれません。

5．4　競争と成果に関する実証研究②：ビジネスマンの給与

次に，ヘルムライクらにおける第2の被験者の研究に移ります。第2の被験者はビジネスマンです。大学生を対象とした実験では，競争意識の高低と学業成績の関係に一定の相関が見られました。それをビジネスの世界に適用させてみようという試みです。大学生では成績だった成果軸（縦軸）を，今度は生々しく給与とします。まさに仕事に対する成果という意味では異論のないところかと思います。その他，興味・関心等の対象が学習から仕事へ変わっていることを除き，軸の設定は先ほどの大学生のケースと同様です。結果を図表5－4に示したのでご覧ください。なお，このケースでは女性の被験者数が少ないため，男女差は示されていません。

結論として，先ほどの大学生の例とほぼ同じ結果が得られていることがわかります。最も高い給与を得ているのが，仕事に対する興味・関心や有能感が高く，競争意識が低い状態のグループとなりました。ここでも競争意識の高さは

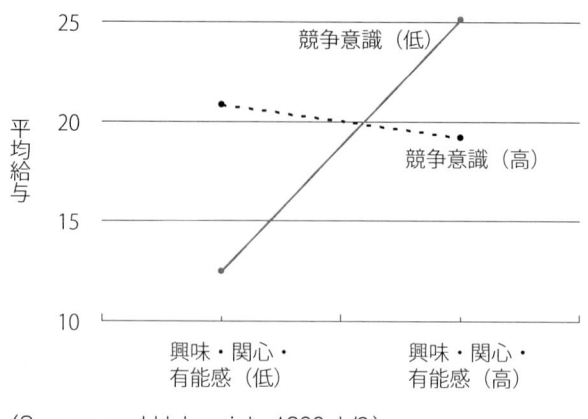

図表5－4　ビジネスマンの給与と興味・関心・有能感および競争意識の関係

(Spence and Helmreich, 1983より)

成果に対し負の効果を発揮しています。そして，これも大学生と同じように，学習に対する興味・関心や有能感が低い状態のときは，競争意識は給与に対しポジティブな効果を発揮しています。

　大学生やビジネスマンの結果から学べることは，競争意識の有無と成果の関係は，その他の要因（ここでは仕事に対する興味・関心や有能感）によってまったく様相が異なるということです。我々は競争することが良いことなのか，それとも悪いことなのか，その2極の対立軸をイメージして議論を進めてしまいがちですが，その他の要因によって様相は異なるという示唆は，冷静に考えれば当たり前のことですが，ある種の再思考の機会を我々に投げかけます。ここでもキーワードは，多様性への対応，ということになるでしょう。

5.5　競争と成果に関する実証研究③：研究者の論文の被引用数

　それでは第3の被験者の結果を見ていきましょう。今度は研究者を対象とした研究です。被験者は全員，大学に籍を置く博士号取得者で，数多くの論文を発表しています。当然，彼らにとっての成果も論文となります。しかしヘルムライクらは，単に発表した論文数を成果指標として使うのではなく，論文の被

引用数を活用しました。

　論文には引用というルールがあることは皆さんご存知だと思います。だいたい1つの論文では，数十編の論文や書籍が引用されています。この本も多くの論文を引用しています。このように，科学の世界では先行研究の知見の上に新たな知見を加えることで発展してきました。逆に引用される側から見ると，たくさんの論文に引用される論文というのは，それだけ後人の研究者に対し多大な影響を及ぼしているということです。したがって，その論文がどれだけ引用されたか，つまり被引用の数というのは，一般にその論文の質の高さを表すとされています。ヘルムライクらもここに着目しました。

　そこで彼らは，論文の被引用数を成果軸として縦軸に設定し，研究者を被験者とした図表を作成しました。それが図表5－5です。結果は，大学生やビジネスマンとまったく同じでした。やはり研究に対する興味・関心や有能感が高く，かつ競争意識の低い研究者が，最も優れた成果を挙げています。そしてここでも競争意識の高さは，興味・関心等の高い人のパフォーマンスを阻害する傾向にありました。

　研究の世界というのは，もともと非常に競争的な環境にあります。まったく同じ発見をしたとしても，1日でも早く発表した人が発見者として歴史に名を

図表5－5　研究者の論文の被引用数と興味・関心・有能感および競争意識の関係

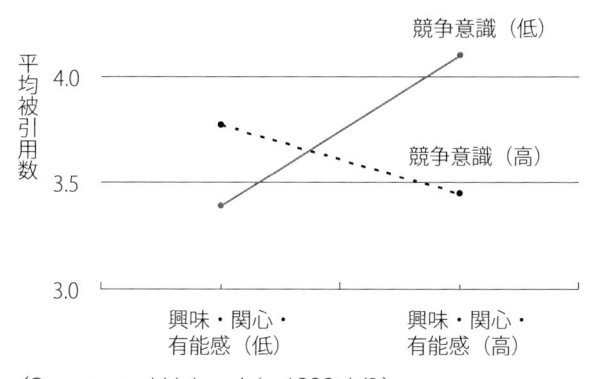

(Spence and Helmreich, 1983 より)

残し，その名誉も独占します。これだけでもいかに激しい競争が行われているかがわかります。そのような環境に身を置く人たちであるにも関わらず，なぜ競争意識の高い研究者の方が低い成果に甘んじているのでしょうか。

　ヘルムライクらはその論文の中で，次の3つの仮説的解釈を述べています。1つ目は，競争意識の高い研究者は，その性向から，彼らを支援，あるいは彼らに協力してくれる人たちを遠ざけてしまう傾向にある，という可能性です。このことは想像に難くありません。競争意識が高い人というのは，どこかストイックでピリピリした印象を与えるのかもしれませんので，そうなると，支援者たちも率先して協力を申し入れることはしにくい可能性があります。

　2つ目の解釈は，競争意識の高い人は一度，自分が参入した競争に敗れ，大きな差をつけられた場合，すぐにその競争から撤退し次のフィールドへと移る，という可能性です。競争意識が高いということは，勝利そのものが目的化していますから，もう勝つことは難しいと判断した場合，その競争環境に留まる意味は失われるのかもしれません。

　1つ目，2つ目の仮説とも，現実味を帯びた説得力のある解釈だと思いますが，問題は両者とも競争意識自体の問題点を挙げているに過ぎないことです。これらが正しいとすると，研究に対する興味・関心や有能感が低い状態の人たちにとって競争意識は正の効果がある，ということと矛盾します。つまり，これらの仮説が正しいとすると，他の要因に一切関係なく競争意識の高い人は成果が低くならなければなりません。

　そこで3つ目の解釈が登場します。先ほども少し述べましたが，競争自体に神経を使うあまり，研究内容に対する集中力が低下する，という可能性です。現時点では，僕もこの仮説を支持したいと考えています。ここで考えたいのが，先ほどスキップしてしまった創造性と競争環境の関係です。

　まずは競争環境の性質から整理しておきましょう。ここまでこの章では，競争をテーマに議論を進めてきましたが，競争環境は1つではありません。大きくは次の2つ—1対1の争いと1対Nの争い—に分けることができます。前者は明確な対戦相手が存在する場合のことで，相手を打ち負かすこと自体が1次目的であり，逆にいうと成果そのものはあまり問題視されません。ですので，

1対1だけでなく，例えば野球の9対9など，対戦相手が明確であればこれに該当します。

1対Nの争いの方が主に本章で扱ってきたケースに該当します。大学生のGPAやビジネスマンの給与などもそうです。これらは，同じ土俵の中で競っている，あるいは限られた目標を奪い合う，という意味では競争環境にさらされていますが，1次目的はその目標を掴みとることであり，競争相手を打ち負かすこと自体は2次的といえます。

おそらく競争意識が高い人は，競争相手にも強い意識が向くことが予想されます。そうなると，仕事や学習の内容のみに集中している人に比べ，結果的に成果の創出が遅れていく，ということになりかねません。ライバルに勝った負けたで一喜一憂する人よりも，他人にはあまり関心がなく研究に集中している人の方が独創的な成果を上げる，というケースは想像に難くありません。

最後に競争と創造性の関係について，現時点でわかっていることを整理します。大学生の学習効果もさることながら，ビジネスマンが仕事で高い業績を収めたり，多くの研究者が注目するような学術論文を執筆するには，極めて高い創造性が求められます。そしてそのような創造性を発揮するには，学習，仕事，研究の内容に対し深く没入し，内的な動機を最大限に高められる環境が理想的であることを第2，第3章で学びました。そして競争意識というのは，極度に集中したフロー状態を阻害する主要な要因であることを，第2章でご紹介したチクセントミハイは伝えています。つまり，ヘルムライクらの研究結果は，創造性が高い競争意識によって阻害された結果，と見ることができます。

さて，本章もそろそろまとめに入りたいと思います。本章では，競争とモチベーション，そして創造性との関係について俯瞰してきました。競争には同じくらいのメリットとデメリットがあることがわかりました。本章の後半ではデメリットが強調される形になりましたが，ヘルムライクらの研究結果からも明らかな通り，競争が成果に対し有効である状況があることも，見過ごしてはならない事実です。

我々が望むかどうかに関係なく，国際的な経済を取り巻く競争環境は年々激

しさを増しています。研究開発やイノベーション創出の競争も非常に熾烈です。つまり，最も創造性を必要とする活動に，それを阻害する競争的環境が強く入り込むというジレンマに直面しています。我々はその中から最適なバランスを見つける努力をしなければなりません。そして高い創造性を発揮し，さまざまな課題を解決していく。そのような振る舞いが世界における日本の尊厳を決めるのではないか。今はそんな風に感じています。

コラム　左利きには天才が多い？

この本を読んでいる方のうち，左利きの方はどのくらいいらっしゃるでしょうか？

世の中のおおよそ 10 〜 12%の人が左利きだと言われています。国や文化，それから調査方法の違いなどによって，その値は少しずつ異なるのですが，世界的に見てだいたいこの水準に収まるようです。例えば，男性は女性よりも少しだけ左利きが多く，また西洋に比べて東洋の方が左利きは少ないと言われています。いずれにしても，だいたい 10 人に 1 人という水準は，皆さんの感覚とも整合するのではないでしょうか。

興味深いのは，ある研究によると，紀元前 3000 年から現在までの間に，左利きの割合はほとんど変わっていないということです（Coren and Porac, 1977）。この研究では，さまざまな道具や武器などを詳細に調べ，左利きによって描かれた（作られた）ものの割合を計算しています。左利きの発生が，社会的な要因によるものではなく，遺伝的要因によるものと考えれば，長い間，割合が変わらないのは当然かもしれません。

ただし，この方法では道具や武器を使う手を矯正した人は判別できません。つまり，本来は左利きだけど書くときは右，という人は右利きとして分類されます。近年では，左利きの人が利き手を矯正する割合は減ってきた，と言われています。利き手だけではなく，性別，人種，国家，体格など，多くのものごとにおけるマイノリティ（少数派）が受け入れられ，尊重される社会になってきました。その意味では，左利きが右へ矯正せず生きていけることも，歓迎すべきことといえます。

さて，本コラムの本題です。左利きには天才が多い，という都市伝説，皆さんの周りにも存在していませんか？　私が察するに，これは主に左利きの人たちが流しているように思えますが（笑），実はこの都市伝説は日本だけには限らず，世界中で言われていることです。ということは，私の仮説によると，世界中の左利きがそう言っている，ということになりますね（笑）。左利きの天才としてよく使われる

例が，レオナルド・ダ・ビンチ，ダーウィン，アインシュタインなどです（ただ，これらの天才には，本当は右利きだったという噂もあります。左利きの情報発信力，恐るべし（笑））。

さて，そんな都市伝説に挑んだまじめな研究もたくさん存在します。さすがに「天才」を科学的に計測することは困難ですが，知力，体力，財力，リーダーシップなど，さまざまな能力と左利きとの相関を調べることは可能です。

このコラムでは，「もし天才なら，そりゃたくさん稼いでおられるでしょ？」という僕のケチくさい興味に基づいて，左利きと収入の関係を調査した2つの研究結果をご紹介します。

1つ目は，英国のダブリン大学のケビン・デニー（Kevin Denny）教授とヴィンセント・サリバン（Vincent Sullivan）教授が2007年に発表した論文です。デニーたちは，英国の33歳の人たちを対象として，利き手と収入の関係を調査しました。その結果，マニュアル化されていない仕事についている労働者（いわゆる知識労働者）の中では，左利きの方が大きな収入を得ていることがわかりました。

また，2つ目のクリストファー・ルーベック（Christopher Ruebeck）教授，ジョセフ・ハリントン（Joseph Harrington）教授，ロバート・モフィット（Robert Moffitt）教授の3人が2007年に発表した論文でも，同様の結果が報告されました。彼らの調査によると，大卒以上のカテゴリーにおいて，左利きの方が右利きよりもおおよそ15%高い収入を得ているということが明らかになりました。

どうでしょう。両研究の結果は非常に類似しています。しかも，どちらの報告でも，（左利きの女性には大変申し上げにくいのですが）左利きの収入が高いという結果は，男性を母集団とした場合のみで，女性の場合は利き手による収入差はないとのことでした。

しかし15%というのは驚きです。ピンとこない方のために，あえて数字で例を示すと，右利きの平均年収が500万円だとしたら，左利きの平均が650万円ということです。やっぱり驚きですよね。これらの結果からは，あながち「左利きには天才が多い」という都市伝説を笑えなくなります。

実は，これらの研究結果が報告されるまでは，左利きの社会的・経済的弱者説が主流でした（これは今でも一部で残っています）。そう考える理由は多岐にわたります。例えば，健康面があります。驚くことに，数多くの研究が，平均して左利きの方が不健康であることを報告しています。例えば，高血圧や過敏性腸症候群の割合は左利きの方が高いと報告されています。また，関節炎や潰瘍も左利きの方が多いと言われています。さらに，統合失調症との相関も左利きの方が高くなっています。

もう1つが事故の発生確率です。多くのケースで，左利きの方が事故を起こす確率が高いことが報告されています。例えば，アメリカの軍隊を調査した結果，左利きの方が右利きに比べ，わずかに多くの事故やミスを起こしていることが明らかになっています。

このように，（あくまでも平均値として）健康を害している割合が高く，また事故の発生率も高い左利きですから，平均的な生産性も落ち，その帰結として収入も低くなるだろうというのが事前の予測でした。そしてその予測をさらに後押しするかのように，日常生活のさまざまな場面で左利きは不利な状況に遭遇しています。

　最も頻繁に語られる例が自動改札です。日本全国の自動改札は右側にあります。右利きの方，かばんは左手に持ってませんか？　そして右手でICカードを取り出し，改札にタッチしてますよね？　左利きにはその芸当ができません。わかっていても，左手でICカードを持ってしまうのです。したがって，改札にタッチするときは体をひねる必要があります（その瞬間，微妙に横歩きになります）。

　自動改札の他にも，はさみ，マウス，胸につける名札，ズボンのチャックまで，とにかく挙げればキリがないほど，右利きの人は一生気づかない損害を，左利きは受けているのです。それでも，日常生活については訓練したり，あるいは単に慣れてしまえば済むことも多いですが，いざというとき，例えば一生に一度使うかどうかという道具を前にしたとき，右利き仕様になっているにも関わらず，とっさに左手が出てしまうことは想像に難くありません。ナイフやナタなどもその例の1つで，先に紹介した，左利きの米国軍人の方がミスが多い，という調査結果も，このような事情が関係していると見られています。

　さて，それではなぜ，知識労働者や大卒以上の男性の左利きの収入が右利きよりも高くなるのでしょうか？

　ここからは，左利き天才説（というよりは，秀才説）を裏づける研究結果をご紹介します。アメリカで行われた全国統一テスト（American Scholastic Aptitude Test）において，トップ0.01％（つまり，上位1万分の1）に限定すると，左利きの割合が突出して高いことが判明しました。また，多様な思考力を試す問題において，左利きは右利きより高いスコアを出していました。さらに，別の調査によると，建築家の中には高い割合で左利きが存在しているとのことです。これらの結果は，総じて本書が対象としている創造性と左利きの高相関を示唆するデータといえるでしょう。

　以上，ここまで見てきたように，左利き天才説の科学的な証明は，まだ道半ばといったところです。利き手の性差の存在も，ほとんどわかっていません。現在は，脳科学のアプローチにより，さらに多くのことが明らかにされようとしています。

　ということで，左利きの収入が高い理由として，本コラムにおける現時点での結論は，以下の通りとします。

　「字を書くとき，あるいは箸を使うときなどの手を，左から右へ矯正するケースに代表されるように，左利きはマイノリティとして日常的に多くのハンディキャップを負っている。これらを克服するために，左利きの人は，右利きの人なら難なく

こなせることでも，余分にスキルを磨く訓練をする必要がある。換言すれば，左利きは右利き以上に，努力という自己研鑽を行う機会に恵まれる。このように，いわゆる『不利益であることの利益』を十分に活かしたとき，左利きは高い創造性を発揮する可能性がある。」

　最後に，ここまでお読みになった方は薄々感じているかもしれませんが，実は僕も左利きです。やっぱりバレてましたか？　しかも，書くのと食べるのを右へ矯正したタイプです。書く方は，いつ矯正したのか覚えていません。おそらくとても小さいころに母親が直したのだと思います。ただし，食べる方の矯正は，よーく覚えています。その理由は，自分で直したからです。しかも，なんと中学生のときに。
　僕の祖父も左利きでした。そして，少なくとも食べる方の手は矯正もせず左手でした。祖父母と一緒に住んでいた僕は，「同じ左利きだからぶつからない」という理由により，いつも祖父の隣で食事をしていました。小学生くらいまでは，それがなんだか楽しかったことのように記憶しています。
　しかし，悲劇は中学校で起きました。ある友だちが「左利きは食べるのが汚く見えるから，女子にモテない」と言ったのです。悩んだ末に（というか，むしろ瞬時に）右手で食べることを決意しました。それはそれは，ご想像通りの苦労でした。しかも，当時の僕は育ち盛りの中学男子。水泳部のキャプテンで週6の練習。食べたら食べただけエネルギーとして燃焼していく時期でしたから，空腹時などは素手でがっつきたいのをグッとこらえての矯正でした。なかなかの執念でしたね。
　結果的に，今は右手で食事しています。そして，今でも女性にはモテません。
　まあしかし，左利きにこのくらいの執念があれば，年収15%増しくらいは楽勝かもしれませんね。
　いや，正確には，僕のケースは「モテ欲」の強さと収入に相関はあるのか，という視点であって，左利きは関係ないですね。ロジックの誤用には注意しなければいけません（笑）。
　最後に強調しておきますが，ここまで紹介してきた研究結果やデータは，基本的に統計的に有意であった，ということであり，すべての人に当てはまるわけではありません。我々は，すでに個性や多様性が重視される時代に突入しています。左利きの人はもちろんのこと，右利きの人も自分の個性を存分に活かして，充実した人生を送られることを望んでいます。
　でも，がんばろう！　左利き！

第6章

満足できる職場, やる気の出る職場

ストーリー

　定山（じょうざん）啓二が大学院に入学してから，3週間が過ぎようとしていた。10年ぶりの学生生活だ。入学前からシラバスと呼ばれる講義概要に目を通し，楽しみにしていた講義もさっそくたくさん履修した。本来，大学院の修士課程で求められる単位数を考えれば，入学早々にそこまでたくさん履修する必要はないのだが，10年間の社会人経験を持つ定山には，どの講義も非常に魅力的に映った。

　そして3週間がたった今，定山は教授陣の話に聞き入りつつも，さすがに講義を入れ過ぎたと軽く後悔していた。理由は2つあった。1つは，久しぶりに始めた教室での勉強がやはりなかなかにしんどい，ということだ。90分の講義を2コマ続けてじっと座って聴講するという状況は，社会人になるとそうそうあるわけではない。改めて，朝から夕方まで講義漬けだった大学生時代は，自分も忍耐強かったなと思う。

　もう1つの理由は課題の多さだ。まだ始まって3週間だというのに，ほぼすべての講義において課題が課せられていた。いわゆるレポート課題だ。仮に未提出のまま提出期限が過ぎると，容赦なく呼び出される。しかも全学生が見ることのできる電子掲示板で。

　自分が大学生のときは，掲示板といえば緑のバックボードにプリントアウトされた紙がずらっと張り出されているものを指したが，今は違う。大型スクリーンに学生向けの情報がゆっくりとスクロールされながら映し出されている。しかも電子化のインパクトはこれだけではない。学生であれば誰でも大学のシステムにログインすることができ，パソコンでもスマートフォンでもその掲示板を見ることができるのだ。つまり，そこでの呼び出しは極めて恥ずかしい。

　レポート課題も，以前経験したような講義のまとめ的な位置づけで出されるものばかりではない。まとめとしての課題であれば，講義でとったノートや配布された資料があれば，ある程度完成させることができる。しかし今は，まず

は自分で予習することを課せられることも多い。これは"反転授業"と呼ばれていて，こうすることで講義中の知識習得の効果を格段に向上させることができるらしい。事実，講義の内容そのものは難しいとも思わず，知識は次々と頭に入ってきた。大学生だったあのとき，どうしてもっと興味を持たなかったのだろうと不思議に思うほどだったが，予習の効果もあるのかもしれない。あるいは定山の10年間の社会人経験のおかげか。ただ，それを差し引いたとしても，明らかに教授陣の話は10年前に比べて格段にうまくなっていると思った。

　一方で，ここにきて1つだけ残念に思うことが出てきた。どの講義も話は面白いし，語られる内容も説得力があるのだが，やや一般論過ぎる気がする。解説される理論は筋が通っているのだが，それで？ と思ってしまうのだ。理論は理論として大切だし，こうして他者へ伝達するのには便利だということもわかる。しかし，理論を踏まえた上で，我々はどう行動すれば良いのか？ ということが経営では最も大事なことではないか。そう考えながら聴けば聴くほど，理論以外の知識解説があっさりしたものに感じられてならない。解釈の広がりがまったく物足りない。教授陣は理論ばかり勉強していて，実務に関する知識に乏しいのではないかと，勘ぐることもあった。

　さらに解説される理論的知識も，一度聴いてしまえばどれも当たり前のことのように思えてくる。わざわざ"理論"などと呼ばなくても，経営に携わるものにとっては，多かれ少なかれ知っていることなのではないのか。入学前，定山は特にマーケティングやイノベーション関連の講義を楽しみにしていた。しかし，競争優位論，ブルーオーシャン戦略，プロダクト・ライフサイクル，イノベーションのジレンマ等々，聴いてみれば，どれも何となく前から知っていたことのような気がしてくる。なるほど，と思えたのは，最近はやりのソーシャル・マーケティングとユーザ・イノベーションくらいか。

　要するに，自分はもっと実務で使える知識が欲しいのだ。そのために経営学を選択した。理論だけなら，本を買って読めば足りる。今の世の中，それだけでは経営上直面する課題を解決することはできない。もっと経営課題の解決に直結するような知識はないのだろうか。

　実は，この疑問を研究室仲間で，かつ社会人として大先輩にあたる滝野さん

に尋ねたことがある。社会人経験のない学生にはピンと来ないかもしれないが，滝野さんがいた会社は独自の経営手法をとり，他社とは一線を画したさまざまなチャレンジを試みることで有名だった。その滝野さんの第一声は次のようなものだった。

「そうですね，その感覚は私もよくわかります」

「やっぱり！ おわかりになりますか。それで，それでもやはり大学院生活を続けられるおつもりで？」

「もちろん続けます。今は心から進学してよかったと思っています。私が今，大学院に入って最も感じていることは，もっと早く勉強すればよかった，ということです。その点，定山さんは本当に幸運ですよ。うらやましい限りです」

定山は少し混乱していた。どういう意味であろうか？ 滝野さんといえども記憶力などは衰えてくるだろうから，その点で単に定山の若さをうらやましがっているのだろうか…。そんなことを訊くわけにもいかず定山は，この件はもう少し時間をおいて整理してみようと思った。

　定山が家業である定山食品へ復帰した当初，会社では専務の役職が与えられた。担当は，製造技術およびITシステムであったが，定山としてはいずれ販路拡大にこだわりたいと思っていた。今の父のやり方は古すぎる。これではせっかくの商品力が生かされていないと感じていた。

　そして現在は，父とともに共同代表というポジションを担っている。代表権を分け合う状況には一種の窮屈さを感じるが，それでも大学院修了後，数年で父も引退するだろう。そのときは晴れて代表取締役という立場になるのだから，今のうちにできるだけ多くの知識と経験を積んでおきたいと考えていた。また，ひとり代表となったときにすぐに改革を実行できるように，今から社員1人ひとりに自分の目指す方向を伝え，理解してもらうことが大切だと考え，これもすぐに実行に移した。定山の目指す方向とは，おおよそ次の通りだ。

　先代の時代では，売り上げのほとんどが大手スーパーへの卸しで占められていた。この中には，いわゆるプライベート・ブランド商品も含まれる。このような場合，スーパーとの取引があるうちは，量の面では比較的安定した出荷が

期待される。ただし，価格に対する主導権はほとんどなく，デフレのあおりを受けて，再三の値下げ圧力がかかっていた。

こんな状況では今以上の成長は決して望めない。そこで定山は，いわゆるBtoC型のバイヤーに依存しない経営を目指すべきだと考えていた。具体的には，新ブランドの立ち上げ，直営店の出店，お客様対応部署の設置，PR強化などが必要となる。ただし，それを実行するためにはいくつもの障壁を越えねばならず，社員にも一定の痛みを甘受してもらう可能性も否めなかった。特に容易に想定されるのが，大手スーパーとの取引中止である。直営店を設けるということは，スーパーへの競合を仕掛けることを意味する。もし取引が中止されれば，少なくとも短期的には大幅な減収となる。それでもこのままジリ貧状態に陥るわけにはいかない。定山はそのことを説得すべく，社員との対話を進めていた。

そんな中，1つの事件が起きた。社員の4分の1が退職願を出してきたのだ。定山は退職を申し出てきた社員1人ひとりと改めて丁寧に面談したが，彼らの意向は変わらなかった。もとより，自分の方針は間違っていないという確信のもとで彼らと接している以上，自分は折れるつもりはないのだから，いくら話をしても議論は平行線をたどるのは当然なのかもしれないが…。

しかし，なぜだろう？　自分としては，以前のスタイル，つまり先代が行っていた経営方針が今後も通用するとはどうしても思えない。誰も沈む船に乗り続けたくないはずだ。そもそもこの会社が沈みゆく船だということが理解できないのだろうか？　それは当初から想定していた。特に，主にモノを相手に仕事をしている商品開発や製造の人間にとっては，現在の経営の危機感を実感することは難しい。

だからこそ定山は，現在の会社の問題点と今後の予測について，時間をかけて社員に説明した。特に自分が目指す会社像については，何度も熱く訴えかけた。今思えば自分の勘違いだったのかもしれないが，社員はそれなりに熱心に聴いていたように思えた。

定山は彼らにやる気を出してほしかった。どうも現状に甘んじている社員が多すぎるように見える。夢やビジョンのない時代が長く続きすぎたのだと思

う。それを定山は変えたかった。辞表を提出した者たちは、いったい何が気に入らないというのか。事実、定山の考えに強く賛同して、今まで以上に会社に貢献してくれている社員もいるのだ。次年度の正社員採用のための説明会でも、例年以上の学生が聴講に現れていた。これまでは地元志向の専門学校生や短大生、高校生が中心だったが、今回は大学生が大半を占めていた。

定山は社員たちに、チャレンジャーとしての高揚感を、成長する喜びを、そして勝利したときの充実感を与えたかった。

その夜、定山は改めて辞めていった社員たちの言い分を振り返っていた。彼らの意見をまとめてみると、次の点に集約されるだろう。
・業務時間が増えるのか減るのか、はっきりしてほしい
・覚えることが増えるのに、給与が上がらないのは理解できない
・装置を増やさず、ラインも拡張しない中での生産性の向上は絶対不可能
・そもそも、今でも作れば作るだけ売れているのに、なぜ大げさな改革をしたいというのかわからない

今、見返していても、やはり明らかに議論がかみ合っていない。お互い一方的に自分の立場や状況について主張しているだけだ。

先代や父と自分とは考え方が異なる。そして、これまでのやり方では会社は生き残れないという自分の考えは、日に日に確信に変わっている。だとしたら、辞めていった社員たちは、自分の権利を主張するばかりで変化を嫌う古いタイプの人間であり、彼らの要望を聞いてまで引き留める道理は自分にはない。むしろ会社の成長には必要なことだと割り切ることはできる。

ただ、本当にそれでいいのだろうか？　自分は経営者としてはまだまだ素人だ。今、他にやれることはないのだろうか？　あとで悔いを残さないようにするためにも、今自分はどうすべきなのだろうか。何か考えを整理するヒントでもあればいいのだが…。

6.1 ハーズバーグの2要因理論

　これまでの章と異なり，本章では一転してビジネス・シーンにおけるストーリーが展開されました。実はこのような状況は，中小企業においてトップが交代する際に頻繁に発生します。僕自身が見てきたケースでも，新たに着任したトップの熱意ばかりが先行して，それが正しいかどうかとはまったく関係なく改革意識が空回りするケースや，自分より1回りも2回りも若く，しかも外部からやってきた新たなトップをベテラン社員がまともに取り合わないケースなどがありました。

　定山新社長も大変悩んでいるようです。何か考えを整理するヒントが欲しいと，最後につぶやいていました。

　読者の皆さんはハーバード・ビジネス・レビュー (Harvard Business Review) という雑誌をご存知でしょうか？　その名の通り，アメリカのハーバード大学が編集している雑誌で，世界で最も著名な経営系の専門誌の1つです。本章では，著名な論客がずらりと並ぶ同誌において，100万部以上リプリントされたという名論文をご紹介します。それが，フレデリック・ハーズバーグ (Frederick Herzberg) 教授が1968年に発表した "One more time: How do you motivate your employees?"（邦訳「モチベーションとは何か」）という論文です。タイトルからわかる通り，この論文では従業員のモチベーションについて論じられています。そしてこの論文のベースとなった調査研究は，さらにさかのぼること1959年に "The motivation to work" というタイトルの書籍にまとめられ出版されています。

　これらの論文の中でハーズバーグは「2要因理論」(動機づけ・衛生要因理論) を提唱しています。さて，そこまで注目を集めた「2要因理論」とはどういったものなのか？　本章を導入するにあたり，まずはこの理論を学習しておきましょう。

　ハーズバーグの研究チームは，まずはじめに人間が動物として苦痛を回避する欲求と，人として精神的に成長する欲求を持ち合わせるという仮説的概念を作り出しました。そしてこの概念を，人々が働くという文脈の中で検証を試み

ました。具体的には，ハーズバーグらはアメリカ・ピッツバーグ市内の約200名のエンジニアと会計士にインタビューを行い，仕事上で経験した事柄のうち，職務満足度が際立って向上した例と，逆に職務満足度が顕著に低下した例を詳細に聞き取りました。

その結果，次の5つの要因——達成，承認，仕事そのもの，責任，昇進——が職務満足に大きく貢献しているとともに，これらの5要因は，職務に関する不満足を述べたときにはほとんど言及されなかったことを見出しました。一方，不満足要因として挙げられたのは，会社の政策や経営方針，管理，給与，対人関係，作業条件であり，これらが職務満足を招く事柄に出現することは極めて稀でした。つまり，人々が仕事をする上で抱く満足と不満足はまったく別の要素から構成されている，ということを明らかにしました。

皆さんは普段，満足な状態と不満足な状態は同一直線上に存在していると感じているかもしれません。同一直線上をバロメーターが行ったり来たりするような感覚です。しかしハーズバーグらは，そこを見事に否定しました。そして同一直線上にないということは，仮にいくら不満足要因の根源となっている環境を改善・向上させたとしても，不満足要因は解消されるものの，それ以上に満足度がアップすることはない，ということを意味します。逆に，満足要因がすべて失われたとしても，大きな不満足が生まれることはない，ということになります。

これらの結果については，多くの追試により検証されています。またハーズバーグら自身も，調査対象を陸軍将校や教師，看護師など合計1,685名にまで広げ，理論の一般化がなされています。

6.2　若手研究者・技術者の満足と不満足

(1) 若手研究開発者を対象としたインタビュー調査

実は僕もこのハーズバーグの理論に魅かれて追試を行った1人です。ただし，まったく同じ研究を行っただけでは何の新規性も認められません。後から追いかける身としては，1つでも新たな知見を加える必要があります。僕の場合は，

創造性を高めるモチベーションとはどんなものか，という問題意識がありますから，調査対象として，創造性が職務上，極めて重要な位置づけにある研究開発者を選び，インタビュー調査を行いました。ここからは，ハーズバーグの理論に敬意を払いながら，僕が行った調査研究とともに満足要因と不満足要因の根源を探っていきましょう。

この研究では，特に若手の研究開発者に焦点を当てました。例えば，自然科学系におけるノーベル賞の授賞対象となった研究成果の多くが，30代のうちに創案されていたと言われます。そのくらい若手研究開発者の創造性は，のちの社会に大きなインパクトをもたらす可能性があります。それでは，彼らはどのような環境に置かれたときに，創造性を高めることができるのか？　あるいは，彼らはどのようなモチベーションを持って研究開発を行っているとき，より大きな創造性を発揮するのか？　これが僕のリサーチ・クエスチョンでした。

そこで僕は，4つの大学と1つの公的研究機関の若手研究開発者，合計19名から話を聞きました。回答者の年齢層は28歳から41歳で，19名中17名が博士号の学位を取得しており，残りの2名は修士号の取得者でした。回答者の専門分野は，高分子化学，表面科学，コンピュータ・サイエンス，環境工学，生命科学などさまざまでした。

インタビューで活用した主な質問は次の3問です。これらの質問項目は，ハーズバーグや他の研究者たちが活用したものを参考に作成しました。

質問1「あなたが研究開発を行うにあたり，強い充実感を感じたり，意欲が向上したときのことを教えて下さい」
質問2「そのような感情は，どのくらい継続しましたか？」
質問3「そのような感情は，あなたの仕事ぶりにどのように影響しましたか？」

以上の質問項目により，回答者に研究開発について顕著に意欲が向上したと感じる事柄および時期について語ってもらいました。その後，もう一度最初に戻り，今後は顕著に意欲が低下した事柄および時期について，まったく同じ要領で語ってもらいました。

次に，各回答者が叙述した事柄やストーリーを要約し，各カテゴリーにコード化する作業を行いました。準備したカテゴリーは，これもハーズバーグらの研究にならい，次の16項目としました：「達成・課題の解決」「評価・承認」「仕事そのもの」「責任」「昇進」「成長の可能性」「目標の設定」「管理・監督」「所属組織の政策や経営方針」「作業条件」「他者との関係」「福利厚生」「職務保障」「給与」「個人生活」「勤務時間」。これらに，現在の研究開発環境の特殊性を考慮し，「競争的環境」を加えました。コード化というのは，インタビューによって得られた記述データを，まとまった内容ごとに区分し，最も近いと思われるカテゴリーに分類していくことです。つまり，回答者が語るストーリーは，まとまった内容ごとにバラバラに分解され，いずれかのカテゴリーに収まっていきます。

(2) 結果①：モチベーションの向上要因と低下要因

それでは，結果を見ていきましょう。まずは，どんな時モチベーションが向上（低下）したか？　についてです。質問1では，若手研究開発者に対し，顕著にモチベーションが向上（低下）した時の事柄について尋ねました。そしてその内容を要約し，17のカテゴリーにコード化しました。その結果が図表6-1になります。

図表6-1では，右側にモチベーションが向上したとされる事柄の件数を，左側にはモチベーションの低下が見られた事柄の件数を示しています。これもハーズバーグらと同じ形式を採用しました。モチベーションの向上がみられた事柄は合計48件で，モチベーションの低下がみられた事柄は合計20件となりました。1人の回答者が複数の事柄を語るケースもありますので，19名の回答者からこれだけのデータが得られたことになります。また，当初カテゴリーは17用意しましたが，「責任」「昇進」「所属組織の政策や経営方針」「他者との関係」「福利厚生」「個人生活」「勤務時間」の7項目に関する言及は一切なされませんでした。したがって図表6-1に登場したカテゴリーは10個になりました。

さて，この結果をどう分析するか。僕は図表6-1に示した結果から，各カ

図表6－1　カテゴリーごとに見たモチベーションの向上（低下）に関する事柄の言及数

モチベーションの低下に関する言及		モチベーションの向上に関する言及
0	達成・課題の解決	11
1	仕事そのもの	9
1	成長の可能性	7
第1グループ　0	目標の設定	5
第2グループ　4	競争的環境	4
4	管理・監督	2
3	評価・承認	4
3	給与	2
2	職務保障	2
2	作業条件	2

テゴリーは2つのグループに分けることができると考えました。第1のグループは，モチベーション向上の要因となる頻度の高いグループです。このグループの中で最も言及される回数が多かったのが，「達成・課題の解決」で11件でした。次に多かったのが「仕事そのもの」の9件で，続いて「成長の可能性」が7件，「目標の設定」が5件でした。

　第2のグループは，モチベーションの向上と低下につながったとする件数が同程度のグループです。すなわち，「競争的環境」「管理・監督」「評価・承認」「給与」「職務保障」「作業条件」の6項目が該当します。

　それぞれの項目をご覧いただくとわかる通り，第1グループには，第3章で取り上げた内発的モチベーションを高める要因が並んでいます。これらは，モチベーションを高める要因にはなるものの，モチベーションの低下要因となることはほとんどないということがわかります。つまり，満足要因となり得るものの，不満足要因とはならないということを示唆します。

　一方で，第2グループのカテゴリーでは，モチベーションの向上要因にも低

下要因にもなり得ることがわかりました。例えば，競争的環境は4対4でまったく拮抗しています。これは競争的環境に置かれることは，モチベーションの向上につながるという人もいれば，低下につながるという人もいるということを指します。本来では，これらの項目において，モチベーションの向上に関する言及数がもう少し少ないと，よりハーズバーグの研究結果に近づいたのですが，さすがにそこまではうまくはいきませんでした。しかし，ほぼ同じ構造が得られたと考えています。

(3) 結果②：モチベーションの継続期間と仕事への影響

　質問2では，質問1で語られた事柄に起因したモチベーションの向上（低下）が，どのくらい継続したのかを尋ねました。ヒアリングした事柄は，時間的な区切りを明確にできるものに限定し，ある程度の時間的範囲を示した上で，その中から最も近いと思われるものを選択してもらうよう工夫しました。選択肢は，「1日程度」「3日程度」「1週間程度」「1カ月程度」「3カ月程度」「半年以上」としました。

　その結果，質問1の結果と同様に，第1グループと第2グループの間で差異が見られました。第1グループのカテゴリーでは，最も短い場合で1週間程度，最も長い場合で半年以上という回答が得られ，最頻値は3カ月程度でした。一方，第2グループでは，第1グループよりも短期間の選択肢を選ぶ回答が多く集まりました。最頻値は1週間から1カ月程度という結果になりました。

　次に質問3では，質問1で述べられた事柄が，回答者のその後の仕事ぶりにどのように影響したのかを尋ねました。その結果，ここでも第1グループと第2グループの間で差異が見られました。

　第1グループに挙げられた要因は，新しい方法論の活用（達成・課題の解決），誰も挑戦していないようなテーマへのチャレンジ（仕事そのもの），自分の専門とは異なる分野へのアクセス（成長の可能性），新しい人的ネットワークの構築（成長の可能性），自律的な研究テーマや方法論の提案（仕事そのもの）などを試みるきっかけとなったとする回答が多く得られました（括弧内の用語は，その事象が語られたカテゴリーを表す）。すなわち，第1グループの各カテゴリーに関す

る要因によって高められたモチベーションは，新しい研究手法やテーマへのチャレンジを促す傾向にあり，それを実行するのに必要な知識やネットワークへのアクセスも同時に促進させる効果が伺えました。

　一方，第2グループでは，より精度の高い成果の追求（評価・承認），他者にさきがけた研究成果の発表（競争的環境），時間の短縮（職務保障），注目度の高いテーマへの参入（職務保障），より統率された方法論の活用（管理・監督）などにつながったとする言及が多く聞かれました。つまり第2グループの各要因は，仕事を効率化させ，無駄を排除させようとする力が作用していることが伺えました。

　以上，ここまで分類してきた2つのグループは，明らかにその性質を異にしていることがわかります。第1のグループの各カテゴリーは，基本的に仕事内容に対する興味や自分自身の知識・能力の向上，あるいはそれらの相互関係にモチベーションの源泉がありました。一方で第2グループのカテゴリーは，すべて何らかの研究開発環境の変化に起因しています。そこで第1のグループを「内発的モチベーション要因」，第2のグループを「外発的モチベーション要因」と名づけて整理しました。

（4）まとめ

　質問1では，若手研究開発者のモチベーションの向上・低下要因にはさまざまな種類があることがわかりました。また質問2と質問3からは，質問1で得られたモチベーション要因ごとに，仕事ぶりに対する影響や継続性に違いがあることがわかりました。内発的モチベーション要因は外発的モチベーション要因に比べ，長期間にわたりモチベーションを継続させる傾向にありました。ただし，その強さは比較的弱く，外発的モチベーション要因の短期的な強さや緊張感には及びません。つまり，何か短期的な作業を行いたいとき，あるいは瞬間的に成果を出したいときなどでは，研究開発環境の変化や報酬量の増減による外発的な動機づけが有効な手段となるようです。

　これは，どちらの方が優れているといった二者択一の優劣の問題ではないことを示しています。第3章では，個人の自律性を尊重し，有能感を高めさせよ

うとする働きかけは，より創造的な能力を発揮させる可能性があることを学習しました。しかし，過度に外発的モチベーションを取り除くことは，必然的に短期的なパフォーマンスを低下させることにもなりかねません。そのことで，人は短期的な緊張を失い，活動が怠惰になるという可能性は容易に想像できます。

　なお，この研究はインタビューをベースとした質的方法論を中心としていることから，計量的な検証を行えるほどのサンプル数を有していません。したがって，あくまでも仮説の段階に過ぎません。また，この研究は，大学や公的研究機関に属する若手の研究開発者に焦点を絞って分析を進めました。したがって，示された概念や結論はこの研究対象の範囲内でのみ有効であって，40歳以上の非若手研究開発者ではどうなのか，また企業に所属する研究開発者でも同じことがいえるのかといった点については，さらなる検討が必要です。

(5) ハーズバーグの2要因理論から見た定山食品の現状

　最後に，改めて本章のストーリーで直面した定山さんの疑問に戻ることにします。定山さんは新社長として熱意を持って組織改革に従事しています。それは社員に対し，新たな課題や目標を設定することで，会社としての成長の可能性を指し示すとともに，仕事そのもののやりがいを再定義しようと働きかけるものでした。これはまた，長期的に見たときにこのままでは会社は衰退するという危機意識から来るものでもありました。

　それに対して社員からは，業務時間，給与，仕事量等の変化に対する不満が続出しました。さらには，せっかく努力して築いた現在の安定性を崩してまで改革を行う意味はどこにあるのか，待遇を悪化させてまで改革を断行したところで，今より良くなるという保証はあるのか，といった疑問も湧き上がりました。

　すでにここまでお読みになった皆さんには，この対立構造が，ハーズバーグが提示した2要因理論とそっくりであることがおわかりになると思います。定山新社長は，まさに図表6-1における内発的モチベーション要因を高めることを狙いとしています。これにより，社員のやる気を引き上げようとしているわけです。しかしながら，社員はそれよりも不満足要因の悪化に意識が吸い寄せられているようです。彼らは不満足要因の拡大を決して良しとしません。ま

た．若い定山さんは会社の長期的な存続と発展を展望している一方，社員は短期的な目線での損得を重視した言動をとっています．

定山さんとしては，改革を断行するにしても，やはりもう少し社員の不満足度を抑えるような工夫が必要だったかもしれません．そうすることによって改革の速度が鈍る可能性は否めませんが，会社は決して社長の私物ではないことを考えると，仮に社長にとって不本意な点が含まれていたとしても，柔軟な対応や意思決定が求められると考えられます．

6.3 上司の誤解，部下の誤解

本章では，僕が発表した研究結果をもう1つ紹介させてください．これも職場環境とモチベーションに関する研究です．

皆さんは，定山食品のように大量に社員が退職してしまうほどではなくても，上司が一生懸命に部下を動機づけようといろいろと仕掛けるも，どうもそれが空回りしてしまう，という現場に遭遇した経験はありませんか？　この場合，上司の能力が低いわけでも無気力なわけでもありません．それでもなお，良かれと思って講じた策に対して，期待した反応が得られないというケースが頻繁に見られます．このようなことはなぜ起こってしまうんだろう，というのが本研究の着想地点でした．

そこで僕は，若手の研究開発者と，プロジェクトリーダー等を含めたマネジャーの双方にインタビューを行い，どのようなときにモチベーションが向上し，より高い知識創造性を発揮できるのかを調査しました．マネジャーは，自身が束ねるチームや部下のモチベーションを最大限に高めたいと考え，さまざまな対応を行っています．しかし，ときにそれらは必ずしも部下たちが望むものではないために，逆に彼らの意欲を阻害してしまう可能性も否定できません．そこで本研究では，研究開発マネジャーには，自分のモチベーションではなく，あくまでも彼らが指揮するチームや部下のモチベーションを高めるのに好ましいと思われる方策を問うことにしました．その上で，若手研究開発者が実際に求めている方策との差異を比較しました．

(1) 研究方法

　この研究では，評価グリッド法と呼ばれる研究手法を用いてインタビューを行いました。評価グリッド法は，レパートリーグリッド法と呼ばれる，臨床心理学の分野で開発された面接手法を讃井らが発展させたもので，建築物の企画・設計や景観評価，学生の職業意識調査など，多くの分野で活用されている手法です（讃井・乾，1986）。

　評価グリッド法の最大の特徴は，インタビュー対象者にさまざまな環境や条件を提示し，これらを比較しどちらが好ましいかを判断してもらい，その評価判断の理由を尋ねるという形式にあります。これにより環境や条件に対する評価項目とそれらの構造を，回答者自身の言葉で構築してもらうことができます。近年では，この利点を活かし，類似した調査手法であるラダリング法と同様にマーケティング・リサーチの分野でも応用されています。ラダリング法とは，上述した評価構造における上位概念（ラダーアップ）や下位概念（ラダーダウン）を誘導する際に有効な質問技法で，本研究でも，一部ラダリング法の方法論を活用しています。

　この形式を採用することにより，通常のアンケートやインタビューでは表出しにくい研究開発者の内面に潜むモチベーション構造を比較的速やかに明らかにすることができます。また，すべてのインタビュー対象者に対し均一の方法論をもって臨むことができるため，質問者の主観が入り込むことによる解釈のブレなども排除できます。

　この研究におけるインタビューの対象者として，5社の研究開発者から協力を得られました。5社の業種は，精密機器製造業，医薬品製造業，研究開発サービス業，ソフトウェア開発業，自動車製造業です。これらの企業に対し，過去あるいは依頼時点において研究開発部門の長やグループの責任者，プロジェクトリーダーなどを担った経験のある研究開発マネジャーに本研究の趣旨を説明した上で，インタビューに対する協力をお願いしました。さらにこれと合わせて，彼らの部下やプロジェクトの構成員となった経験があり，かつ優れた創造性を発揮したと考えられる人物の紹介をお願いしました。その結果，8名の研究開発マネジャーと，12名の若手研究開発者にインタビューを実施すること

ができました。

若手研究開発者に行った質問は次の3問です。

- 質問1「今日はあなたの働く時のモチベーションについてお伺いします。特に，あなたにとって知識創造性を高めてくれるようなモチベーションとはどのようなものがあるかについて，考えてみたいと思います。さて，図表6－2のうち，あなたのモチベーションを高めてくれるのに最も好ましいと思われる項目を5つ選び，好ましい順に並べて下さい。」

図表6－2　質問1で回答者に提示した17のモチベーション項目

1.	昇給や賞与などの金銭的報酬
2.	昇進
3.	公平だと感じられる処遇制度
4.	休暇の取得
5.	組織内における評価や表彰
6.	組織内のコミュニケーション機会の増加
7.	組織の目標やビジョンの認識・共有
8.	仕事における自由度や時間的余裕
9.	研究開発費の増加
10.	作業環境の改善
11.	研修・教育機会
12.	チャレンジングな技術課題
13.	個人の能力や技能を発揮する機会
14.	競争的環境の導入・強化
15.	所属組織外における評価・名声
16.	所属組織外の研究仲間や知人とのコミュニケーション機会
17.	顧客（取引先やユーザを含む）とのコミュニケーション機会
18.	その他

- 質問2「次に，なぜこれら5つの項目は他の項目より好ましいと思いますか？　また，○○（回答者が選択した項目）はなぜ他の項目より好ましいと思いますか？」

- 質問3「それでは次に，具体的に何がどのようになっていたら○○が得られると思いますか？」

　マネジャーにも同様の質問を行いましたが，実際のインタビューでは本研究の趣旨から，「あなたのモチベーションではなく，あなたの部下やチームのモチベーションについてお答えください」と強調しました。

　なお，質問1において上位5項目の選択制としたのは，回答者の負担に配慮したこと，ならびに選択数を統一することで結果をわかりやすく数値化することが可能となるためです。

(2) 結果①：若手，マネジャーがともに重視していること

　図表6－3に質問1で得られた結果を示します。ここでは，各回答者に選出してもらった，モチベーションを高めるのに好ましいと思われる5つの項目を，若手研究開発者の順位の高い順に集計しました。「若手」と「マネジャー」の縦コラムに入っている数字が，それぞれの順位を示しています。薄く網掛けしてある4つの項目は，若手とマネジャーでほぼ順位が一致しているものを指し

図表6－3　若手研究開発者とマネジャーが考えるモチベーションを高める要因
（数値は各グループにおける順位）

モチベーション項目	若手		マネジャー
自己の能力や技能を活用する機会	1		1
仕事における自由度や時間的余裕	2	＞	12
組織内のコミュニケーション機会の増加	3	＞	9
チャレンジングな技術課題	4		3
所属組織外の研究仲間や知人とのコミュニケーション機会	5	＞	11
顧客（取引先やユーザを含む）とのコミュニケーション機会	6	＞	10
組織の目標やビジョンの認識・共有	7		7
所属組織外における評価・名声	8	＜	2
昇給や賞与などの金銭的報酬	9		8
昇進	10	＜	5
組織内における評価や表彰	－	＜	4
競争的環境の導入・強化	－	＜	6

ます。「＞」が入っている4項目は，若手は重視している一方で，マネジャーは軽視している項目を，「＜」が入っている項目はその逆で，マネジャーの方がより重要視している項目を指します。

　なお，「公平な処遇」「休暇取得」「研究開発費の増加」「作業環境の改善」「研修・教育機会」の5項目は，どちらのグループにおいても5番目までに挙げられなかったために，図表から省いています。これらの項目はまったく不要というわけではなく，あくまでもトップ5には入らなかったというものです。

　まず，この図表から，若手，マネジャーともに「自己の能力や技能を活用する機会」がモチベーションを高める項目として最も効果があると考えていることがわかります。実際にこの項目は，若手，マネジャーともにおおよそ半数の回答者が1位に挙げており，ダントツの高評価でした。また，「チャレンジングな技術課題」も同様に両グループから高い支持を得ていることがわかります。これらの項目は，第3章で紹介した内発的モチベーションの構成要素の1つである「有能感」を高める役割があると考えられます。いずれも知的探究心の追求や活躍しているという実感を通して，達成感を満足させる要素として認識されていることがわかります。

(3) 結果②：若手は重視しているものの，マネジャーは軽視していること

　残念ながら，若手，マネジャーの意見が一致しているのはここまでで，当初の想定通り，両グループで評価が異なる項目が多数出てきました。若手のモチベーションにとって大事な項目として，「組織内のコミュニケーション機会の増加」「仕事における自由度や時間的余裕」「所属組織外の研究仲間や知人とのコミュニケーション機会」「顧客（取引先やユーザを含む）とのコミュニケーション機会」の4項目が挙げられています。

　まずは「仕事における自由度や時間的余裕」を考えてみましょう。第2位と第12位という大きな差がついていますから，若手は仕事上の自由度や時間的余裕をモチベーションの向上要因として重視している一方で，マネジャーらはまったく重視していないという結果の表れといえます。これも第3章で述べた

通り，職務内容や時間の使い方にある程度の自由を与えることは従業員の自律性を高める効果があり，自律性は内発的モチベーションを高める最も重要な要素の1つであることの表れといえるでしょう。

実際に研究開発者に対しある程度の時間的余裕を認める制度は，すでに多くの企業において実施され，その結果も報告されています。3M（スリーエム）社の15%ルールやグーグル社の20%自由時間が著名なケースです。これらの制度は，主に研究開発者の創造性を高めるという観点から設けられたものですが，モチベーションを高める働きもあることが本研究の結果から示唆されます。

若手が重視している4項目のうち，残りの3項目はすべてコミュニケーションに関する項目ですので，まとめて検討することにします。実は調査を開始する前は，コミュニケーションに関する項目を増やしすぎたかな，1つか2つにまとめないと票が割れて正確なデータを抽出できないかも，という迷いがありました。しかしふたを開けてみると，これら3項目はすべて，全17項目中6位以内に入るという驚くべき結果になりました。これはどういうことを意味しているのでしょうか。

マネジャーの中にも，少数ではありますがコミュニケーションが大事だと答える回答者は存在しました。こういった方はどのように組織内のコミュニケーションを促そうとしているかを尋ねると，一般的な方策として比較的少人数による定例的な会合の機会を設置する傾向にありました。例えばランチ会や，いわゆるノミニケーションがその代表例になります。これに対し若手からは，「半ば強制的に会合の場を設定されても，良いチームという空気作りを皆でやっているような違和感が残る。仕事における本質について本音ベースで話し合うなら，業務時間内で良いと思う」という意見が目立ちました。

それでは，若手にとってモチベーションを高めるコミュニケーションとはどういうものなのか。若手にとってコミュニケーションは，「技術課題を解決するためのヒントを得る」，「自分の仕事に対する情報的フィードバックを得る」，「チームの創造性を高める」等の機会となっているということです。若手の回答者は，あくまで自分が必要と感じたときにコミュニケーションをとれるかが

重要であり，そのための時間的余裕や組織内の障壁の低さを求める傾向にありました。

このようなコミュニケーション・ギャップについては，次のマネジャーが重視する項目の中にも登場するので，引き続き議論したいと思います。

(4) 結果③：マネジャーは重視しているものの，若手は軽視していること

前節とは逆に，マネジャーは大事だと思っているものの，若手は不必要と考えている項目について見ていきます。それは，「組織内における評価や表彰」「所属組織外における評価・名声」「昇進」「競争的環境の導入・強化」の４項目です。これら４項目の共通点は明らかに評価，表彰，競争といった視点といえます。すなわち，マネジャーたちは，評価や競争は部下のモチベーションを高める要素として有効であると認識しているのに対し，若手はそのように感じていないことが明確となっています。

インタビューしたマネジャーの回答者は，各個人の能力を見定めた上で表彰したり，チーム間の競争意識を促進することで，全体の生産性が高まるという考えが多く聞かれました。

しかし，若手からはこれに反する意見がしばしば聞かれました。これは，彼らが表彰の際の評価軸の設定に恣意性を感じたり，皆が評価結果を正当に受け入れているわけではないことを強く意識しているためで，場合によっては，「評価軸を押しつけられていると感じる」という傾向にありました。

第３章では，「人がすすんで（自律的に）何らかの行為を行っているときに外的な報酬を与えられると，その行為は報酬のための行為へと変化し，行為者は半自動的に自律感を奪われたと認知する」という，アンダーマイニング効果が存在することを学びました。本研究で現れた評価や表彰，昇進，競争に対する見解の違いも，この効果が若手側に作用した可能性が考えられます。つまり，評価軸を設定するのは当然マネジャーたちであり，それをもって表彰を行うことで，部下たちを誘導しようという統制的な意図を察知しているというわけです。

それならば，どのような評価方法が望ましいのかという問いに対して，先ほど検討したコミュニケーションが登場します。「日常的なコミュニケーションを通してフィードバックしてもらえると手応えを感じる」という意見が若手側から聞かれたように，わざわざ組織的にシステム化した評価や表彰を行って序列を作り出すよりも，日常的にフィードバック・コミュニケーションを数多く返してあげる方が良いという示唆です。その際は，可能な限り統制的な意図は含まず，シンプルに情報のフィードバックを心掛けるべきでしょう。

(5) まとめ

もしマネジャーが評価や表彰を行う際には，評価軸は単一ではないこと，成果は多様であり組織やチームにはその多様性も期待されていることを合わせて発信し，評価軸の設定による部下やチームの被統制感を高めないよう心がける必要があります。むしろマネジャーは，評価や表彰を一種のコミュニケーション・ツールとして認識し，これらを行う際に組織の目標やミッションについて理解を深めたり，部下やチームの仕事の進捗を確認する機会とした方が効果的である可能性が考えられます。仕事上の小さな前進や進捗，課題に直面した場合にはその認知と解決策のフィードバックなどが，知識労働者の内発的モチベーションと創造性を喚起することは，創造性に関する研究においても確認されているところです。

また，組織内外のコミュニケーションは，人と広く関わっていくことで自己の仕事に対するフィードバックを得たり，課題の解決や新しいアイデアのヒントを得ようとする人にとっては重要な要素となります。そこでマネジャーは，コミュニケーションを求める部下に対しては，頻繁にフランクなミーティングを行う，顧客等に会いに行く機会を作ってあげる，社内研修や外部の会合に参加できるような自由を与えるなどして，ある程度の若手主体のコミュニケーション量を保つような工夫が求められます。

以上，本章では，恐縮ながら僕が行った調査研究の結果を用いて，創造性を高めるような職場環境や，上司と部下の認識の違いについて概観しました。特

第 6 章　満足できる職場，やる気の出る職場　｜　135

に，ハーズバーグの 2 要因理論が説く「満足要因と不満足要因の異次元性」については，多くの職場環境にとっても示唆に富むものであると考えられます。

　僕自身の研究結果は，研究開発という狭い職種における分析ですので，広く一般に適合できるものとはいえません。当然，今後は職種や年代，階層等の拡張を検討していく必要があります。ご覧の通り 1 人でできる仕事ではありませんので，皆さんのお力をお借りできればと思います。

　なお，6.2 節でご紹介した研究結果は，「大学等に所属する若手研究開発者の研究開発環境と内発的動機づけに関する質的研究：ハーズバーグの 2 要因理論に依拠して」北海道情報大学紀要，第 24 巻，第 2 号，pp.1-14. 2013. をベースに，本書の趣旨に合わせて書き直したものです。

　また，6.3 節でご紹介した研究結果は，「評価グリッド法を用いた研究開発者のモチベーション構造の分析」技術と経済，No.550，pp.43-51. 2012. をベースに，書き直したものです。

　さて，次章のテーマは「年齢と創造性」です。僕にとっても，本書にとっても，チャレンジングで勇気のいるテーマですが，関心の高いテーマでもあります。主人公は，定年退職後に大学院への進学を決意した滝野さんです。

コラム　従業員のコミットメントと創造性

　本書を執筆している 2014 年秋の段階で，日本経済は急速な人手不足に直面しています。特に若手人材の不足感は大きく，新卒採用は数年前までの厳選採用から一転した売り手市場となっています。中でも建設，医療・介護，外食産業等における人手不足は深刻で，アルバイトの時給もにわかに高水準となっています。日常的に学生たちと接する僕としては，喜ばしく思うと同時に，この流れでいわゆるブラック企業と呼ばれる会社も淘汰されればと願っているところです。

　ただし，人手不足といっても，人であれば誰でも良いというわけではもちろんありません。すでに時代は工業社会から情報社会，あるいは知識社会へ入ったと言われるようになってから長い時間が経過しています。そのような新しい社会では，労働者の数が生産性を律速する労働集約的な構造から，新しい知識や創造性，対話，感性，多様性などをベースとした価値づけが重視される構造へと変化しています。要するに，単純な作業は機械やコンピュータに任せ，人は機械やコンピュータにはできない仕事にシフトする傾向にあります。したがって，求められる人材としては，

創造力のある人，対話力のある人，変化に柔軟な人，多様で複雑な状況から価値を見つけ出すことのできる人となります。

大学でこの話をしたとき，誰かが「しんどい時代になりましたね」と言っていましたが，僕はそうは思いません。それは，この時代がしんどくない，と言っているわけではなく，いつの時代もしんどかっただろうと思うからです。

しんどい時代になったと言いたいのは，むしろ企業の方かもしれません。上記のような人材はそうそう簡単に集められるわけではありませんし，育成するのも長い時間とコストが必要となります。

そんな中，2014年春にスターバックスジャパン株式会社は新しい人事制度を作り，約800人いた契約社員をほぼすべて正社員に登用したと発表しました。それまでの社員は約1,800人でしたから，800人というと4割強という大きさです。正社員というのは契約社員に比べて大幅にコストがかかります。つまり，そのコスト増に見合うメリットがあると見込んでの正社員化ということになります。

タイミング的に人手不足対策かと思われましたが，スターバックスの発表によるとそうではなく，長期的な人事制度の改善の一環ということです。あるセミナーで講演した松村壹仁取締役に質問したところ，1995年に創業したスターバックスジャパンの2013年時点での正社員平均年齢は35歳前後に達しており，新卒者の3年以内の離職率は5%以下ということでした。日本全体における大学新卒者の3年以内の平均離職率は約30%と言われていますから，スターバックスは非常に高い定着率を維持していることがわかります。

この事実だけを見ると，ブランド力があるがゆえに辞めないだけでは？　と思いたくなりますが，僕が注目したいのは，スターバックスのブランド力とは何かということです。実際に店舗を利用すると，きっちりとマニュアル化されたサービスを感じる一方，プラスアルファの対応力も垣間見ることがあります。そのような小さな創造性の積み重ねがブランド力となって表れているのではないか，と感じます。

人が組織に対し積極的に関わろうとすることを，その組織に対し「コミットする」といいます。強いコミットメントは，マニュアルや命令で定められた業務以外にも，積極的に組織に貢献しようとする姿勢を引き出します。この会社は率先して不満足要因を取り除こうとしてくれている，自分を大事にしてくれている，と感じることによって，強いコミットメントが生まれ，その会社に恩返しをするかのようにみずから進んで会社に貢献しようとします。

顧客と直接，接するようなサービス業では，従業員のコミットメントが強まることで，いかに顧客満足度が高まるかは想像に難くありません。トップからすれば，まさにのどから手が出るほど欲しい要素です。そして，コミットメントというのは時給換算で契約できない要素でもあります。コツコツと環境を整え，信頼関係を構築していくしかありません。

第6章でハーズバーグが示唆したように，改めて従業員の満足―不満足要因をチェックされてみることをお勧めします。

第7章

年齢と創造性の関係

ストーリー

「あれ，滝野さん？　おはようございます」

「おー，これは清田さん。おはようございます」

「失礼な言い方になってしまうかもしれませんが，まさか滝野さんと朝のファーストフード店でお会いするとは思いませんでした」

「私も年々朝型になってますからね。その点ここは快適ですよ。早朝は空いてるし，勉強するにはもってこいです」

「滝野さんは本当に勉強家ですね。今はお仕事からは完全に引退を？」

「いや，今は週3の非常勤をしています」

「そうでしたか。仕事ではやはり後進のご指導を？」

「そうなりますね。実質的にはOJTに近いかもしれません。若手主体のプロジェクトに私も参加するんです。その中でいろいろとアドバイスしたり，人的ネットワークを提供したり。もちろん私自身が作業をすることもあります」

「なるほど。それは現役の人たちにとってはありがたいですね」

「はい。と，言いたいところですが，私自身はその状況を変えたいと思っています。そのような空気を変えたい，と言ってもいい」

「とおっしゃいますと？　もし勉強のお邪魔じゃなかったら聞かせてください。興味があります」

「もちろんです。私も，清田さんのそういうストレートなところにはいつも刺激を受けます。ご存知の通り，私は団塊のすぐ下の世代になります。団塊の方々が定年を迎えたとき，意欲と能力のある多くの方は指導役として再就職されているのをご存知ですよね？」

「はい。ただし，多くの方は正社員ではなく，非常勤や嘱託として」

「そう。私も週5から週3になっただけで給与は3分の1になりました」

「そうか，滝野さんはそのような処遇を改善していきたいと？」

「はは，もちろんそれもあります。しかし，給与のことだけを気にしたのなら，他の道を選択したかもしれません。今の会社には恩も愛着もありますから，

仮に給与を4分の1にされても引き受けたと思います。
　それよりも私が気になるのは"指導役"という立場です。ご存知のように2007年以降，日本では退職者の数が急増しました。もちろんそのすべてが再就職するわけではありませんが，再就職した人の多くは現役のときとまったく同じ業務を継続しているか，あるいは補佐やアドバイザーといった指導役が多いように思います。私の疑問は，彼らは本当に指導役しかできないのか？」
　「指導役しか？　指導できることはすごいことだと思いますが」
　「そうですね，同感です。しかし私が思うのは，同じように知識や経験がある人でも，教えるのがうまい人とそうでもない人がいるということです。というより，教えるのがうまい人はほんの一握りで，むしろそうでもない人の方が圧倒的に多い。これが私の実感です」
　「確かにそうかもしれませんね。プロスポーツでも，選手として大成する人と監督やコーチとして大成する人は異なるのが通例ですし」
　「そう。今の日本社会はまだ，教えるというスキルや能力を十分に見極めることなく，現役時代の実績や役職で，指導役を依頼しているのが実情のように思います。プロスポーツの例でいうと，最優秀選手がそのまま監督になる例と同じです」
　「かつてはそのような例が多かったようですね。もちろん長嶋茂雄監督のように，選手としても監督としても成功する方もたくさんいるわけですが，最近は選手としてはまだ中堅クラスの方が，指導者としての資質を高めるべく，あるいはコーチングという世界に魅せられて早々に引退し，数年間かけてじっくりと指導の理論と実践を勉強する。その後コーチとして再びユニフォームに袖を通す，という例も増えていると聞きます。
　そうか，なるほど。滝野さんもそれと同じというわけですね。滝野さんはそのような実績に偏った日本企業の指導体制を変えたくて，大学院に進まれた。いや，正確には大学の通信教育部にも通われていたわけだから，都合10年かけてこれを成し遂げようとされている」
　「そうです。いや，清田さんと話していると本当に議論の展開が早い。ただし，正確には，そうでした，とお答えするべきですね」

「過去形？」

「はい。かつて，通信教育を受けていたころはまさにそのように考えていました。実際，通信教育では教育学を専攻しました。取得学士も教育学です。当時，通信教育時代の同級生と呼べる方の多くは教師になる夢を捨てきれずに，改めて教育学を学び直し，ゆくゆくは教員採用試験に挑戦しようという志を持った人が多かったように思います。あるいは，コーチングのスキルを学ぶべく，アメリカのコーチングスキルの現状を卒論としてまとめた学生さんもいらっしゃいました。ただ，清田さんがおっしゃったような問題意識を，もし今でも私が持っていたら，今頃は経営学ではなく教育学の大学院に進学していたでしょう」

「確かにそうかもしれませんね。以前に比べ，コーチングの概念はかなり浸透してきましたが，まだまだ経営学の中ではマイナーな項目でしょうし」

「今の私の問題意識はさらに先にあります。ですから経営学を選びました。そうですね，今ここに教えるのがうまい人がいたとしましょう。そしてその人は定年を迎え，指導役として第2，第3の貢献を会社や社会に対してしてもらう。大変すばらしいことです。

しかし今，私にとって最も気になることは，現在の日本社会において本当に求められているのが長年の経験で培ったことを教えることだけなのか，ということです」

「教えるだけ？」

「そう，もちろん長年の経験で培われた知識は非常に貴重なものです。それらは今の社会でも必要なものでしょう。しかし，ここで気にすべきは，指導役に当たられている方の多くは，過去に優れた実績をお持ちの方ということです。つまり，強力な成功体験を持っている方…」

「つまり，そういう方の成功体験は，ときに新たな変革の障害となる可能性がある？」

「そうです。どうしても指導の中身はかつて自分が体験した成功に近いものになるでしょう。それならば自信を持ってアドバイスできる。これは人の感情からいっても仕方のないことだと思います。

繰り返しますが，このような指導や教育は絶対に必要なものだと思います。

しかし，改めて今の日本社会において，あるいは企業において私が必要だと考えるもの。清田さん，それは何だと思いますか？　ヒントは新川先生の専門分野です」

「新川先生の専門といえばイノベーション。そうか，新しい価値の創造…」

「そうです。古い知識や経験も，新たな組み合わせによって再結合することでまた新たな知識が生まれる。通信教育部の講義でそのように習いました。だとすれば，知識や経験の多い人の方が，新知識を生み出す可能性を持っているといえる。一方で，新しい発想は若い人から生まれやすく，年配者は指導役や相談役，という認識が現状では広がっている。ここに私は強い違和感を感じるのです。学術的にいえば，論理的矛盾を指摘することができる。なぜこのような固定化された観念が生まれたのか。これが私の問題意識であり，新川研究室の門を叩いた理由です」

「…なるほど，すごい。技術革新が進むにつれ，単純な仕事は徐々に機械やコンピュータによって代替されてきた。その分，人は人にしかできない仕事に従事することが必要になります」

「はい。特に労働力の低下に伴い国際競争力も低下する日本において，求められるのは創造性です。そして良くも悪くも，今の若い方はたいへん聞き分けが良い。ベテランにそうだと言われたら，素直にそれを信じます。そうすると，ますます旧態依然としたやり方から脱することができません。

ただ清田さん，私としては，実は政策論的な意味での日本全体の議論は，どうでもいいとは言わないにしても，強い関心があるわけではありません。むしろ，個人の，人としての喜びややりがいを大切に思っています。何かを創造するということはとても苦しい。"生みの苦しみ"とはよく言ったものです。しかし，苦しいと同時に，そこには何事にも代えがたい達成感や充実感があります。

創造するという行為には，さまざまな方法論があるはずです。外からの知識を取り込み，解釈し，自分自身の持っている知識と対話させる。他者とのコミュニケーションがその手助けをしてくれる場合もある。このような方法論について，大学院ではじっくりと考えてみたいと思っています」

7.1 知識創造性は年齢とともに衰える？

　皆さんは朝のファーストフード店を利用したことはありますか？　レジ周りではコーヒーを買うスーツ姿の男性客も多く見受けられますが，店内には勉強や読書をする年配の方の姿もよく見かけます。本章のストーリーで登場した滝野さんもそのような1人です。滝野さんは僕の大好きなキャラクターです。大学の仕事をしていると，比較的頻繁にあのような方にお会いします。市民対象の公開講座を開くと，開講の30分前には，勉強熱心な方々が一番前の席に陣取って資料を開いています。生涯学習という概念が浸透してきたなと実感します。

　ただ，滝野さんはさらにその上を行く学習意欲の持ち主のようです。長い間管理職を経験し，年を重ねるに従い，既定の枠にとらわれた人材活用法に疑問を持つようになりました。その前提となっているのが，知力や創造性における若手と年配の差です。本章では，滝野さんの疑問に少しでも応えるべく，年齢と創造性の関係について多くの科学的データをもって検討していきます。

　知識創造性は年齢とともに衰える，というのが一般的な理解だと思われます。もちろん年齢とともに向上する能力はたくさんありますし，それらはのちほど検討しますが，「年を取ると頭が固くなっていかん」とよくいわれるように，新しいアイデアや，これまでとはまったく違うやり方を追求する際は，若手の方が向いているというのが通説といえるでしょう。

　このようなことを言うと，「最近は若い人の方が頭が固い」という意見もいただくようになりました。しかしそれは，若手の発想力が乏しくなっているのではなく，それに興味を持ち，みずから活かそうという意欲，つまりチャレンジ精神の低下が起因しているのではないかと僕は見ています。これは非常に難しい問題ですが，このチャレンジ精神については第9章で議論したいと思います。

　さて，知識創造性は年齢とともに衰えるという命題は真実でしょうか？　実際，これまでの心理学や行動科学の領域では，知識創造性は年齢とともに低下

する，あるいはほとんど変化しないものの向上はしない，という見解が主流となっているようです。ここで1つ，ある研究結果を見てみましょう。スウェーデンで行われた実証研究です (Ruth and Birren, 1985)。

ルースらは，スウェーデン在住の150人（男性86名，女性64名）に対し，言語系と非言語系について，それぞれ3種類のテストを実施しました。言語系というのは国語を中心とした問題で，非言語系というのは算数や記号，パズルのような問題をイメージしてもらえれば良いかと思います。

ルースらは，その中に創造性を測定する設問も用意しており，それを次の3つのカテゴリーに分けて採点しました。1つ目が回答数の多さ，2つ目が回答結果の多様さ・柔軟さ，そして3つ目が回答結果の独自性です。回答数の多さは，主に処理能力の速さを表します。回答結果の多様さ・柔軟さとは，例えば言語系における多様な解釈に対する対応力などを指します。回答結果の独自性の例としては，非言語系の記号法則問題への適応力などを指します。そしてルースらは分析の際に，母集団の150人を若手層 (25-35歳) 46名，中堅層 (45-55歳) 54名，ベテラン層 (65-75歳) 50名の3つに分けてその違いを比較しました。

その結果，若手層と中堅層の間で創造性に関する指数に開きが見られました。若手が全体的に高いスコアを計上しており，特に言語系よりも非言語系でその差が顕著に表れました。一方，中堅とベテランの間の差は大きくはありませんでした。この結果を受けてルースらは，情報処理の速さ，マルチタスク能力（複数の問題への対応力），多様な解法へのチャレンジ，の3点について，年齢とともに低下が見られたとまとめています。

若手と年配者の差異が見られる要件として，仕事に対する熱意も挙げられています。エブナーらの研究によると，若手は彼らの目標を自身の成長や経済力の向上など，行動の結果，得られるであろう利得にリンクさせて決定しているのに対し，年配者は現状の維持や損失の最小化に最も強い関心を持っているということです (Ebner et. al. 2006)。このような行動様式の違いは，職務におけるリスクテイクの差となって表れ，結果的に職務パフォーマンスに影響を与えることになります。

7.2 低下する知的能力

このように，年齢とともに知的処理や創造性におけるさまざまな能力は低下していくとする研究報告は数多く存在します。例えば，ローズらの研究によると，情報処理のスピード，記憶のアップデート，注意力，マルチタスク対応などを測定することのできる検査で，年配者のスコアは若手に比べて低かったと報告しています（Rhodes, 2004）。特に記憶力に関しては，新しい記憶の書き込み，古い記憶の呼び出しともに，若手の方が優れているという結果が示されています（Spencer and Raz, 1995）。

ここに挙げられたような情報処理力，注意力，記憶力については，年配者にとっても反論しがたい項目かもしれません。かくいう僕も，本書執筆時点ではまだかろうじて30代ですが，これらの能力（特に記憶力）については学生とは比べ物にならないくらい劣化しています。

「一般的にはそうかもしれないが，それ以前に人によるのではないか？」と思われる人もいるかもしれません。もちろん研究結果を見ても，個人差は非常に大きく（データの分散が大きく）表れているものもあります。

ただ，第6章でも触れたように，ノーベル賞の研究成果は，受賞者が20代から30代のころの着想に基づいたケースが多くなっています。例えば，2014年にノーベル物理学賞を受賞したカリフォルニア大学の中村修二教授は，彼が在籍していた日亜化学工業時代に青色発光ダイオードの材料となる窒化物半導体結晶膜の成長方法に関する特許（いわゆる404特許として有名）を，36歳のときに出願しています。出願時が36歳ですからアイデアの着想はもっとずっと以前ということになります。

若さと偉業という意味では，アインシュタインがあまりにも有名です。彼は26歳のときに「特殊相対性理論」の論文を書き上げています。この年には他にも「光量子仮説」，「ブラウン運動の理論」といった現在の物理の基礎となる理論を発表していて，奇跡の年とも言われています。数学界のノーベル賞と呼ばれるフィールズ賞にいたっては，そもそもの受賞対象者を40歳以下として

いることから，いかに若い才能と発想力を大切にしているかがおわかりいただけるでしょう。

7.3　世界的な労働者の高齢化

2014 年現在，日本における最大の課題といえば少子高齢化を挙げる人も多いかもしれません。中でも高齢化は，主に医療，福祉，介護，財政，まちづくり等の問題として頻繁に取り上げられています。しかし，労働者の年齢構成の変化（高齢化）も見過ごせない問題となっています。総務省統計局の調査によると，日本の全労働者の平均年齢は，1990 年には 39.5 歳でしたが，2000 年には 40.8 歳に，2010 年には 42.1 歳まで上昇しています。そして 2015 年には，43 歳前後となっているだろうと予想されています。

しかも，このような労働者の高齢化は，日本に限った問題ではありません。国際労働機関（ILO：International Labour Organization）によると，1980 年には，20-29 歳が世界の労働人口における最大の年齢層でした。しかし，1990 年にはこれが 30-34 歳へと変化し，現在では 35-39 歳へと差し掛かっています。また，アメリカの労働省労働統計局（Bureau of Labor Statistics, Department of Labor）の調査によると，アメリカの全労働者の年齢の中央値は，1980 年には 35 歳であったが，1990 年には 37 歳になり，2000 年には 39 歳，2010 年には 41 歳に達しています。

このように，ほとんどすべての先進国において労働者の平均年齢が上昇しているため，労働者の年齢と職務遂行能力の関係に対する関心は年々高まっています。企業の従業員が高齢化するということは，必然的に人件費の増加を意味します。特に年功序列の定期昇給を基本とした日本企業では，成果主義を導入するなどして人件費の抑制に努めています。

ただし，従業員の高齢化は，その他にもさまざまな懸念を生む要因となっています。それは例えば，若手従業員に比べた労働時間の減少，体力を必要とする業務の効率の低下，市場の変化に対応した職務内容の変化への抵抗，新しい土地や新しい組織への対応力不足，新しい技術への適応力の低下などが該当し

ます。そして、本章が取り扱う創造性も、そのような懸念材料の1つです。

　ちなみに、先ほど先進国において問題化していると述べましたが、新興国の労働者はまだ若いですから、年齢による職務能力の問題は顕在化していません。例えば、日本（北海道から九州までの南北距離：約2,000km、面積：約378km^2、人口：約1億2,600万人）と地形的に似た構造を持つベトナム（南北の距離：約1,650km、面積：約346km^2、人口：約9,170万人）の平均年齢は約28歳ですから、平均45歳の日本とは大きな差があります。もし仮にここまで本章が示してきたように、年齢とともに職務遂行能力が低下するとすれば、日本は他国、特に若い新興国に対し大きなビハインドを背負うことになります。

7.4　年配者の反撃

　ここまで、年齢と知的能力との負の関係について見てきました。しかし、これらの結論に反する研究結果も多数出てきています。知的能力のエイジングには多様さや複雑さが伴っていて、一概にネガティブな関係にあるとはいえない、という主旨のものです。まずは最大の敵ともいえる記憶能力について見ていきましょう。実は記憶能力には、年齢を重ねるとともに低下する部分と、あまり変わらない部分があることがわかってきました。

　加齢によって低下する記憶能力としては、エピソード記憶と呼ばれるものがあります。突然ですが、皆さんは昨日のお昼に何を食べたか思い出せますか？あるいは、駅でばったり会った人の名前をとっさに思い出せないことはありませんでしたか？　このように、いつ、どこで、何をしたか、といった情報をすぐには呼び起こせない状態は、加齢とともに進行すると言われています。

　一方で、加齢による影響をあまり受けない記憶能力も存在します。それが、意味記憶や手続き記憶と呼ばれるものです。意味記憶とは、単なる事実に関する知識で、自分の誕生日や勤めた会社などは忘れたりはしません。また、手続き記憶とは、その名の通りやり方に関する記憶で、誤って覚えた漢字の書き順はいくつになっても誤ったまま覚えている、というものです。

　もう1つ、今度は認知能力についても検討します。認知とは、外部からの情

報を取り込んで処理するプロセスのことで，情報処理スピードやマルチタスク処理の能力に関わってきます。これも，これまでは先にご紹介した論文にあった通り，年齢とともに低下することが知られてきました。例えば，パークらの論文によると，情報処理速度，マルチタスク処理（この場合，ある情報を維持しつつその他の情報を処理する作業）ともに，20代からどんどんと低下していく様子が示されています（Park et. al. 1996）。

この原因として，視力や聴力などの肉体的な感覚機能が低下することにより，情報のインプット，アウトプットがともに遅くなるという可能性や，複数の情報を処理する場合，一方の処理に時間がかかり，その間にもう一方のタスクを忘れてしまうといった可能性が指摘されています。

しかし，視力の低下や運動機能の低下によるタスク処理の遅延が発生するのはやむを得ないとしても，日常生活や仕事における知識そのものは維持されることから，加齢による認知能力の低下は予想よりもずっと遅く，かつ知識や技能を増やすことで認知能力の低下を補うことができるという見方も存在します。

このように，年齢と知的能力にはポジティブな関係がある（あるいはネガティブな関係はない）と主張する研究報告も見られます。総じてこれらの報告の根拠となっているのは，経験の蓄積とその有効活用であるといえます。蓄積された経験を，個人の中でさまざまな知識や技能に転換することによって，認知的あるいは身体的な処理能力の低下を補い，場合によってはこれらをはるかに上回る強みとして機能する可能性があるわけです。

この点について，年配者はしばしば経験知の蓄積と結晶化を行っていると考える研究があります（Kanfer and Ackerman, 2004）。例えば，年配者は若手に比べて緩やかなペースを保っているにも関わらず，複数のタスク処理をこなすことがあります。あるいは，課題解決に関する業務において，その課題が頻繁に遭遇するものである場合，年配者の方が優れたパフォーマンスを示すことを報告した論文もあります（Artistico, Cervone and Pezzuti, 2003）。

このように，人は身体的な意味における処理能力の低下を，知識や経験の蓄積とその有効利用によって補完することに成功している場合があるといえま

す．さらに，知識や経験の蓄積は判断力を高め，ミスの減少につながっているという指摘もあります．経験知の結晶化は，日常生活や仕事上のタスクとの関連性が強く緩やかに発達するため，加齢による情報処理能力や記憶力の低下を補う役割があるようです．

以上を総合すると，年齢と知的能力の間には，ネガティブな関係を示す研究結果とポジティブな関係を示す研究結果の両方が混在しているというのが現状です．そこで，さまざまな条件で実施された多数の研究を総括するため，経験，在職期間，年齢と職務関連の能力との関係を分析した論文を集めてメタ分析を行った研究者がいました (Sturman, 2003)．メタ分析というのは，今回の例のように，数十から，ときには百を超える類似した研究結果をすべて見直し，条件等によって再整理することで，一定の結論を導こうとする研究手法のことです．

その結果，経験，在職期間，年齢の3要素と職務遂行能力の間には，いずれも逆U字型の関係があると結論づけられました．すなわち，職務遂行能力は，若いうちは年齢とともに向上し，ある程度の年齢に達した段階でピークを迎え，そこからは徐々に低下する傾向にあることを示しました．

7.5　イノベーション創出能力 VS 年齢

逆U字型という結論を皆さんはどう思われるでしょうか？　実態と近いかも，そういう感想をお持ちになった方も多いかもしれません．しかし，世界にはまだこの結論に満足しない研究者もいました．先の年齢と記憶力や情報処理能力との関係に関する研究でも見たように，単純な計算や読解に関するテストだけでは，年齢と職務遂行能力や知識創造性との間に潜む本当の関係を把握することはできません．また，単に高い創造性を発揮するだけでは，社会に有益な知識をもたらすこともできません．むしろ，複雑化する現在の経済社会環境下では，創造性を発揮するだけでは社会的課題の解決や経済成長につながるイノベーションを創出することはできず，極めて多様な能力が求められるようになっているといえます．

そこで，実験室における統制的なテストではなく，より現実に近い形でイノ

ベーション関連能力と年齢の関係を探る調査を実施した研究者がいました（Ng and Feldman, 2012）。彼らは，アメリカにおいてさまざまな産業に従事する540名のマネジャークラスに対しオンライン・アンケートを実施しました。年齢構成別の内訳は，22歳から39歳が40％，40歳から54歳が47％，55歳から66歳が13％で，全体の平均年齢は限りなく現実に近い40歳となっています。

イノベーション関連能力に関する質問は，次の3項目に分けて設定されています。

① 新しいアイデアの創出に関する項目
② アイデアの伝達・普及に関する項目
③ アイデアの実行に関する項目

①では，自分で生み出したアイデアの数，②では，自分で生み出したアイデアを誰かに伝達した回数とその伝達した相手，および他者が生み出したアイデアを誰かに伝達した回数とその相手，③では，自分で生み出したアイデアの実行回数と実行者（自他含む），および他者が生み出したアイデアの実行回数と実行者（自他含む）を尋ねました。

つまり彼らは，イノベーション関連能力を，単なる新しいアイデアの創出に留めず，それを他者へ伝達したり実行したりする能力，あるいは他者が生み出したアイデアであってもそれを理解し，さらに他者へ伝達，実行する能力まで含めることで，より現実に近い環境における職務能力を測ろうと考えました。その上で，彼らはこれらと年齢との相関関係について分析しました。さらに，性別，学歴，職階，職歴等の変数でコントロールした上で，各質問項目と年齢との回帰分析を実施しました。

その結果，これらの数値は年齢とともに衰えることはなく，上昇し続けることが示されました。年齢に伴う経験の積み重ねや，それに伴う思考力や判断力，プロジェクトや組織への対応能力等の向上がその背景にあるということです。

昨今のイノベーション創出のプロセスは，社会に広く分布している知識を効果的・効率的に吸収し再結合することによって，新たな知識を生み出していく

ことが求められています．科学技術が高度化するとともに，社会のニーズが多様で複雑なものになるにつれて，新しく斬新なアイデアを生み出すだけでは，イノベーションを実現し普及させることは難しくなってきました．仮にそうであるならば，自身のアイデアのみならず，他者のアイデアであってもそれを解釈し，伝え，組織を動かす実行力が求められることになります．このことは，本来の知識創造性の重要性を低めるものでは決してなく，年齢とともに備わる経験や知識の結晶化を活かす方向性について，示唆を与えるものといえるでしょう．

さまざまなアイデアを生み出し続けるアメリカの企業，IDEO社のトム・ケリー（Tom Kelley）とデイビッド・ケリー（David Kelley）の両トップは，新しいアイデアを生み出す能力と，それを試す能力（勇気）を分けて議論しています（Kelley and Kelley, 2012）．仮にすばらしいアイデアを生み出せたとしても，それを実現する過程で直面するさまざまな恐れを克服できなければ，結局，既存のアイデアを追認するか，顧客や上司，ライバルなどからすべきことを教えられるのを，ただ待つだけになってしまうといいます．

その恐れとは，「やっかいな未知なるものへの恐れ」，「評価されることへの恐れ」，「第一歩を踏み出すことへの恐れ」，「制御できなくなることへの恐れ」であり，これらがイノベーション創出への道を妨げてきたといいます．そして，これらの恐れを克服するための戦略が存在すると伝えています．それは例えば，詳細な計画を立てるのをやめ，まずは第一歩を踏み出すこと，必要以上に他者からの評価を気にしないこと，自分自身を評価しないこと，他者のアイデアを受け入れる謙虚さを持つこと，などであり，これらの戦略はいずれも経験によって学習することが可能だとしています．つまり，ここでも年齢とともに備わる経験や知識を活かす道が多様に存在することを教えてくれます．

7.6　知的能力はいつ備わるのか

さて，それではそもそも論として，人の知的能力はいつごろ備わるのでしょうか？　この問いに対する研究は，発達心理学等の分野において膨大な蓄積が

第 7 章　年齢と創造性の関係　｜　151

ありますので、その一部をご紹介します。

　皆さんは、スキャモンの発育曲線というものをご存知でしょうか？　1930年に発表された古い理論になりますが、今でもさまざまな場面で引用されている、非常に著名な理論です。人の体の発育組織を、①身体型、②神経型、③リンパ型、④生殖型の4つに分けた上で、20歳の水準に到達するまでの発育度合いをグラフ化したものです（図表7−1）。なお、身体型とは骨格や筋肉、一般的な臓器などを表し、脳機能は神経型に含まれます。

　図表から明らかなように、脳容量は4歳ごろまでに急速に発達し、6歳ごろにはおおよそ90％に達します。一方、身体型はやはり乳幼児期と、第2次成長期と呼ばれる学童期に大きく成長します。この結果から、脳の発達は6歳ごろまでにほぼ完了しているという仮説が有力視されています。見た目は子どもでも、脳の神経回路は極めて大人に近い構造まで成長しているというわけです。つまり、6歳ごろまでは優れた脳をつくるための期間で、それ以降はほぼ出来上がった脳に知識や技能を覚えさせる期間、といっても過言ではないでしょう。

　ただし、この結果をもって、結局大きくなってから勉強しても意味がない、という結論を下すのは短絡的です。

図表7−1　スキャモンの発達曲線

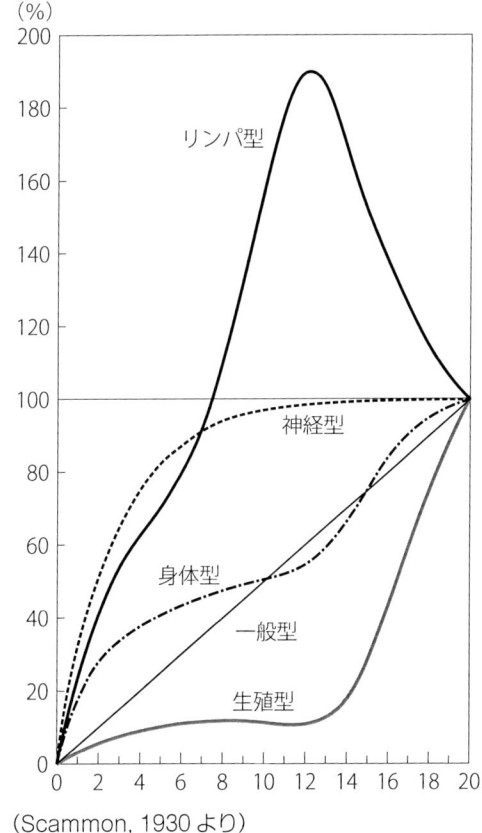

(Scammon, 1930 より)

そこで本章の最後に，今度は知的能力は何歳まで磨くことができるか，という研究結果をご紹介しましょう。

アメリカにおける大規模なコホート研究の1つに，シアトル縦断研究というものがあります。これは，アメリカに住む6千人を対象に，1956年から7年ごとに脳機能テストを実施するという壮大な研究です。ワシントン大学のワーナー・シャイエ（Warner Schaie）教授やシェリー・ウィリス（Sherry Willis）教授らの分析によって，この研究から年齢と知的能力の関係について多くのことが明らかになりました。

特に僕が強く興味を引かれたのは，知的能力の可塑性に関する分析です。簡単に言うと，年齢を重ねた後でも，訓練すれば知的能力を回復させることができるか，というものです。この点についてウィリスらは，新しいことの学習や新しい環境に適応するために必要な知能に関する訓練を施した結果，14年の間に能力を落としていた人でも，訓練によって14年前の水準に回復したという結果を報告しました。さらに，14年間，知的能力を維持していた人が訓練を受けると，さらに高い水準にまで向上したということです。この結果から，高齢者でも十分に知的能力を回復，向上させるポテンシャルがあるということが示されました。特に，より知的能力を高水準に保つ秘訣として，さまざまな経験による知識や技能の蓄積に加え，一定の健康，家族や友人とのコミュニケーションなどが効果的であるとも述べられています。

以上，本章では，年齢と知的能力や創造性，イノベーション能力との関係について，さまざまな研究結果を踏まえながら整理しました。まだまだ研究によって見解が分かれるということをご理解いただけたと思います。また，Ngらのイノベーション関連能力と年齢の分析結果などは，脳機能は活用の仕方によって変わるということを教えてくれています。特に，加齢と脳機能の関係は訓練次第，という最後の研究結果は，日本にとっても希望の持てる結果だと思います。創造立国日本はこれからだというところをぜひ世界に示したいものです。僕もまだまだ勉強して鍛えたいと思います。

第8章

どうしてもやる気が出ない

ストーリー

　5月の連休があけ，今日で新川研究室のゼミも4週目に入っていた。ゼミの進め方や各自の調査研究の方法，必要な基礎知識などに関するガイダンスもほぼ終了し，学生が各自の調査研究をまとめ発表する時期，通称"第1ラウンド"に入っていた。

　調査研究の結果の発表といっても，実際にはまだほとんどの学生が発表に耐えうる調査結果を得てはいない。したがってこの第1ラウンドでは，各自の調査研究テーマとそのアプローチ方法の確認が主な主題となる。具体的には，なぜそのテーマを選択したのか，テーマの大きさは適切か，問題意識は何か，その問題意識に挑むのに適切な調査研究方法を選択しているか，実行可能なスケジュールとなっているか，等々である。実はこの段階の議論は非常に大切で，その後の進捗を大きく左右するといっても過言ではない。したがって，学生には酷だが，基本的にすべての学生がやり直し＋再発表という憂き目にあっていた。

　なお，この時期のゼミの進め方としては，まず最初に新川から学生に対し教務関連などの連絡事項を伝達し，その後，学生からも周知したい事項があれば発言する，という流れになっていた。この学生連絡のタイミングで，中島がある提案をした。

中島「えー，皆さま。私たちの大学院生活も1カ月が経過しました。今後，より良い研究生活を送るためにも，ますますお互いの親睦を深め，闊達なディスカッションができるような場作りに努める必要があります。そこで，第1ラウンド中に研究室飲み会を開催しましょう！」

一同「お！　いいですねー」

中島「と，言いたいところですが，私たちは普段，夜は講義があるし，肝心の新川先生がまったく飲めないという残念な体質の持ち主なので，飲み会はあきらめてランチ会を提案したいと思います。ちょうど土曜の講義が午後からなので，その前のお昼休みの時間帯を使うというのはどうでしょう？　賛成

していただける方は挙手をお願いします！」
新川「皆さん賛成のようですね。美園君は？」
美園「僕は皆さんにお任せします」
中島「それでは決定！ さっそく来週の土曜日に第1回ランチ会を開きます。場所は"カフェ・Bocca"で！」

　ということで，ランチ会当日。
円山「ここのパフェ，うまいですね。あと自家製ヨーグルト」
星置「白石さん，意外とたくさん食べるんですね」
白石「私，食べても太らないから」
中島「沙希ちゃん，そんなこと言ってられるのは20代までよ！ そのあとが大変よ。女の戦いはそこからよ！」
星置「いやいやいや，スイーツの美味しいお店を選んだのは中島さんじゃないですか」
中島「美味しいものを食べつつ女子力を維持する。これぞ戦いよ」
星置「白石さん，コーヒーのおかわり持ってきましょうか？」
白石「ありがとう。でも自分で行きます」
星置「じゃあ一緒に行きましょう！」

中島「星置君って沙希ちゃんのことが好きなのね」
一同「ええ?!」
中島「間違いないわ。女の勘よ」
円山「マジか，星置…。ちなみに勝算はいかほど？　女の勘的に」
中島「円山君，恋の可能性は無限大よ！」
円山「答えになってないですよね？」
清田「答えられないってことだろ。っていうか，なんかもう答えは見えてる気がする。女の勘を起動するまでもなく」
円山「がんばれ，星置！ チャンスはある！」

新川「そうそう，滝野さんの息子さんって何をされてるんですか？」
滝野「建設会社で開発の仕事を。でも，先週から育休をとってますな」
新川「え？ 育休ってことは？」
定山「しかも先週って？」
滝野「はい，先週，孫が生まれました」
定山「おお！ お孫さん！」
新川「男の子？ 女の子？」
滝野「女の子です。これが私にそっくりで可愛くて」
定山「滝野さんにそっくりの女の子…」
新川「意外に想像がつくのはなぜ？！」
定山「その微妙なリアリティがむしろやばい」
円山「がんばれ，お孫さん！ チャンスはある！」
清田「星置と一緒にすんな！」

白石「そういえば先生，美園君，やっぱり来なかったですね」
　結局，もともとあまり乗り気ではなかった美園はランチ会に姿を見せなかった。ここに集まっているメンバーも，それぞれ大変な悩みや課題を抱えているのは知っている。それでも少しずつ前へ進もうとしている。そんな中，最も気になるのは美園だった。講義も欠席が目立つし，このような学外の集まりに参加しているのを見たことがない。ゼミが終わった後も真っ先に退出しているようだった。新川は，近いうちに一度，美園の両親と話をする機会を持つことに決めた。

　美園の自宅は，ごく一般的な戸建てだった。築年数はそれなりに経過していると思われるが，室内は非常に清潔感があった。父親は先代から続くクリーニング店を営んでいた。2店舗の経営をひとりでやりくりしている関係で，日常的に忙しく，あまり自宅でゆっくりはできないとのことだった。ということで，新川が訪問したときは両親がそろって出迎えてくれたが，10分ほど経ったとき，何度も詫びの言葉を発し仕事に向かった。夜のうちにクリーニングを終え

た衣類をまとめておくことで，翌日朝一でアルバイトが配達に行けるようにしているとのことだった。

　結果的に，美園に関する相談は母親とすることになった。美園に兄弟はいなく，この自宅で3人で暮らしている。基本的に母親はクリーニング店の仕事を手伝うことはなく，美園が生まれてからは主婦業と子育てに専念しているとのことだった。

　だからというわけではないだろうが，母親はとにかく面倒見のいいタイプだった。新川と話をしている最中も，エアコンの温度，お茶のおかわり，茶菓子など，次から次へと世話を焼いてくれた。そのため，何度も会話を中断せざるを得なかった。また，美園の高校時代の話に及ぶと，今度は卒業アルバム，成績表，修学旅行の写真などを家中から持ってこようとした。話をしている途中から，自分が客だからこのような態度をとっているというわけではなく，一人息子である美園に対してもこうではないかと疑うようになった。

　今回の訪問の最大の目的は，当然ながら普段の美園の様子を教えてもらうことだった。もし普段と大学にいるときとでまったく態度が異なるなら，美園の消極的な性向は，大学あるいは家の外で発揮されていることになる。だとすれば，家族の協力を得たり，大学の環境を変えることで少しずつ改善できるかもしれない。

　あるいはもし家と大学とで似たような態度をとっているとすれば，これは美園のパーソナリティがそうさせている可能性が高くなる。そうなるとすぐには改善できないかもしれないが，逆に家族と同じ問題意識を共有することができる。これはこれで1歩前進と思っていいだろう。

　そこで新川は母親に対し，美園のことで気になっている点はないか，心配なことはないかと質問したところ，とにかく何を考えているのかわからない，という答えが返ってきた。どうやら美園は小さいころからそういう様子だったようだ。母親がそう感じる根拠として，まずほとんど自己主張をしないらしい。例えば家族で遠出したり外食したりするとき，どこに行きたいか，何が食べたいかと聞いても，答えは決まって，どこでもいい，なんでもいい，ということらしい。誕生日プレゼントも，ゲーム以外を要求したことはないとのことだった。

そんな性格だから，高校や大学選びもほとんど自分で考えたりはせず，周りの勧めで決めたとのことだった。最近の私立大学は入試形態が多様化していて，学力（高校での内申点や論作文など）が水準に達しており，かつ校長に推薦書を書いてもらえば，高校3年の夏の終わりごろには入学が確定してしまう場合もある。美園もそのようにして進学を決めたようだ。

　実際，高校における成績はまずまずだった。何度か宿題をやらずに職員室に呼び出されたことはあったようだが，怒られるとその日には宿題をこなし，またゲームに没頭するという生活だったらしい。

　話を聞きながら新川は，訪問以来見せている母親の性分が美園のパーソナリティの形成に強く影響しているのではないかと考えるようになった。そうこうするうちに，美園本人が帰宅してきた。今日は日曜日である。時間的に見て，夕食前に帰宅したというところだろう。そろそろ退去しなければ迷惑が過ぎる，と考えていたとき，母親が帰宅した美園に次々と質問を浴びせていた。お腹はすいた？　ご飯はもう少し待てる？　待てないなら棚にお菓子があるけど出す？　ジュースなら買い足しておいたのが冷蔵庫に入ってるから…。

　美園はその間まったく返事もせず，手を洗い，冷蔵庫からコーラを出して2階へ向かった。母親が新川の向かいのソファに座り直し，「本当にすみません。いつもあんな調子でして」と苦笑いを浮かべながら言った。

　新川は帰りの電車の中で，美園が帰ってきたときの様子を繰り返し思い出していた。もちろん一人息子に対する親心から来る言動，ということは理解できるのだが，美園の年頃の男子にはあれは辛いのではないかと思った。自分なら「わかったからほっといて」の一言くらい普通に言ってしまうだろう。

　いや，むしろ美園もそのような言葉は発してきたと考える方が自然かもしれない。そのような反論をすでに何度も試みた結果，何も変化がないので諦めた。美園の様子にはそんなきらいが見てとれた。あるいは，美園が反論を強めたことで，母親がひどく悲しんだことがあったか。いずれにしても，美園の態度には諦めともとれる無気力感が漂っていた。

　新川は，自分が自宅訪問することで少しは改善するかもしれない，と甘い考

えを持っていたことを反省した。少なくとも美園の無気力状態は，対人関係を意識しすぎるあまり自分を押し殺してしまったり，失敗することを恐れて自己主張しない，といったレベルではない。コミュニケーション力の問題でもない。みずから選択したり主張することを幼少のころから奪われ続けた結果なのかもしれない。

8.1 無力感とは

　本章は無気力，あるいは無力感をテーマとしています。このテーマを1つの章として取り上げるかどうかは，出版の直前まで迷いました。創造性という本書の主眼からは距離がありますし，他のテーマとの関連も強くはありません。経営学というよりは，発達心理学や教育心理学で主に議論されてきたテーマでもあります。しかし，現代のモチベーション論を語る上で，多くの人が直面する問題意識であることがわかってきました。統計的な真偽はともかく，「最近やる気のないやつが多くて困る」，「若手の中にはいったい何を考えているのかさっぱりわからないのも多い」といった声も頻繁に聞くからです。

　学術的な見地からは，このような声には2種類の状態が混在しているといえます。1つは，本来取り組むべき仕事，課題，学習などに対しまったくやる気が出ない状態です。皆さんが観測している多くの状態はこのパターンで，「それ，自分のことだ」と思われる人も多いかもしれません。この場合の特徴として，本人なりのやる気が出ない理由があります。例えば，「課題に興味が湧かない」，「やらなければならない理由がわからない」などが典型例です。逆に言うと，一定量以上の外的報酬が付与されれば，嫌々ながらもそれに従い行動することになります。

　もう1つが，自主的な意欲がまったく感じられない状態です。特に何かやりたいことがあるわけではなく，外的報酬に対する自己調整機能もありません。まさに無動機づけ状態といえます。心理学や教育学ではこの状態のことを「無力感」と呼び，特に事後的に習慣づけられた無力感状態を「学習性無力感」と名づけ，多くの研究者がこの状態の解明に当たってきました。本章でも，まずはこの「学習性無力感」について理解を深めていきたいと思います。

　「学習性無力感」といえばセリグマンらが行った実験が有名です。彼らは犬に電気ショックを与える実験を行いました（Seligman and Maier, 1967；Overmier and Seligman, 1967）。その内容は，犬がどのような反応や行動をしようとも，それらに関わりなく電気ショックを与え，かつどうやってもその刺激をコント

ロールできない状態を継続しました。当然，電気ショックは非常に嫌悪すべき刺激ですので，犬は何とかしてこれを避けようとします。しかし，吠えようとも噛みつこうとも，それらとは関係なく電気ショックは与えられ，そして止められました。その結果，犬はついに無気力な状態に陥りました。

　セリグマンらはこの実験を通して，このような無気力は生来の性質ではなく，コントロール不可能な経験を重ねるうちに次第に身についた無気力，すなわち学習された無気力であるとして，学習性無力感，あるいは学習性無気力と名づけました。

　動物を対象とした科学的実験とはいえ，かなりかわいそうな状況ですが，ヒロトはこの実験を人に適用しました。狙いはもちろん人の場合でも同様の症状を示すかどうかを確認することです。ただし，電気ショックはあまりにも非人道的なので，その代わりにコントロールできない不快音を人に聞かせる実験を行いました（Hiroto, 1974）。

　その結果，セリグマンらの実験と同じように，人も無気力になることが確認されました。さらに，不快音等の物理的刺激の代わりに，頭を使うクイズのような認知的課題において，どうやっても解答が得られないという経験をしても，やはり同じようにやる気を失い，新しい学習も進まず，最終的には無気力状態となってしまうことがわかりました。その原因は，やはりどうやってもコントロール不可能な状態にあるとされました。

　これらの実験結果は想像に難くないと思います。何をやってもどうあがいても無意味な世界。すべてを諦めて当然の環境のように思えます。ただ，さすがにこのような状態は非現実的ともいえます。科学的な興味関心として，このような真理を知ることには多くの意味があるとしても，社会に応用させるには無理がある。そんな風にも考えられます。

　しかし，僕がセリグマンらの一連の実験を本当に興味深いと思ったのはここからです。セリグマンは，電気ショックや不快音のような罰ではなく，報酬を使ったらどうなるか，という問題意識を持ちました。そこで，自分の欲するものは何でも手に入れることができ，かつ欲しない報酬までも与え続けた結果，罰のときと同じように人は無気力になったと報告したのです（Seligman, 1975）。

その後，自分がどのように行動しようと，それとは無関係に報酬を与えられた人々が無気力になったという実験報告が続きました（Koller and Kaplan, 1978）。

これらを想像すると，次のようなことがいえるでしょう。「人は自分の行動とは関係なく，コントロールできない刺激，不快，経験を与えられると，無気力な状態になる。このことは，報酬や成功に置き換えても同様である。」

このように「学習性無力感」が科学的に認知されたのち，そのことが社会的問題として注目され始めたのは1980年代に入ってからでした。しかもそれは，日本だけではなくアメリカや他の先進国も同様でした。これらの国々の大学生の間に無気力が蔓延し始めたとして，ハーバード大学のウォルターズは，こうした学生の特徴を「Student apathy」としてとらえました。「apathy」とは，無気力や無関心という意味で，学生たちは努力を必要としたり困難を伴うことには，たとえそれらが重要であっても向き合わない傾向にあると訴えました。

同様の傾向は，「三無主義：無気力・無関心・無責任」と評され，日本の大学生にも「apathy」の傾向が認められるようになりました。この傾向は，中高校生の低年齢層にも広がりつつあり，かつ慢性化する方向にあると危惧されています。1980年代といえば，まさに僕も10代を過ごした時期ですが，そんな風に呼ばれていたとは思いもしませんでした。逆によく言われていたように思うのは，1970年代以降の生まれは，生まれたときから欲しいものはすべて揃っている世代ということで，「苦労知らず」と言われたものでした。家電製品などは，先進国の間では基本的に共通のものですから，「apathy」とはそのような便利な環境で育った世代に共通した特徴を指したのかもしれません。

8.2　なぜ無気力になってしまうのか？　無気力になってしまったらどうしたら良いのか？

ここまで無気力の科学的な発見と意味，社会における注目度の高まりを整理してきました。科学と社会，それぞれが持つ興味の焦点は異なりますが，人々の関心を集めるようになったという意味では同じことかもしれません。

しかし，現代に生きる僕たちが本当に知りたいのは，次の3点ではないでし

ょうか。

(1) 現代において無気力となってしまう要因はどこにあるのか？
(2) 無気力状態を回避するにはどうしたら良いのか？
(3) 無気力状態になってしまったらどうしたら良いのか？

以下，順に検討していきます。

(1) 現代において無気力となってしまう要因はどこにあるのか？

前節において「学習性無力感」という概念が確立された経緯や，それが社会的に拡大しつつある様子，およびその背景について解説しました。実験等により構築された理論は理解できますし，時代背景も重要な意味を持っていると考えられます。しかし，現代において，各個人がどのような経緯によって無気力となっていくのかは，依然として不透明なままです。よく言われるように，生まれて間もない乳幼児はたいへん強い好奇心を持っています。それがなぜ，わずか10年ちょっとの間に無気力となってしまうのでしょうか。

これに対し最も頻繁に聞かれる指摘が，「学校教育システムのせいだ」，というものです。もちろんその指摘は正しいと思いますが，ここではもう少し個人のモチベーション論の視点からアプローチしていきます。

無気力になってしまう原因は，先にセリグマンやヒロトの研究で学んだことと基本的には同じです。過去（幼少期を含む）に，自分が期待していた通りの評価や反応をしてもらえなかったとき，子どもながらに心理的な違和感を覚えることでしょう。何が悪かったのかと考えるかもしれません。しかし，残念ながら多くの場合，子どもにはその理由を見つけることはできません。そもそも理由なんてないのかもしれません。そこでセリグマンの言う「学習」がなされます。このように最初の「学習」は，主に両親など家族からもたらされることでしょう。そして小学校に入ると，そこへさらに社会的な制裁も加えられます。

学校は社会の縮図とよく言われます。ある日，重大な失敗を犯してしまったと感じたとき，学校という極めて敏感な社会はそれを瞬時に察知します。この

とき自尊心が傷つけられ，取り返しのつかない気持ちに襲われます。あるいは，他人から見たらさほどでもないような失敗でも，本人の心の中は穏やかではありません。やはりここでも「学習」がなされます。

　最初はなんとか心理的な回復を試みようとしますが，それが自分にはどうにもならないことだとわかると，これまで有意義と信じ，価値ある行動と信じてきた自分の心がむなしく思え，無気力の状態に陥ってしまいます。

　乳児や幼児が望んでもいない欲求を，大人が勝手な方法で勝手に満足させることは，たとえそれが正しいことであっても，幼児や乳児の自己コントロール感を喪失させる可能性があります。結果的に子どもたちが成長しても，無気力状態は回復せず，「何も欲しがらない」，「何が欲しいのかもわからない」という状態を作り出してしまうことになります。それを見た周りの大人は，何もしないのを見かねて，ついつい手を貸してしまうでしょう。僕はこのスパイラルが，極めて優秀な「してもらい上手」へと育て上げてしまっていると考えています。

　本章の美園君のストーリーでも見た通り，これは大人が「子供のためにしてあげるという自己欲求」を一方的に満たしているに過ぎません。「見守る」というのは，もう少し奥が深いものだと考えます。

(2) 無気力状態を回避するにはどうしたら良いのか？

　先ほど，子どもは失敗してしまったとき，通常は「何が悪かったのかを考える」と言いました。このことを心理学では「原因帰属」と呼びます。

「前回はできなかったけど，今度はきっともっとうまくできるだろう」

「努力や準備をすれば次はできる」

「今日あの人はあんなことを言ったけど，いつもあんな態度だとは限らない。きっと今日は何か悪いことがあったんだ」

　というように，自分にとって何か悪いことがあったとき，その原因を何に帰属するかによって，その後のモチベーションは大きく変わってきます。最初の2つの例のように，自己のコントロール可能な要因として帰属させることができた場合，あるいは3つ目の例のように，一時的あるいは変動的な要因として

帰属させることができた場合には，一時的なショックは受けるものの，徐々にモチベーションは回復してきます。

逆に，コントロール不可能と考えたり，半永久的な要因に原因があると考えると，その後の意欲は大きく低下します。

「自分には能力がないからできないんだ」

「これは向いてないんだ」

「周りの人たちは何があっても自分を評価しない」

このような原因帰属を行ってしまうと，ますます負のスパイラルに陥り，慢性的な無気力状態になってしまう可能性が高まります。さらに，この傾向が強まると，コントロール感が持てる状況だけにこもってしまうことにもなりかねません。典型的な状況がゲームの中です。基本的に多くのコンピュータ・ゲームは，自分の反応に対応した結果が得られるように設計されています。

要するに，失敗を放置せず，また「バカだな」の一言で片づけようとせず，しっかりと失敗の原因を克服可能なもの，あるいは一時的なものとして認識する手助けをしてあげることが必要になります。そうすることで，次回はもっと良くすることができる，という意欲が回復する可能性が高まります。

ちなみに (1) で挙げた話は，そもそも失敗するチャンスを奪ってしまうという指摘でしたが，こちらは失敗した後の対応，ということになります。

(3) 無気力状態になってしまったらどうしたら良いのか？

僕は仕事柄，小中学校の先生たちとの交流を継続的に行っています。本章の知見の多くも，これらの先生たちから教えてもらったものです。先日，その会合の場で，ある保護者から次のような質問が出されました。

「うちの子は最初からまったくやる気がありません。何か良い方法はないのでしょうか？」

最初から，という点は少し気になりましたが，そのことをその瞬間に議論しても前進は見込めません。フォーカスすべきは「何か良い方法はないのか？」でした。キーワードは「学習内容の工夫」です。

その前に，このような無気力な子どもに対し，大人が最もやりたくなるのは

「おどし」です。例えば僕も中学生，高校生，大学生に対し，
「お前，このまま何もしないで良いのか？」
「君は一体何がしたいんだ？」
「周りを見てみろ。言ってくれれば何でもサポートできるんだぞ」
「就活しないでいいのか？　今就職しなかったら一生を棒に振るぞ」
「両親だっていつまでも健在じゃないんだぞ」
と言いたくなった経験は，一度や二度ではありません。しかし，このような言葉を安易にかけるべきではありません。正確には，このような声は届く人と届かない人がいます。さらに，子どもたちは届いているように見せかけることも極めて得意です。見せかけておいて，結局言われた最低限のことしかせず，後はまた何もしない日々に戻ります。

特に無力感の強い人には，目的意識や危機意識を植え付けるような働きかけは逆効果の可能性もあります。本人からすれば，さらなる逃避意欲がかき立てられるだけです。

それでは，どうすればいいのか。

一昨年，当時の所属大学に，大学院を出たての会計学の先生が着任しました。その前年に退職された会計学の先生に代わって，簿記や財務会計の講義を担当するためです。そしてその先生が着任して間もなく，学生の出席率が急増しました。宿題もやってくるようになり，期末試験の結果も上々でした。さらに，講義の目標ラインに設定していた日商簿記検定試験の合格者も出始めました。

これはなぜでしょうか？　若くて熱意のある先生だったから？　もちろんそれは大きいと思います。モチベーションは人から人へ伝播するものです。しかしそれだけではありませんでした。ヒントは，外的な注入（つまり強制）の仕方と学習内容にありました。

この先生が講義をする上で努めたことは，学習の目標や成果がわかりやすく，はっきりとしたフィードバックが得られる内容としたことでした。この先生は，特に個性的な授業をしている訳ではありません。また，やはり特に個性的な称賛・報酬・叱咤もありません。教科書やプリントを使って，たっぷりと時間をかけて問題と解答・解説をテンポ良く繰り返している，そんな風に見え

ました。

　ここで無気力とモチベーションに関する２つのモデルを紹介します。図表８－１は，この分野で主導的な存在である筑波大学の櫻井茂男教授が作成したものです。やや複雑ですが，非常に示唆に富むモデルですので，ゆっくり見ていきたいと思います。

　まずは上から２段目の「動機づけ」を見てください。今まで本書では，モチベーションには内発的と外発的なものがある，とだけ記してきましたが，このモデルによると外発的なモチベーションには段階があることがよくわかります。右側に行くほど自律性が強まり，内的な報酬による行動を伴うようになります。左から２列目にあるように，完全に外的で，指示されたからやっている，という状態から，徐々に自分のため，という行動の意味づけがなされていき，最終的には，自分にとって重要だから，将来のためにやるべきことだから，といった具合に外的な報酬と内的な報酬が調整され，統合されていく様子がわかります。この図表は，最左列の無動機状態から内発的な状態までは，非連続的なものではなく，段階を経ることが可能だということを教えてくれています。

　それではどうしたらこのような段階を経て，右側へと移行することができるのか？　これをモデル化したものが図表８－２になります。無気力な状態に対し，いきなり「問題意識を持って行動しろ」と命じても，突然には変われません。先に述べたように，それはさらなる無気力への逃避につながる危険性さえあります。このモデルは，まずはさまざまな外的報酬を用いて行動を促そう，ということを教えています。最初は，手取り足取りコミュニケーションを伴いながらフィードバックを返し，徐々に有能感や自律性を高めてもらう，という流れです。

　先ほど登場した会計学の先生は，コミュニケーションをとることに対する労力は惜しんでいませんでした。その際も意欲や態度などに対する指導はせず，わかりやすい解説に徹し，正解するとともに喜ぶ，そんな姿が見られました。

　無気力状態から脱するのは大変な時間がかかりますし，労力も必要です。ですが，不可能ではないことをこれらの実例や理論モデルは教えてくれています。

図表 8-1　学習のモチベーションの自己調整の関係

行動						
	他律的 ←―――――――――――――――――――――――――――→ 自律的					
モチベーション	無動機づけ	外発的動機づけ				内発的動機づけ
自己調整段階	なし	外的調整	取り入れによる調整	同一化による調整	統合による調整	内的調整
自己調整に関連する事項	・非意図的 ・無価値 ・有能感・統制感の欠如	・従順 ・外的な報酬や罰	・自我関与 （評価懸念） ・内的な報酬や罰	・個人的な重要性 ・知覚された価値	・調和 ・気づき ・自己との統合	・興味・関心 ・楽しさ ・満足感
知覚された因果の位置	非自己的	外的	やや外的	やや内的	内的	内的
学習場面における例	（やりたいと思わない）	・言われて仕方なくやらないと叱られる	・やらなければならないから ・不安だから ・恥をかきたくないから ・ばかにされるのが嫌だから	・自分にとって重要だから ・将来のために必要だから	・やりたいと思うから ・学ぶことが自分の価値と一致しているから	・面白いから ・楽しいから ・興味があるから ・好きだから

（櫻井茂男「自ら学ぶ意欲の心理学：キャリア発達の視点を加えて」有斐閣, p.102 より）

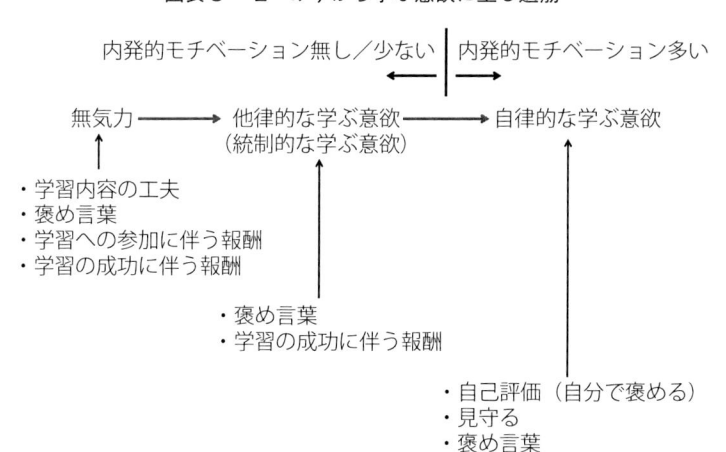

図表 8-2 みずから学ぶ意欲に至る道筋

```
         内発的モチベーション無し／少ない │ 内発的モチベーション多い
                                ←─┼─→
       無気力 ──→ 他律的な学ぶ意欲 ──→ 自律的な学ぶ意欲
                  (統制的な学ぶ意欲)
・学習内容の工夫
・褒め言葉
・学習への参加に伴う報酬
・学習の成功に伴う報酬
              ・褒め言葉
              ・学習の成功に伴う報酬
                            ・自己評価（自分で褒める）
                            ・見守る
                            ・褒め言葉
```

（櫻井茂男「自ら学ぶ意欲の心理学：キャリア発達の視点を加えて」有斐閣, p.181 より）

8.3 新しいもう1つの無気力状態：万能感

　最後に本章では，もう1つの無気力状態と言われている「万能感」についてお話します。万能感とは，文字通り，あたかも自分は何でもできるかのように思っている状態のことで，本来は成長するにしたがって徐々に薄れていくものです。しかし近年では，青年期に入っても，幼児期あるいは児童期並みの万能感を持っている人が多いという指摘が浮上しています。

　この，いわば「延長された万能感」の発生メカニズムは，基本的に無力感と同じです。幼児期から努力や自己主張をしなくても何でも与えられてきた経験を持つと，すべての物事は容易に手に入るという感覚が形成されます。さらに今の教育は競争を排除する傾向にあるので，優劣も見えにくくなります。それでもなお，不自由なく生活し，進級や進学もできてしまうのが現状です。その結果，努力しない，あるいは努力を知らない人となってしまいます。

　高校まではそれでも何とかなるかもしれませんが，そのまま大学生や社会人になったらどうなるのか。もちろんそれまでの至れり尽くせり不自由なしの状

態はストップしますし，自分だけのことではない意思決定もしなければなりません。が，その経験もないとなると，結果的にそのまま無気力状態へ陥ってしまうことが懸念されます。

　本来，自分ならできる，という感覚は非常に大事なことですが，有能感と万能感は紙一重で，僕たちはそこを混同してしまわないように気を付けなければなりません。有能感はさらなる自助努力を促進しますが，万能感はそうではありません。努力の仕方すらわからない，といった状態の原因はここにあるように思われます。

第9章

チャレンジ精神の源

ストーリー

　午後9時半。新川徹は仕事を終え，最寄りの駅から自宅へ向かって歩いていた。駅から自宅まで徒歩20分。若干遠い距離のように思われることも多いが，新川はむしろこの距離感を気に入っていた。というより，この20分が新川にとって貴重な時間になっていた。歩くことは思考を整理してくれる。新しいアイデアがひらめくのも歩いているときが多い。

　今日は，キャンパスとは別のサテライトオフィスで，モチベーション・マネジメントに関する市民講座を終えた帰りだった。日本の大学は教育，研究に続く第3のミッションとして社会貢献を掲げているが，市民講座はその取り組みの1つとなっている。したがって，民間の団体が開催する場合は最低数千円の参加料を徴収するところを，大学の場合は無料，もしくは数百円程度で実施しているケースが多かった。テーマは，普段キャンパス内で教えられているような難しめの講義よりは，市民にとって馴染みのあるものが選択される。その意味でモチベーションは多くの人にとって興味のあるテーマらしく，毎回多数の市民が聞きに来てくれていた。

　そしてモチベーションをテーマに講座を開くとき，最も頻繁に受ける質問の1つが今日も出された。それは，どうしたらもっとチャレンジ精神を持って仕事をしてくれるか？　というものである。質問に使われる言葉自体はこれに限らない。どうしたらもっとリスクをとって挑戦しようと思ってくれるのか？　必要以上に失敗を恐れる社員が増えた気がするがなぜか？　いつまでも言われたことしかやろうとしない社員にはどう対処したらいいのか？　これらの質問は，基本的に同じ本質に突き当たっていると思われる。

　講座の中でも，質問のあと，そのままディスカッションに移行する場合がある。そんなときは参加者からも多くの仮説が出される。どうしたらリスクをとってチャレンジしてくれるか，という問いに対する仮説的見解である。これまでの経験から，それらを整理すると次の7種類があるように思う。

仮説① 欲しいものの充足と多様化

　上記の質問に対する最もストレートな回答は，リスクの先にあるものに魅力を感じていないから，ということになるだろう。確率2分の1でハワイ旅行が当たるくじがあったら，誰だって挑戦するだろう。ブルームらが唱えた期待理論：「人が発揮する努力は，その努力の結果として得られる報酬に対する主観的価値と，その報酬を得ることができると思われる期待または主観的確率の関数として表される」(第4章参照)という考えを拝借すれば，リスクの先にある報酬が大きければ大きいほど人はチャレンジするだろうし，チャレンジに必要なコスト，労力などが少なければ少ないほど，やはり多くの人がチャレンジするはずである。したがって，マネジャー側がたっぷりと報酬を用意すればすべてが解決するわけだが，もちろんそれは現実的ではない。1回のみの挑戦ですべてが終わるならそれでもいいかもしれないが，継続的に挑戦してもらおうと思ったら無尽蔵のリソースが必要になる。そもそも，すでに多くの人は物欲に対して満足している。

　それに，同じ報酬でもすべての社員が反応するわけではない。最もわかりやすい報酬は金銭だが，これにしても反応は一様ではない。一定の報酬に対し，チャレンジする人もいればしない人もいる，というのが現実的な結果であろう。

　チャレンジの呼びかけに答える人がいるなら別に問題ないじゃないか，と考えることも可能だが，問題はそう簡単ではない。欲しいものが多様化しているということは，仮に多くの人にいろんな挑戦をしてほしいと思ったら，会社はそれだけ多様な報酬オプションを用意しなければならない。そんなことをしていたら，おそらくマネジメントは破たんしてしまう。一言で言うと，多様化はめんどくさいのだ。

仮説② リスク回避と横並び主義

　期待理論は考えるための多くのきっかけを与えてくれるが，リスクの観点がはっきりしていないように思う。人の努力の大きさは，得られる報酬の量とその報酬が得られる成功確率の積で算出される。原則としてこれは，失うものがない場合に成立するように思われるが，特に日本ではチャレンジして失敗すれ

ば，多くのものを失う文化である。この損失を期待理論ではうまく扱えない。ましてや，人は得るものよりも失うものの方を心理的に大きく見積もる，ということが複数の実験結果から明らかになっている。

　ここで改めてリスクや損失とは何か？　そしてそれらは排除できるものなのか？　ということについて考えておく必要がありそうだ。

　まずは，当然ながらチャレンジするにはコストがかかる。失敗したときはこれがそのまま無駄になるとすれば，チャレンジコスト＝リスクということになる。これを取り除くには大きく2通りある。1つは，失敗を無駄としないことである。もしダメだったとしても，それは無駄じゃなかった，と認識することで，リスクの大きさを軽減するわけだ。この方法は，教育の現場などで頻繁に活用されていることからも，ある程度有効だろう。問題は，そう思うことで，最初からダメでもいいやと考えてしまうことである。失敗への恐怖心を排除する代わりに，成功への熱意も失わせてしまうという両刃の効用がある。

　もう1つは，どの道を選ぶにしても一定のコストがかかる，という状況を作ることだ。例えば会社であれば，必ず何らかの新規プロジェクトを立ち上げる，という意思決定をしてしまうわけだ。そうすれば意思決定のリスクそのものは上司側に帰属するし，どうせ何かやるなら自分からチャレンジしてみよう，と思うかもしれない。

　しかし，この場合の問題は，必然的に同程度のリスクの選択肢が複数用意される必要があるということだ。そうなったとき，みずからのチャレンジを引っ込めてしまう懸念がある。つまり，他の選択肢を必要以上に気にして，止めておこうと思ってしまうのだ。逆に，選択肢が1つだけなら，それはもうリスクをとったチャレンジとは言わない。部下としては上司が決めたことをこなす指示待ち人間となり，議論もふりだしに戻ることになる。

仮説③　和を重んじる

　仮説②の横並び主義に関連して，たいへんな労力やリスクを伴う行動だけでなく，日常的な提案や発言にすら控え目なのが日本人である。今の日本の会社で，アイデアや創造性に満ちた会議がどれほどあるのだろうか？　逆に，形式

的で，マネジャーのみが発言に終始するという名ばかり会議は頻繁に見受けられるようだ。

　この原因として，日本人は議論が下手だという話をよく耳にする。そしてその議論下手の理由としてよく言われるのが，場を重んじたり，上司や先輩の顔色を伺うなどの行動に代表されるような，「控えめで遠慮がちな性格」に起因するという説がある。自分の意見は取るに足りない，きっと的外れだろう，といった考え方もこれに含まれる。

　あるいは，常に正解があるという思い込みや，皆の意見が一致するときが正しいとき，といった考えが浸透しているため，もはや会議自体が議論ではなく「正解探し」となっている場合がある。つまり，「正解以外の発言はマイナスである」と考える。確かにこれではチャレンジ精神を発揮するどころか，ほんの小さなアイデアさえ出てこないかもしれない。

　ここからは個人的な見解が過分に含まれるが，これらの説の根源にあるのが，「自分の意見＝自分の人格そのもの」という誤った認識にあるように思う。どういうことかというと，実際の会議等の現場では，「この発言をしたら自分はそういう人間だと思われてしまう」と心のどこかで計算しているのだ。つまり日本の会議では，意見と人格を切り離せていないケースが頻繁に見受けられるのだ。

　もちろんこれは大きな誤りである。意見と人格はまったくの別物だ。議論を精緻にしたいがゆえに，あえて自分が思っていることと逆の意見を出してみる，といった姿勢が求められる場合だってある。誰も正解をわからないから議論をするのであって，それが議論は協創活動であると言われる所以である。議論の参加者の全員がこれを理解していれば，意見を出すことは難しいことではなくなる。

仮説④　本音と建前のギャップ
　この仮説はややひねくれている。ひねくれているが，的を射ているのではないかとも思う。それは「どうしたらみずから進んで考え動いてくれるか」という，この言葉自体が不正確で疑わしいという考え方である。もう少しこの声を

正確に表現，あるいは解釈すると，「どうしたら上司や会社の望む方向を向いてみずから進んで動いてくれるのか」ではないだろうか。

　この言葉は企業のマネジャーらが直接言及するわけではない。むしろ，言わなくても仕事なんだから当然，ということかもしれない。しかし従業員らは，自主性を促す言葉の裏に，強い被コントロール性を感じ取る。この本音と建前のギャップが挑戦意欲に大きなブレーキを掛けることになる。

　このようなギャップや違和感を感じたとき，今の若手はそのことを指摘し戦いを挑むようなことはまずしない。このような状況に頻繁に遭遇しているため，淡々とやり過ごすことに慣れきっている。マネジャー側から見ると，これがいつもの無関心，無反応に映ることだろう。ただそれは，自分たちが招いた反応だということを理解しなければならない。

仮説⑤　人は自分では決めたくない

　「今○○で忙しいので」，「ちょっと家族が…」，「自分にはとても無理です」。上司が部下に何かを勧めたとき，きまって返ってくる返答のテンプレートである。教員と学生の間でも類似の会話が聞かれているかもしれない。このような言い訳も，アメリカにいたときはあまり聞かなかった。日常シーンだけではなく，映画やテレビなども含めてである。

　これらはそもそも返答として成立していない。上司はそのような部下の状況を察した上で提案しているからだ。Yesはもちろんのこと，Noと答えるにしても，みずからの意思を伴った返答をするのは大きなリスク，と考えるのが日本だ。多忙，家族，能力などを根拠に返答しておけば，少なくとも自分の意思を隠すことができ，攻撃されることもない。そのため，このような他責的な言い訳が重宝することになる。

　なぜそこまでみずからの意思を表明することを避けるのか。かつて小学校や中学校の教諭たちとこの点について議論したことがある。その中で最も多く出た理由が，自信がないからではないかというものだった。確かにデータで見る限り，日本人は特に自信のなさが顕著に表れている（図表9−1）。これでは，リスクをとってチャレンジすることは難しいだろう。もっと自分に自信を持て

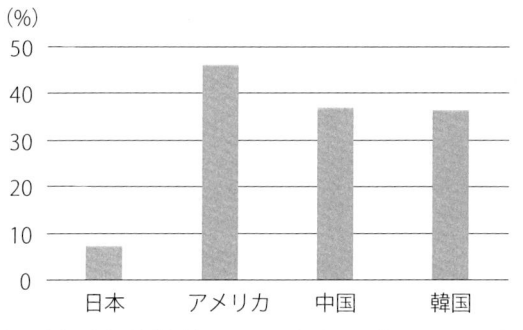

図表9−1　自分は価値のある人間だと思うか？

(％)
- 日本: 約7
- アメリカ: 約46
- 中国: 約37
- 韓国: 約36

((財)日本青少年研究所「高校生の生活意識と留学に関する調査」より)

るような教育を施していくか，あるいは自信がなくてもチャレンジしてみようと思うような方策を考える必要があるのかもしれない。

仮説⑥　社会経済的課題の複雑化が個人の能力を超越している

　ある市民講座で，自治体に勤めている男性の方からこんな意見をもらった。それは，「昔に比べて今の方がずっと社会的，あるいは経済的な課題が複雑になっていて，そのせいでチャレンジ精神がそがれているのではないか？」というものであった。つまり，課題解決の成功確率が過去に比べて低くなっているのではないか，という考え方だ。

　最も有能感が得られやすいのは成功確率が50−50くらいのときであると，フロー理論のチクセントミハイは伝えている。あるいは，今の自分の能力よりほんの少しだけ上の水準に挑むときが，最も挑戦意欲をかき立てられると一般的に言われる。例えば，マラソンを趣味にしている人の多くは，自己ベストの更新を目標にしている。仮にもし，現在の社会的課題の水準が昔に比べはるか上の水準，例えば成功確率が50％ではなく5％であったとしたら，確かにほとんどの人がお手上げ状態になってもおかしくはない。

　先日，傍聴したグローバル人材育成に関する政府の調査委員会で出された資料には，今後求められるグローバル人材像として，次のような表現がなされていた。

「日本人としてのアイデンティティを持ちながら，広い視野に立って培われる教養と専門性，異なる言語，文化，価値を乗り越えて関係を構築するためのコミュニケーション能力と協調性，新しい価値を創造する能力，次世代までも視野に入れた社会貢献の意識などを持った人間」（グローバル人材育成推進会議（内閣官房）資料，2011年4月より）

　まるでスーパーマンではないか。この会議の他の資料を見る限り，会議ではしっかりと現状の課題を踏まえていたように思う。したがって，逆にこのくらいの人材でないと太刀打ちできないほど，今の社会的・経済的課題は複雑で難解だということなのかもしれない。そう考えると，チャレンジしようという意欲が失われるのも，やむを得ないというところか。

仮説⑦　フィードバック不足
　ゲームにはいくつかの種類があって，好きなゲームの種類によってモチベーション・タイプも推測できるそうだ（コラム「効果的にフィードバックを受け取る方法」参照）。人はなぜそこまでゲームに夢中になるのか？　今はもうまったくやらないが，かつては自分もドラクエに夢中になっていた。
　ちなみに，今はドライブが好きだ。旅行好きというわけではなく，メカ好きということでもなく，ただ車を運転することが好きなのだ。だから，いまだにマニュアル車を運転している。夜の運転は特に気分が良い。インナーパネル（ダッシュボード）の計器類の光が車内を包み込む感覚が，車を走らせるときの高揚感を落ち着かせ，ちょうど良いバランスに導いてくれる。
　ところで，あの計器類の1つにタコメーターというのがある。エンジンのピストンの回転数をrpm，つまり1分間あたりの回数で表示するメーターである。エンジンをかけただけの状態なら，だいたいどの車種でも"1"あたりにあって，これは1分間あたり1,000回転を表している。自分は以前，このメーターの存在を不思議に思っていたことがあった。一言で言うと，不必要なのだ。ピストンが回転する速さなんて知ったところで，運転には何の役にも立たないし，実際，低コスト車には装備されていない場合もある。にも関わらず，

なぜ人は装備されている車を好むのか。

その答えはフィードバックにある。人が最も集中力を発揮する状態をフローという言葉で説明したチクセントミハイは，フロー状態に没入する条件として，明確かつ瞬時のフィードバックの存在を挙げている。ドライブの場合，アクセルの踏み込み具合に対し，エンジンの音，車の振動，そしてタコメーターの視覚的情報として瞬時にフィードバックされる。

最初の問い―人はなぜゲームに夢中になるのか―の答えも，やはりフィードバックにある。ゲームの画面には，さまざまなバロメーターが表示されており，自分のコントロールに対し瞬時にフィードバックを返してくれる。

このように，周りの環境が自分の動作に対して即座にフィードバックを返してくれるとき，人はその世界に入り込むことができる。そうして周りの環境―この場合，車の運転やゲーム―と一体感を持ち，それらを支配していると感じたとき，人は強い有能感を感じる。デシはこれが内発的モチベーションを高めると主張した。

つまり，人がチャレンジを楽しむことができないのも，フィードバックが足りてないと考えることができまいか。仕事も勉強も，正確なフィードバックを返すことができれば，もっと楽しむことができるのではないか。

あるいは，そういったフィードバック・システムを構築することができないほど，挑むべき課題が複雑になっているのかもしれない。そうであったとしても，自分たちは新たなフィードバックの仕組みを考えることを諦めてはならないと思う。すでに産業界も研究者も，膨大な労力と時間をかけてフィードバック・システムを議論してきたことはよく知っている。しかしここは，諦めずに先へ進むべきときだと思う。

9.1　求められるチャレンジ精神

　日本は今，みずから挑戦することのできる人材が求められていると言われています。1990年代を失われた10年と呼び，その後も大きな成長を遂げられない時期が続いてきました。その傾向を表す最も代表的な指標がGDPになります。ここではまず，年代ごとに区切ったGDP値を見ながら，現在のチャレンジ精神について考えてみましょう。

　高度経済成長が続く1970年の名目GDPは約73兆円（実質GDP：約188兆円）でした。そのときの人口は約1億300万人（生産年齢人口：約7,200万人）でした。その後，オイルショックが起き，大量消費から環境負荷に配慮した産業体系へと転換を始めた1980年の名目GDPは約243兆円（実質GDP：約284兆円），そのときの人口は約1億1,700万人（生産年齢人口：約7,900万人）でした。多様化というキーワードもこの70年代ごろから取り上げられるようになります。

　多様化というのはごく最近の現象のように思われているのですが，それはテレビを見る人と見ない人，車に乗る人と乗らない人，結婚する人としない人，といったように，それまで当たり前と思われていた価値観に染まらない人たちが増えてきたために，報道機関が注目し取り上げるようになったためといえるでしょう。日本人の多様化は，オイルショックの後にその兆しが現れ始めています。そのきっかけは「良いものを安く」という節約志向にありました。

　1975年発刊の書籍「消費者は変わった"買わない時代"の販売戦略」（日本経済新聞社）では，「消費者はお金を持っているはずなのに貯蓄に回している」として，豊かさの中の簡素な生活を送る新たな消費者像を示し，今後は完全なる節約第一とは異なるその人の価値観に基づく消費行動が顕在化する，と分析しました。このときから，少品種大量生産＋多品種少量生産のミックス型の産業形態が育っていきました。ダイエーが誕生し，「良いものを安く」で一気に市民権を得る一方，ブランド商品も成長を見せるというハイブリッド型ともいえる消費行動への対応の始まりです。

　図表9-2は，日本経済新聞社が行った消費者意識調査の結果をベースに，

図表 9 − 2　消費者意識の変化

```
                    個性重視
                       ↑
         6.1%（1974年） │ 12.8%（1974年）
        29.4%（2011年） │ 15.5%（2011年）
  品質重視 ←───────────┼───────────→ 価格重視
        23.4%（1974年） │ 57.6%（1974年）
        33.1%（2011年） │ 22.0%（2011年）
                       ↓
                    世間体重視
```

（遠藤雄一「江別市民の生活意識及び購買行動に関する調査」より）

　北海道情報大学の遠藤雄一講師が2011年の再調査結果のデータを当てはめたものです。オイルショック直後の消費者の多くは，世間体と価格重視志向だったのに対し，2011年には4象限に広く分散しています。個性と価格を重視した消費スタイルというのは，事実上，実現困難かと思われますので，第1象限の割合が少ないのはやむを得ないところでしょう。このように，多様化は，1970年代から長い時間をかけて浸透してきた概念だと考えられます。

　その後，バブル景気がピークに達する1990年の名目GDPは約443兆円（実質GDP：約447兆円），人口は約1億2,400万人（生産年齢人口：約8,600万人）でした。そこから失われた10年を経て2000年のGDPが約510兆円（実質GDP：約475兆円），人口は約1億2,700万人（生産年齢人口：約8,600万人）となり，2010年の名目GDP約482兆円（実質GDP：約512兆円），人口約1億2,800万人（生産年齢人口：約8,200万人）へと至ります。

　読者の皆さんは今の，そして今後の日本経済をどのように考えますか？　金融政策の効果による円安の後押しもあって，大企業では過去最高益を発表するところも増えています。今後は地方創生を掲げ，担当大臣も設置しました。

　アベノミクスの評価はさまざまでしょう。企業戦略の評価もさまざま，景気回復の実感もやはりさまざまだと思います。しかし，チャレンジ精神が求められているという機運は，過去20有余年の中でも非常に高まっているように思

います。チャレンジは若手の特権というわけではありませんが，特に 30 代から 40 代前半にかかる人たちのチャレンジ精神をどう育むか，という議論はあちこちで聞かれるようになりました。

　なぜ，この年代なのか？　その理由の 1 つは，彼らが今，所属する組織の中でミドルクラスに差し掛かっているからです。ミドルというのは，役職でいうと係長から課長に至るまで，あるいは横断的組織でいえばプロジェクト・リーダーなどがそれにあたります。日本の組織は従来からこのミドルクラスがけん引してきたと言われています。もちろんその上の部長や取締役の役割も重要ですが，彼らがその役職に至るまでの実績は課長や課長補佐時代にすでに挙げていたということを鑑みると，やはりミドルクラス時代にいかに優れた実績を挙げるかで，個人の出世はもとより，その後の会社の成長を大きく左右するといえます。

　そして，30 代から 40 代前半のチャレンジ精神に焦点を当てるもう 1 つの理由が，先に述べた過去の日本経済の発展過程にあります。2014 年末時点での生産年齢の中で，最も人口が多いのが団塊ジュニア世代であり，彼らはその時点で 40 歳から 43 歳です。

　団塊ジュニア世代は不運な世代とよく言われます。この世代の中でも最も人口が多いのが 1973 年生まれ。まさに環境負荷低減と節約指向が浸透したオイルショックその年です。その後，日本がバブル景気に沸くころ，小・中・高校時代を送った彼らの環境は，過密と競争でした。数が多いがゆえに 1 クラスの人数は 45 人を超え，すでに既定路線となった受験戦争が待っていました。受験のための学習塾が急増したのもこの時期です。この競争は，学習環境だけに留まりませんでした。彼らが大学生活を送った 1990 年代半ばにはバブルが崩壊し，就職氷河期が到来しました。

　今，団塊ジュニア世代の不運さを，やや大げさに強調しましたが，すでに決められたルールと環境の中で生きてきた彼らにとっては，これだけでもチャレンジ精神を育むことの難しさを察することができます。そしてこれに追い打ちをかけるように，バブル崩壊後に入社した彼らの職場環境は，コストダウンや効率化との戦いでした。このような状況では，事業の拡大や新事業の立ち上げ

といった機会に恵まれることは稀です。この間、リスクをとるということは死活問題であり、できることといえば、失敗してもダメージの少ないチャレンジということになります。

　そして今、日本経済が再び成長へと向かおうとしている中で、チャレンジ精神が強く求められています。本章のストーリーでも出てきたように、経営層や幹部クラスの悩みを集約すると、「どうしたら（若手は）みずから進んで考え動いてくれるか」という点に集約されます。この問題意識は特に地方に行くほど大きく、かつ切実なものとして届いてきます。

　新聞の経済欄を開くたびに「人手不足」「人材育成が最優先課題」といった言葉を目にするようになりました。ただし、人であったら誰でもいいというわけではもちろんありません。

　基本的に、テクノロジーは人の仕事を奪います。技術革新が起こるたびに、少なくとも1次的には人は働く場を奪われます。それは、工場のフルオートメーション化などの例から始まり、1次産業でもサービス業でも同様の現象が見られます。特に今後は、ますますサービス業が代替の対象となると言われています。機械が製造現場から人を不要にしたように、コンピュータがサービス業の仕事を奪うという構図です。個人的には、この技術革新の波はいずれ止まると考えていますが、それは今ではありません。これまで機械、IT、エネルギーと進んできた技術革新の中心が、今後は生命科学へと移っていきます。

　改めて、今求められる人材とは、創造的でみずから考えて行動することのできる人材、ということであり、いわゆる労働集約的な作業員ではありません。創造することは苦しみを伴います。創造性を発揮するための土台を築くだけでも膨大な準備時間が必要となりますし、その時間すべてにおいて、多くの誘惑に負けず自己を律し続ける精神的強さが求められます。この苦しみが大きいために、創造することへの挑戦を諦めてしまっている人も多いのが実態です。

　そのため教育の現場でも、この変化に対応すべく、一定の時間を現実の課題に即した能動型の学習スタイルに切り替えています。アクティブ・ラーニング、プロジェクト・ベースド・ラーニング（PBL）、フリップト・クラス（反転授業）

などの手法は，今やどの大学でも見受けられるようになりました。目指すところは複雑で多様な現実課題の発見・解決力の養成，そして創造性の育成です。

9.2 マクレランドの欲求理論

本書では，ここまでさまざまなモチベーションに関する理論を紹介してきましたが，これが最後となります。それがアメリカ・ハーバード大学心理学部のデビッド・マクレランド（David Mclelland）教授の欲求理論です。「人には達成動機，権力（パワー）動機，親和動機，回避動機の4つの主要な動機（あるいは欲求）が存在する」とした理論で，そのわかりやすさから，人のモチベーション・タイプを分類する著名な枠組みとなりました。

マクレランドらは，被験者のモチベーションの強度を知るために実に多様な実験や測定を行いましたが，その中でも，被験者に絵や写真を示し，それに対して自由に連想してもらい，その連想の記録を分析して得点化する方法が著名です。実際に簡易版をやってみましょう。

以下の写真を見てください。ある若者がカメラを前にして悩むような表情を浮かべています。さて，あなた（被験者）は，この若者が今なにを考えていると思いますか？　自分なりのストーリーを描いてみてください。

僕（実験者）は，あなたが描いたストーリーを内容の特徴ごとにカテゴライズしていきます。そして最後にそのカテゴリーの特徴を表すカテゴリー名を付

けます。具体的には，描かれたストーリーを次のようにカテゴライズします。

① 自己の技術，技能，経験，知識などについて語られている場合
　例：「今日の撮影は上手くできなかったなあ。もっと練習しなきゃ」
　　　→　達成動機が強い傾向にある

② 自己の影響力，チーム，組織，他者との競争，リーダーシップなどについて語られている場合
　例：「今日の撮影会はバラバラだった。もっとみんなをまとめる努力をしなきゃ」
　　　→　パワー動機が強い傾向にある

③ 他者の心理，チームの雰囲気，自己との関係などについて語られている場合
　例：「さっき友達に悪い事を言っちゃったな。明日の撮影練習は少し早めに行って謝ろう」
　　　→　親和動機が強い傾向にある

④ 行動に対する負の影響，他者からの承認，評価などについて語られている場合
　例：「明日の撮影会で失敗したらどうしよう。失敗したらみんなどう思うかな」
　　　→　回避動機が強い傾向にある

いかがでしたか。このようにしてマクレランドは，モチベーションを達成，パワー，親和，回避の４つに分類しました。ここからは彼の名著「Human Motivation」Cambridge University Press（梅津祐良・園部明史・横山哲夫訳「モチベーション：『達成・パワー・親和・回避』動機の理論と実際」生産性出版）を参考しながら，本章の命題であるモチベーションとチャレンジ精神の関係について

考えていきます。なお，回避動機については，マクレランドも「満足できる解明レベルには達していない」と述べていることから，ここでは主に達成・パワー・親和の3つの動機について見ていきます。

9.3 達成動機

まずは達成動機からスタートです。達成動機とは，一言で表すと何かを成し遂げたいと思う動機のことで，成功から得られる報酬よりも，自身がそれを成し遂げたいという欲求から努力をする傾向にあります。前回よりもうまく，効率的にやれるようになりたいという意欲も達成動機の特徴です。

したがって，達成動機の高い人は，より良い成績を上げたいという願望を持つ点において，他の動機を持つ人とは有意な差があります。また，自分なりの技術や知識，テーマを追求できる環境を好みます。逆に，上司，教師などから物差しを押しつけられていると感じると，意欲が低下する傾向にあるといえます。

まとめると，高い達成動機を持つ人は，

① 個人的な進歩に最大の関心があるため，何事も自分の手でやることを望み，
② 中程度のリスクを好み，
③ 自分が行ったことの結果について迅速なフィードバックを欲しがる

という特徴を持つといえます。

①にあるように，達成動機の高い人は，結果に対して個人的に責任を負うことを好むと考えられています。それは，そうすることで優れた成果を成し遂げたときに高い満足感が得られることを知っているためです。例えば次のような選択肢が与えられたとき，達成動機の高い人は（A）を選ぶ傾向にあります。

(A) 制限時間内に正答する割合が3分の1と言われる数学の問題に挑戦し，解けた人を成功者とするゲーム

（B）さいころを振り，あらかじめ決めておいた2つの数字が出たら成功者になるというゲーム

　もちろんこの場合は，数学が得意かどうかなど，複合的な要因が選択の意思決定に関係してきますが，その他にもいくつもの実験を繰り返すことで，達成動機の高い人は，リスクが個人の責任を伴わず，偶然のチャンスによるものである場合には，課題に対しそれほど魅力を感じないことが判明しています。
　さらに注目したいのは②の"中程度"という言葉です。マクレランドらは，慎重に達成動機の高低とリスクテイクの関係を測定しました。その結果，非常に興味深い結論が示されました。
　マクレランドらによると，ここでいう中程度とは，成功の確率が0.3から0.5の間に収まるような困難度を表します。逆にいうと，この程度の困難度を伴う仕事を前にすることで，成し遂げてやろうという意欲が高まるということです。一方，達成動機の低い人はそのようなパターンは示さず，むしろ成功確率が極めて低い（0から0.2）か，あるいは逆に極めて高い（0.8から1.0）問題レベルを選択する傾向が強いことを見出しています。
　また，高い達成動機を持つ人が中程度のリスクの仕事に魅力を感じ，実際にその仕事に挑戦したときには，優れた業績を上げていることも証明しています。その理由として，達成動機の高い人は，最後まで粘り強く課題に取り組む傾向にあることを挙げています。逆に達成動機の低い人は，失敗を怖れるあまり，中程度の難易度の課題をあえて避ける性質にあるようです。極端に難しいか，あるいは極端に簡単な課題であれば，結果的に皆が同じように失敗あるいは成功することになるので，ある意味で怖れを抱く必要がないということになるでしょう。
　また，達成動機の高い人は，自分の取り組みに対するフィードバックを受けることができる状況下での仕事を望みます。例えば，達成動機の高い男子生徒は，達成動機の低い生徒に比べ，大工仕事，機械的作業，プログラム学習などに強い興味を示すことがわかっています。例えばプログラム学習では，問題を解くごとに正解か不正解かを即座に返してくれるよう設計されていますから，

達成動機の高い生徒は，より高い集中力を発揮する傾向にあります。一方，社会的な活動などは，即座に明確なフィードバックが得られるとは限りません。そのため，達成動機の低い生徒に比べて高い生徒の方が社交的に振る舞ったり，クラス行事で積極的な行動を示すとはいえないとしています。

　最後に，達成動機と生産性の関係について触れたいと思います。優れた成果を達成するということは，多くの場合，より効率的な方法でゴールに達するといったことを指します。より少ない労力で同じ成果を上げたり，同量の労力でより大きな利益を上げたりすることも然りです。達成動機の高い人は，このように効率的な方法を追求する傾向があります。そのため，マクレランドは達成動機のことを効率動機と呼ぶべきかもしれないとも述べています。

9.4　パワー動機

　パワー動機とは，人に影響を与えたい，他者にインパクトを与えコントロールしたい，という動機を指します。具体的には，経営者になって会社に影響を与えたい，リーダーになってたくさんの部下とともに大きなプロジェクトを成し遂げたい，といった動機です。当然，出世競争など競争的な環境下で力を発揮します。

　パワー動機の高い人の特徴として，

① 責任を与えられることを楽しみ，
② 他者から働きかけられるよりも，他者をコントロール下におき影響力を行使しようとし，
③ 競争が激しく，地位や身分を重視する状況を好み，
④ 効率的な成果よりも信望を得たり，他者に影響力を行使することにこだわる

といったことが挙げられます。

　①や②の性質があるため，パワー動機の高い人は社会的にも影響力の大きい仕事を選ぶ傾向にあります。例えば，ジャーナリスト，教育者，聖職者などが

例として挙げられます。そのため，当然ながら人よりも努力する性向も備えています。マクレランドの著書では，中学2年生の成績とパワー動機の間に高い相関関係があることなどが報告されています。また，学校のように閉じた世界では，パワー動機の高い人は，彼らと名声を得るために競争しない人たちを友人として選ぶ傾向にあるようです。

また，④のような性質があるため，度が過ぎると強い自己主張を繰り返す傾向にあることも報告されています。そのためには攻撃的，あるいは反抗的な行動をとることもあります。そして攻撃的・反抗的な行動は自己否定につながります。つまり，パワー動機の高い人は，彼ら自身の攻撃的な衝動を認識することで，まるで社会がそう判断するように，自分のことを自己否定的で反社会的な人間だと考える傾向にあります。このようなストイックな性向は，自己のみならず，同じグループに属するメンバーにも向けられます。したがって，同僚や部下に対しても厳しい評価を与えがちになります。

パワー動機とリスクテイクの関係については，はっきりとした解釈は与えられていないものの，パワー動機の高い人は極端に高いリスクを選択する傾向にあり，賭けが秘密裏に行われる場合には，よりこの傾向が強まる可能性が示されています。

最後に，パワー動機の高い人は，単に強い権力を持ち，他者に対しそれを行使したい，という性向だけではなく，むしろ組織の能力を最大化するための努力を惜しまず，自己を抑制するような性質も持ち合わせます。また，組織の権威をより顕著に尊敬し，規律や自制を好みます。一般的には，達成動機の高い人の方が働くのが好きだと思われるかもしれませんが，リーダーシップや組織的行動に関わるようなタスクにおいて，パワー動機に勝る働き者はいません。

9.5 親和動機

親和動機というのは，その言葉の通り，人から好かれたい，人と仲良くしたい，人からよく見てもらいたい，という欲求を表します。強い親和動機を持つ人の特徴として，以下が挙げられます。

① 心理的な緊張状況には1人では耐えられなくなる傾向があり，
② 行動や評価が個人ごとに行われるような，一匹狼的な活動には強いストレスを感じ，
③ 他者との交友関係を作り上げることについて極めて積極的な人と，そうでない人がいる

　マクレランドは，「親和動機の高い人にとって，非常に重要な対象は人間そのものだ」と断言しています。仕事仲間としては，能力や熟練度よりも友人を優先し，フィードバックには課題の遂行に関するものよりも，グループの協力関係に関するものを歓迎します。学生を対象とした実験でも，親和動機の高い学生は，担当教師が温和で親身なほど高い成績を上げる傾向にありました。ここでいう温和で親身というのは，学生1人ひとりに関心を持ち，いつでも名前で呼びかけるといった振る舞いを指します。
　また，親和動機の高い人は，社会関係の課題をより速く学習し，他者の表情に敏感であり，他者との対話の機会を増やそうとします。例えば，頻繁に電話したり，メールをしたり，複数のクラブ活動に参加したりといった行動が該当します。最近でいうところの「既読スルー」（電子メールやSNSのメッセージを読んだにも関わらず，返信をしないこと）に対し，敏感に反応するのも高親和動機者の性質といえるでしょう。
　一見，親和動機の高い人が，③のような性質を持つことは意外に思われるかもしれません。これは，そのようなタイプの人は，極端に葛藤や衝突を避けようとすることから説明されます。したがって，他者の願望によく協力し，よく順応するように思われることも想定されますが，心理学の調査研究からはそのような一般化は認められないということです。
　葛藤や衝突を好まないということは，ポーカーのように他者と争うゲームを好まず，取引などの場においても極めて消極的な姿勢を見せます。他者からの批判を極度に避けるがゆえに，③に示したような矛盾した性向が内包されることになるわけです。逆にいうと，社会的に承認されることに大きく依存しているといえるでしょう。

言うまでもなく，このように葛藤や批判を避けようとする人は優れたリーダーにはなれません。同僚や部下との関係を常に良好な状態に維持しようと努めますが，いざ困難な意思決定を求められると冷静さを失う懸念が指摘されています。あくまでも家族主義的な，和気あいあいとした風土の組織が向いていると思われます。

なお，仕事上は，親和動機とパワー動機はあまり相性が良くありません。高いパワー動機を持つ人は，リーダーになることで組織の能力を最大限に引き出し，プロジェクトを成功に導く能力がありますが，同時にあまり親和動機が高いと，組織の構成員1人ひとりに同情してしまい，結果的に組織に不公平感をもたらしてしまうことになりかねません。つまり，自分の中で2つの動機が葛藤を起こしてしまうわけです。また，パワー動機は競争関係を促進しようとしますが，親和動機はこれを排除しようと努めます。この点でも負の相関関係が見られます。

9.6　達成動機と創造性

以上，回避動機を除く3つのマクレランドの欲求理論を整理しました。本章のテーマであるチャレンジ精神との関係でいくと，達成動機の高い人が最もチャレンジ精神に富むといえます。

9.3節では，達成動機の高い人は生産性を追求する傾向にあると述べましたが，彼らは同時に，より多くの変化を求め，ルーチンワークを嫌う性質を持ち合わせます。そのため，前よりも優れた方法で遂行するための情報を追い求めたり，以前と違ったことを成し遂げようと努力します。つまり，達成動機の高い人はそうでない人に比べてチャレンジ精神に富むと考えられるわけです。結果的に，彼らは創造性や革新性を備えた人材に成長する可能性があるといえるでしょう。

パワー動機の高い人は，組織志向が強いがゆえに，大変な努力家である一方，組織全体を変革にさらすことには躊躇するかもしれません。創造性や革新性は，突きつめればすべて一個人から発生するものである以上，組織における

合意形成，バランス，生産性などよりも，個を重視した思考が必要になってきます。パワー動機の高い人は，ここに葛藤が生じる懸念があります。

　組織的な和と個の間における葛藤という意味においては，親和動機の高い人も同様です。創造性や革新性を備えた挑戦というのは，良くも悪くも現状を否定したり破壊したりする可能性を伴います。それがイノベーティブであればあるほど，それまでの人間関係にも変化を要求します。政府が「クールビズ」キャンペーンを推進したとき，省エネでエコだし，Yシャツやスーツのデザインにも新たな潮流をもたらしたとして評価する一方，「ネクタイ業界の人たちは大変そうだ。大丈夫だろうか？」と思ってしまうのが，親和動機の高い人の特徴です。

　ただし，ここでネガティブになる必要はありません。前節でパワー動機と親和動機は相性が悪いと言いましたが，達成動機とパワー動機や親和動機の相性の悪さは報告されていません。僕自身も，両者を兼ね備えた人たちをたくさん見てきました。したがって，チャレンジ精神を発揮するかどうかは，それらの活かし方ひとつということになります。例えば，達成動機とパワー動機の高いリーダーは，あえて本体組織から少人数の"達成動機集団"を抜き出して，革新的な仕事に従事させるといったことは頻繁に見受けられます。

9.7　チャレンジ精神を発揮するために：7つの仮説の検討

　さてここからは，これまでの知見を踏まえた上で，本章のストーリーで登場した仮説を再考してみましょう。新川准教授は，彼の講座の参加者とのディスカッションを基に，チャレンジ精神を阻害する要因を7つの仮説に整理していました。いずれも検証と呼ぶには程遠いですが，改めてそれらの阻害要因について考えてみることで，チャレンジ精神を発揮するためには何が必要なのかが見えてくるかもしれません。

(1) 仮説①　欲しいものの充足と多様化

　1つ目の仮説は，すでに多くの人は，ある程度欲しいものや報酬に満足して

おり，今以上にリスクを冒してチャレンジする必要がないと思っている，というものでした。これは，期待する報酬にあまり魅力を感じないと，その分，努力水準は低下するとしたブルームらの期待理論（第4章）と整合する考え方です。また，第6章で学んだハーズバーグの2要因理論でも，金銭的な報酬は少なかったり不公平であったりすると不満足を生む要因となる可能性は高い一方，ある程度充足してくるとそれ以上に満足度を高めてくれるわけではない，ということがわかりました。

このように2つの歴史的理論に裏打ちされた仮説①は強力です。しかも，さらなる報酬を用意するとなると，今度は人によって欲しいものは異なるため多様な報酬が必要になるというわけです。「そんなことをしていたら，おそらくマネジメントは破たんしてしまう」という新川准教授のコメントは，その通りとうなずかざるを得ません。

先日，アントレプレナーシップに関する研究会に参加したとき，興味深いアンケート結果を目にしました。アントレプレナーシップとは起業家精神と訳されるもので，まさにビジネスにおけるチャレンジ精神の具現化といえます。目にしたアンケートは，実際に起業した人に対し，あなたはなぜ起業したのか？と尋ねたものでした。その結果が図表9-3です。残念ながら，日本のデータは入っていません。

研究会における議論は上位数項目に終始しましたが，最初にこのデータをみたとき「やはり想像以上に多様だな」と感じました。下位の項目といえども，何割かの人が答えているわけですから。チャレンジ精神を引き出すための政策やマネジメントのあり方に関する議論は尽きませんが，実際に，これだけ多様化した現場に適応させるのは容易なことではありません。

(2) 仮説② リスク回避と横並び主義

2つ目の仮説は，人はチャレンジに成功して得るものよりも，失敗して失うものの方に，より強い関心が向いてしまうのではないかというものです。特に日本のように，失敗のダメージが大きい文化では，この仮説も大いに納得，という人も多いのではないでしょうか。

図表 9-3 大学生の起業動機（5 段階スケールの平均値を算出）

	自分のアイデアを実現するため	自分自身で何かを創造するため	個として独立するため	組織の長になるため	生活の質の改善のため	仕事作りのため	自分にふさわしい報酬を手にするため	富の構築のため	自由な時間を作るため	社会的地位を得るため	家族の伝統を受け継ぐため
アメリカ	4.55	4.35	4.43	4.06	4.21	3.63	3.65	3.97	3.62	2.92	2.97
中国	4.2	4.11	3.91	3.54	3.71	2.89	3.08	3.61	2.97	3.45	2.63
インド	4.56	4.46	4.52	3.98	4.51	4.1	4.17	4.15	2.84	4.03	3.05
ベルギー	4.36	4.19	4.08	3.92	3.74	3.63	3.51	3.35	2.99	2.99	2.51
スペイン	4.4	4.1	3.86	3.31	3.78	3.3	3.36	3.36	2.86	2.64	1.74

(Giacomin et. al. 2011 より)

ストーリーでは，リスク回避指向を抑制するための2つの方策が登場します。1つは失敗を失敗としない考え方でした。これは教育現場では王道と呼べる方法です。「がんばってやったことは何1つ無駄にはならない」という考えです。10代のうち，あるいは学生のうちなら，この言葉に異論を唱える人はほとんどいないでしょう。失敗など気にせずどんどん行動してほしいものです。ですが，社会人となると，そういうわけにもいきません。何より，多くの人に対する責任があります。

もう1つの方策は，どのみち挑戦せざるを得ない，という状況に追い込むことでした。しかし，この場合の問題点として，他の人がどんなアクションを起こすのかに最大の注意を払う"横並び主義"が指摘されていました。また，それに加えて，このように退路を断った挑戦というのは，過度のプレッシャーやストレスがかかり，十分な創造力が発揮されない場合があることも，ここまでの章で学習した通りです。

なお，この横並び主義も日本人独特のものらしく，アメリカ留学中に聞いた興味深いエピソードを思い出します。帰国した後に周りに話したら知っている人もいたので，ある程度有名なものかもしれません。それは以下の通りです。

ある国際大型旅客船が浅瀬に乗り上げ，沈没しそうになった。船長は救命ボートを用意させたが，ボートに飛び乗るためにかなりの高さをジャンプしなければならない。当然ながら乗客たちは皆，ジャンプするのをためらっている様子だった。そこで船長は，彼らに対し次のようにげきを飛ばした。

アメリカ人へ向けて："Go! Jump!! And you will be a hero"「さあ，ジャンプしよう。そしてヒーローになるんだ！」

ドイツ人へ向けて："Jumping is a rule of the ship!!"「ジャンプすることがこの船のルールだ！」

イタリア人へ向けて："If you jump now, you are going to get women's hearts"「今ジャンプすれば，女性たちのハートはあなたのものになるだろう」

日本人へ向けて："Just look at people around you!! Everyone is jumping"
「周りを見てみなさい。みんなジャンプしてるぞ」

　面白い。が，笑えない。日本人にとってはそんなエピソードじゃないでしょうか。僕にとって衝撃的だったのは，このエピソードが，僕が留学した地域ではある程度知られたものだということでした。日本人に挑戦させるなら，皆に同じ行動をさせればよい。挑戦という言葉における論理矛盾にも思えますが，アメリカ人はそこをジョークにしているわけです。

(3) 仮説③　和を重んじる　＋　仮説④　本音と建前のギャップ
　仮説③は，仮説②の横並び主義に関連しますが，異質を排除しようという空気感に象徴されます。ストーリーでは，ビジネス会議の例が語られていますが，これはもっと日常的で根深い問題だと僕は考えています。他の例を考えてみましょう。
　皆さんは新卒対象の合同企業説明会の場に参加したことはありますか？　個性や多様性の時代と言いながら，まさに一律横並び主義を是とする象徴的な存在が就職活動の身だしなみです。かつて僕が学生だったころ，男子学生のリクルートスーツといえば紺でした。今はほぼ黒系で統一されています。シャツはもちろん白で，かばんは黒。ネクタイは信号機程度の多様性は確保されていて，赤系，青系，黄系があるようです。
　もはや指摘され過ぎて，思考停止の感すらあるリクルートスーツ問題ですが，学生たちを笑うことはできません。多くの企業の人事担当は，これらの身だしなみから外れた学生を採用する勇気を持っていません。一方で，求める人材に関するアンケートを実施すると，チャレンジ精神がトップに来るのですから学生は混乱させられます。
　「服装は常識の問題であって，チャレンジ精神とは話が別ではないか」という意見があります。しかし，何も学生に非常識な服装を提案しているわけではありません。青のYシャツに黒のネクタイ，グレーのストライプ・スーツ，茶色のかばんを持っていたとしても，ビジネスシーンではまったく非常識では

ありませんが，やはり就職活動ではこれらはすべて NG とされています。

　何が言いたいかというと，ここで仮説④が関わってきます。チャレンジ精神を求めると言いながらも，それは黒以外のスーツを認めないほどに「極めて限定されたものに限る」という前提つきということです。リクルートスーツとネクタイは，あくまでも象徴的な例えです。チャレンジ精神も創造性も，今の社会では，規定された枠組みの中で発揮される必要があります。

　もしこの構造を打破するなら，やはり教育と社会，両方が大きく変わらないといけません。保育園では，園児は周りの子がどんな絵を描いているかなどまったく気にせず好きな絵を描くのに，中学生にもなると周りからの反応で頭がいっぱいです。わずかこの数年の間に，一体何が起こっているのか。僕は，まずはもっともっと個人が多様性に余裕を持たなければと思っています。

(4) 仮説⑤　人は自分では決めたくない
　第3章においてデシらは，内発的モチベーションが発揮される要因は，自律性，有能感，関係性にあると主張したことを学びました。そしてその3つの要因の中でも，自律性が中心であることもわかりました。極めて説得力があるデシの理論ですが，僕にとって1つだけ引っかかることがあります。それは，デシは「人はみな自律的でありたい」という前提を，どう考えるべきなのか明らかにしていない点です。その引っ掛かりを顕在化させたのが，新川准教授の仮説⑤になります。

　人は，実はあまり自分では決めたくないのではないか？　こう感じることは日常的にたくさんあります。もちろんランチに何を食べるかといったことは自分で決められますが，特に他人に影響を与え得る場合は，自己の考えを伝えることすら回避する傾向が見受けられます。ここではさらに，その裏づけとなるデータや論拠をご紹介します。

　1つ目は，子どもを対象とした実験結果です。イエンガーとレッパーは，サンフランシスコの小学校に通う，7歳から9歳のアジア系とヨーロッパ系の子どもを対象とした実験を行いました（Iyengar and Lepper, 1999）。まず，子どもたちは，ランダムに並べられた文字を並べかえて単語を作るゲームに挑戦しま

した。その際，イエンガーらは，子どもたちを3つのグループに分けました。第1のグループは，やりたい問題を自分で選択できるようにしました。第2のグループは，イエンガーら実験者が問題を選択しました。そして第3グループは，問題はそれぞれの子どもの母親が選んだと子どもたちに伝えました。ただし，第2と第3のグループで選択された問題は，第1グループで選ばれた問題と同じものを使いました。つまり，全グループとも，同じ問題に挑戦したことになります。違うのは子どもたちの認知です。

　実験の結果，どのグループの子どもたちも大変よく正答しました。そして，興味深い結果が示されたのはここからです。イエンガーらは，ゲーム終了後も，あえて子どもたちが問題に挑戦できる環境を残しておき，そっとどのくらいの時間を費やしたかを計測しました。これによって，子どもたちの内発的モチベーションの強さを測るというやり方です。

　ヨーロッパ系の子どもたちの中では，自分で問題を選択したグループが最も長い時間，問題に挑戦し続けました。実験者が選択したと伝えた場合，および母親が選択したと伝えた場合は，どちらも同じ程度となりました。一方，アジア系の子どもたちは，母親が選択したと伝えたグループが最も長い時間，問題に従事しました。次に自分で選択したグループ，最後に実験者が選択したグループとなりました。

　文化の差は本当に大きい。改めてそう思わされる研究報告です。この報告をもって，デシの内発的モチベーションにおける自律性という大きな柱が崩れるというわけではありません。事実，自分で決めた子どもたちは，アジア系も含めて，それなりに内発的モチベーションを持って行動しています。ただし，もしこの報告にあるように，他者が決めたときであっても，自分で決めたときより意欲が高まる場合があるのなら，理論の修正ないしは拡張が必要になってきます。

　なぜ日本を含むアジア圏では，母親が決めたことが大きな意欲につながるのか？　僕にはここで語れるほどの解釈を持ち合わせていません。ぜひ皆さんと検討してみたいと思っています。ただ，本章で紹介したマクレランドの欲求理論に照らし合わせて考えてみると，アジア圏の子どもたちの方が高い親和動機

を持っている可能性が浮上します。とすると，残念ながら親和動機はそれ単体ではリスク回避傾向を示すため，チャレンジ精神も弱くなってしまうことも考えられます。

　ちなみに，デシを含めて心理学の理論のほとんどはアメリカ発です。ヨーロッパ出身の学者もいますが，成果はアメリカの大学で挙げていることが多いです。しかしイエンガーらの報告を見る限り，日本を含むアジア圏で研究の構築を行うと，異なった理論が構成されるかもしれません。

　さて，自己決定回避の2つ目の論拠をご紹介します。その鍵は"選択の科学"にあります。コロンビア大学のシーナ・イエンガー（Sheena Iyengar）教授が2010年に出版した著書「The art of choosing」（櫻井祐子訳「選択の科学」文藝春秋）の291ページに"ヨーグルトの実験"が記されています。

　実験ではまず，美味しいヨーグルト4種類とまずいヨーグルト4種類を用意します。そして，それぞれの4種類のヨーグルトを別々の部屋に用意します。一方，被験者となる学生も2グループ用意します。第1グループには，美味しいヨーグルトの部屋，まずいヨーグルトの部屋，それぞれに入り，自分が食べたいと思う1種類を選んで試食してください，と伝えます。第2グループには，4種類のうちどれを試食するかは，こちらが指定するので，それを食べてください，と伝えます。ちなみに，第2グループが試食する種類は，第1グループが選択した種類をそのまま指定しています。つまり，両グループで，試食したヨーグルトはまったく同じになります。

　その後，全員に試食したヨーグルトの販売価格を提案してもらいます。その結果，美味しいヨーグルトの方は，平均して第1グループの方が高い値段を設定しました。一方，まずいヨーグルトの方は，第2グループの方が高い値段を設定しました。

　さて，この結果をどう解釈すべきでしょうか？　美味しいヨーグルトの方は，自己選択したため，より満足した結果，高い値段を付けたと考えることが可能です。悩ましいのはまずいヨーグルトの方ですが，イエンガーは，「どうして自分はこんなまずいヨーグルトを選択してしまったんだろう。他の選択肢もあったというのに」という後悔の念が，自己選択グループには強く残ったた

め,と分析しています。つまり,特に自分に不利益な選択を与えられたとき,人はみずから選択したことを後悔したり,選択そのものを避けるような心理作用が働くということです。

　仮にもし,多くの人がチャレンジすることで何らかの不利益が発生する可能性があると考えているなら,まずいヨーグルトのように,自分からは動きたくない,誰かに決めてもらった方が楽だ,ということになるのかもしれません。

(5) 仮説⑥　社会経済的課題の複雑化が個人の能力を超越している

　過去に比べて,現在は社会的・経済的な課題が複雑化しており,その分,課題解決の成功確率も低くなっている可能性がある。もはや個人が意欲を燃やし挑んでもどうしようもないほど,あるいは対象が複雑すぎて何とかしようと思うまでの理解度に到達しえないほどの状況になっているのではないか。これが仮説⑥の内容でした。

　いまや,社会的・経済的な課題の複雑化は,経営学や経済学の論文でも大前提として扱われるようになりました。僕もその点は間違いないと思います。その根拠として,科学技術の高度化,それに伴う極度の知識の専門化,経済的な成熟における人々のニーズの飽和と潜在化などが挙げられます。このことを概念的に理解するのは少し難しいかもしれませんが,こう考えてみてください。アフリカなどの発展途上国を想定した場合,今必要なものや今後求められるものは具体的に挙げることができると思います。衣食住は真っ先に思いつくものの1つです。その反面,先進国ではどうでしょうか？　ここで答えに窮することが経済の成熟に伴うニーズの多様化や複雑化,ということになります。

　実際,発展途上国のように必要なものが明確にわかっていれば,市場や企業というものは効果的に機能します。人々が求めるものを市場に提供すれば,おのずと成長も見込めるからです。かつての日本にも巨大な需要がありました。そうであるならば,あとは人も企業もチャレンジあるのみ。需要に応えるべく突き進み,もし失敗しても,また違う需要に応えようと再チャレンジすれば良い。もちろんこんなに簡単だったはずはありませんが,需要が見つからない現状から見れば,やるべきことがあるというだけでも幸福と思えます。

(6) 仮説⑦　フィードバック不足

　ある行動に対するフィードバックの速さ，正確さ，明快さが，人の集中力やモチベーションを高める効果があるのは間違いありません。ゲームはその神髄の結晶といっても過言ではないでしょう。実に絶妙にデザインされています。仕事でも勉強でも，効果的なフィードバック・システムさえ構築することができれば，あとは当事者たちが勝手に，まさにゲームをクリアするかのごとく，成果を出してくれることでしょう。

　実際，大学教育の現場では，ITツールの導入によって劇的にフィードバックの質・量ともに向上しつつあります。それを使うことによって，教員は教員が欲しい情報を，学生は学生が欲しい情報を得ることが可能となりつつあります。

　今，教室内は一昔前とは比べ物にならないほどIT化しています。例えばクリッカーというツールがあります。かつて「笑っていいとも！」という番組では，これが多用されていました。会場内の観客はいくつかのボタンがついた端末を渡されます。そしてタモリさんとゲストが観客に向かって質問をします。そして「YESなら1のスイッチを押してください」といった具合に返答を求めます。その結果は，合計値となって皆が見える掲示板に瞬時に投影される仕組みになっています。観客はそれにより会場全体の傾向，その中における自分の立場などを即座に知ることができるわけです。

　これを教室内へ応用することは難しいことではありません。しかも今は，学生にタッチ式電子パッド（iPadなど）を貸与している大学もありますから，あとは教材や確認テストなどを共有フォルダに入れておくだけで，学生はひとりで自分のペースで学習することも可能です。教員は学生の進捗や正答率などをリアルタイムで見ることが可能となります。

　ただし，最近よく言われているように，このようなIT化が教育機関のビジネスモデルを破壊するとは個人的には思えません。その理由として，多くの学生は学習するきっかけ，場，内容の確認，議論などにコミュニケーションを要するからです。何らかの対人関係がないと，勉強を始められなかったり継続できないといった経験は，多くの人がお持ちではないでしょうか。

さて，このように人類はフィードバック・システムのための強力な武器を手に入れました。しかし武器はあくまでも武器。どう活かすかが重要です。ストーリーの最後でも述べられていたように，産業界も研究者も，組織の創造力，生産性，収益力などを向上させるために，大変な労力と時間をかけて検討してきました。この検討にはもちろんITの活用も含まれます。

　そこで最終章となる次章では，議論の対象をビジネスシーンに絞って，今どのようなフィードバック・システムが検討されているのかについて考えていきます。特に経営者がマネジメント・ツールとして採り得る主要な方策であるインセンティブ・システム（報酬や評価など）について検討していきます。

コラム　効果的にフィードバックを受け取る方法

　本書では，再三にわたりフィードバックの重要性が指摘されています。そこでここでは，ハーバード大学のシーラ・ヒーン（Sheila Heen）とダグラス・ストーン（Douglas Stone）がハーバード・ビジネス・レビューに寄稿した論文「成長する人はフィードバックを上手に受け止める」を参考に，フィードバックの活かし方について考えていきましょう。ヒーンとストーンは，「フィードバックはどれもきちんと受け止めれば学びや成長につながるものなのに，感情的な反応が邪魔をして効果を発揮しないケースが多い」として，価値を引き出す6つのステップを興味深く紹介しています。僕自身，フィードバックをうまく受け取ることが苦手で，克服したい課題の1つです。

　ヒーンらによると，フィードバックは極めて重要であるにも関わらず，依然として多くの組織で機能していないということを指摘しています。その第1の理由として，マネジャーらの多くが正しくフィードバックを返すコミュニケーション能力がないこと，あるいはその意欲がないことを統計的な調査結果から明らかにしています。

　ただし，マネジャーらが適切なトレーニングを通してフィードバック・スキルを磨いたとしても，それだけでは十分ではなく，フィードバックを受ける側にも準備ができていなければ意味がないとしています。フィードバックには，うまく受け取る能力が必要だということです。

　ヒーンとストーンは，企業の管理者たちに，コミュニケーション・ベースのコーチング・スキルを提供するビジネスを展開しています。その長年の経験から，フィードバックを受け取る際に何の葛藤もない人はほとんどいないことを見出しています。ほとんどの人は，極めて軽いフィードバックに対しても，感情的な反応を引

き起こし，人間関係を緊張させると述べています。

　彼らによると，フィードバックが感情を刺激するパターンは次の3通りあるということです。「真実のトリガー」，「関係性のトリガー」，「自己同一性のトリガー」の3つです。「真実のトリガー」とは，主にフィードバックの内容が自分が考えていることと食い違っているときに引かれます。「この人，見当外れなこと言ってるなあ」という反応です。

　「関係性のトリガー」とは，フィードバックの提供者に対する個人的印象で決まります。尊敬している人からの助言はすっと腑に落ちるのに，そうでない人の場合は何となく素直に受け取れないことがありますよね。

　「自己同一性のトリガー」とは，自分自身の内面性に起因します。そのフィードバックを受け入れれば自分が自分でなくなってしまう，といった感情を指します。

　これらはいずれも実に的を射た指摘だと思います。研究者業を営む身にとって，フィードバックといえば学会発表時における批判的コメントや投稿した論文における査読などが真っ先に思い浮かびます。そういうときは，冷静に受け止めなければならないと頭ではわかっていても，これらのトリガーがマシンガン銃のごとく連打されます。

　しかしながら，ヒーンとストーンはそんな未成熟な人間でも，次の6つのステップにより，より有益にフィードバックを受け入れることができるようになると伝えています。

　1つ目は「自分の持つ傾向を知る」です。「人は長年フィードバックを受け取ってきた過程で，反応のパターンができあがっている」ということです。このパターンを意識的に認知し，より良い方向に活かそうという提案です。仮にフィードバックを受けた瞬間は，心が動揺してすぐに受け止められない傾向にあるのならば，あえて時間をおいて再考するよう決めておく，といった具合です。

　2つ目は「内容と提供者を切り離して考える」です。僕としては，これが6つある中で最も重要だと感じました。僕たちは，「誰」が「何」を言ったか，の「誰」の部分に意識が向き過ぎる傾向にあります。これを切り離そうという提案です。これは学生にもいつも言っています。ものすごく難しいことですが，訓練すればできるようになることを知っています。

　3つ目は「コーチングとして受け止める」です。例えばプレゼンの練習において，「こうすればもっと良かった」というフィードバックはよく聞かれることです。アドバイスした側は，その言葉通りのことしか伝えていないのに，「なんだよ，またダメ出しかよ」と受け取ってしまう素直じゃない部分も自分の中に存在しています。そこをあくまでも善意のアドバイスとして受け取ろうという提案です。

　4つ目は「内容を分析してみる」です。フィードバックのすべてが自分にとって有益とは限りません。逆にそれを盾にすべてを拒絶してしまうと元も子もないですが，有益，無益を冷静に分析できると良いですよね。ここも少し時間を空けて，「あのフィードバックはあの状況では有効だけど，この状況では適用が難しいかも」と

いった具合に，自分なりに整理していくと前に進むことができそうです。

5つ目は「尋ねるのは1つだけ」です。これもとても重要です。そもそも自分から求めて受けたフィードバックなら感情のトリガーが作動することもない，という提案です。自分から批判的な意見を求めるのは少しの勇気がいることですが，それは同時に「自分はフィードバックを受け入れて成長することができる人間だ」という謙虚さと自信を再認識させてくれるかもしれません。

最後は「小さな実験をする」です。これは4つ目の提案に少し似ています。フィードバックの内容を頭の中だけで分析し，有効性を評価することは容易ではありません。かといって，いきなり実践で活用するのもためらわれる。ということで，小さな実験をしてみましょう，という提案です。僕はこれを，少しだけ遊び心を持ってみては？　という提案だと受け止めました。これから実践してみようと思います。

いかがだったでしょうか？　本書は主にフィードバックを与える側の仕事として扱っています。ですが，以上のように，受け取る側の力量にも依存しているということがよくわかりました。自分を成長させてくれる貴重な機会を逃したくはないですよね。

第**10**章

創造性とイノベーションを高めるインセンティブ・システム

ストーリー

「やっぱりキツイなあ」

中島園子は大学院からの帰り道でそうつぶやいていた。この10年間，中島は母親業と技術者の2つの立場を何とか両立してきた。もちろん夫と10歳になる息子の協力を得ながらである。そしてこの春には大学院生という3足目のわらじを履く決意をした。今度は家族の他に上司や同僚の協力も必要になった。

去年の暮に，大学院への入学について知的財産部の部長に相談したところ，「そんなん，やってみたらええやん」と，関西出身の上司はあっさりと了承してくれた。本当のところ，自分の中にもまだ迷いがあったので，上司から入学の目的，学位取得後の身の振り方，勉強と仕事との両立などいろいろと聞かれる中で，自分の気持ちも確かめていければと期待していた。それがたいした質問もなく了承されたものだから，逆に自分としても覚悟を決めざるを得なくなった。

なぜそんなキツイ思いをしてまで勉強したいのか？　このことは上司に聞かれずとも何度も自問してきた。自分のこれまでの人生は，基本的に人との出会いによって支えられてきた。すばらしい人と出会う幸運さなら，誰にも負けない自信があった。大学4年生のとき，就職するか進学するかで迷っていると，企業の研究所から移籍してきた教授に，新しい素材の研究を始めるから一緒にやってみないかと誘われ，進学を選んだ。炭素繊維を使った複合材料の強度や耐久性を調べる研究で，今思えば研究としてはかなりのハイリスクだったが，教授の仮説が見事にはまり，いくつかの成果を発表することができた。

修士2年のとき，3つのアルバイトの掛け持ちと研究で忙しくしていると，教授から就職の希望はあるのかと聞かれ，できれば企業に入って実用化を見据えたプロジェクトをやってみたいと答えたら，ある大企業の事業本部長へ推薦状を書いてくれた。これも今思えば，そんなことで就職先を決めるべきではなかったかもしれないし，決まるはずもないと思っていたのだが，1回の面接を

経てすぐに内定をもらえた。この年がバブル期最後の入社世代だった。翌年には"就職氷河期の到来"の文字が紙面を賑わせていた。

バイト先の焼肉店では，骨付きカルビを焼いて内定祝いをしてくれたし，もう1つの塾講師をしているバイト先では，教え子たちが泣いてお別れを惜しんでくれた。自分は本当に人に恵まれている。感謝の連続だった。

小さいころから自分の寂しがり屋な性格は理解していた。人と一緒にいると元気が出る。それが自分の好きな人たちや信頼する人たちだと，それだけでがんばれる。教授に，実用化のプロジェクトに携わりたいと話したとき，中島さんは向いてるかもしれない，と言ってくれた。提出後に見せてくれた推薦状のコピーには，次のように書かれていた。

「中島さんは1つのことにまっすぐ取り組む勇気を持っています。2つのアルバイトを掛け持ちすることで学費を工面するかたわら，炭素繊維材料の研究をしっかりとやり遂げました。研究室は彼女を慕う後輩たちで大賑わいです。厳しいプレッシャーがかかる製品開発の仕事において，彼女の粘り強さとコミュニケーション力は大きな宝となるでしょう。指導教官としては，本当は研究室に残るよう手を尽くしたい限りですが，彼女の適性と意思を尊重して，ここに強く推薦いたします。今後も中島さんにとって必要なことがあれば，私はいかなる手助けも惜しみません。」

先生，本当にありがとうございます。それとバイトの数，怒られると思ってウソをついてました。本当は3つです。ごめんなさい。

こうして就職後は，大学院生時代にも扱ったことのある酸化シリコンをベースとした材料の事業化プロジェクトに配属された。正式な配属先は，新素材開発部営業開発課という部署だったが，これはいわゆるタテ型の機能別部署で，実際には事業化に関わる人のほとんどは，ヨコ型と呼ばれる部門横断型のプロジェクトチームの仕事がメインとなっていた。横断型と呼ばれるだけあって，プロジェクトの中には技術者の他にも，営業，マーケティング，デザイン，法

務の部署からも人が来ていた。

　すぐにこれは楽しいと思った。恩師の先生には申し訳ないけど，大学の研究室とは次元が違う。集まっている人たちの知識がすごい。というか，体力もハンパない。あのPL（プロジェクトリーダー），昨日までシンガポールに行ってたのに今朝は7時から仕事してるし。コーヒーを入れる際に，さりげなく疲れてないか尋ねたら，出張中の方が1つのことに集中できるし夜もたっぷり寝れるので，むしろ調子が良くなるそうだ。まあ体力なら自分も負けてない。バイト3つ掛け持ちしてたし。

　シリコン系材料の研究開発は日本企業が世界をけん引する分野で，チームには国際学会のメイン会場で発表するような先輩もいた。そんなときは率先してかばん持ちをかって出た。優秀な人たちとともに過ごす時間は貴重だし，何より新しい場所，新しい出会いは楽しみ以外の何ものでもなかった。

　国際学会では，かつて研究した炭素繊維に関する発表を集めたセッションもあって，恐る恐る覗いてみると，あらゆる人種の研究者が次々とプレゼンしては熱い議論を交わしていた。英語には自信がなく，まったくついていけないかと思ったら，院生時代に勉強した専門用語や化学式，3次元イメージなどが出てきて，思いのほか楽しかった。

　数年後，会社でも炭素繊維の開発に乗り出すことになり，国際学会に連れて行ってくれたPLが，新チームの構成員として自分を推薦してくれた。またもや人に恵まれてしまった。

　ただ，このころから急速に日本企業を取り巻く環境が変化していた。中島が所属する化学メーカーは，新素材開発を武器に引き続き高い競争力を維持していたが，それ以上に世界的ブランド力を保持していた電気電子・半導体メーカーの収益が悪化していた。当社との直接の取引は少ないものの，学会などでは興味深い発表を続けていたのに，事業化において欧米企業に勝つことができなくなっているらしい。そのうち，技術的には10年から20年は遅れていると言われていた台湾，韓国，中国等の新興国勢にも市場シェアを奪われるようになった。

　そんなとき，それまで事業部の中の一部署にすぎなかった知的財産を扱う担

当を，企画戦略部門等と並んだ管理部門として強化する方針が打ち出された。そのときすでに中島も発明者として何件かの特許出願に関わった経験はあったが，出願や登録といった事務的な運用だけではなく，訴訟対応，技術動向調査，競争力評価など，戦略的ツールとして全社的に知財マネジメントのプロセスを強化していくということだった。そして中島は，初代の知的財産部の部長となる人に声を掛けられた。

　発足当初のメンバーは，技術畑出身の部長と中島，法務畑から1名，それと新たに非常勤として加わる弁理士1名だった。出願や登録などの事務的な運用は，従来通り事業部と連携して行う。一方，自分たちは，これまで皆無だったといっても過言ではない知財マネジメントを1から作成するという大きなミッションが与えられていた。

　特許情報の分析などは，すでに市場を介してある程度のサービスが利用できるようになっていた。そこで，まずは少ない予算ながらも分析用ツールを契約したりして，見よう見まねで技術評価分析を行ってみた。

　作業するにつれて，いかに自分が会社のことを知らないかがわかった。特許の有効期間は出願から20年間と法律で決められている。そこで過去20年間に出願した特許を集めると，自社分だけでも数千件になる。それに同じ業界の競合他社分を加えると，その数はさらに10倍になる。これを分析するだけでも，自社の強み・弱みが見えてくる。なるほど，これは便利なツールになるかもしれないと感じる。

　しかし大事なのはその解釈だった。データが示す2次元特許マップの情報と現場の肌感覚は一致しているか，あるいは思いがけない競合他社が含まれていないか。こういったことは，事業部のマネジャーでなければわからない。そこで今度は，ノートPCを片手に各事業部を走り回る日が続いた。

　特に重要なのは，この特許マップが示す状況は狙って築いてきたものなのか，それとも偶発的な結果なのかだ。もし戦略的に構築された結果だとしたら，それは当然，将来的な収益化を見据えたものとなる。したがって知財分析の役割は，狙いとのズレは生じていないか，時間的な遅れはないか，競合の出方は想定の範囲内か，といった周辺的な議論に落ち着く。

しかし，もし戦略的な結果でないとしたらどうか。それは１から戦略を検討する必要性を意味する。もちろん自分にはそんなことを判断できる知識はないが，事業部のマネジャーとのミーティングを繰り返した経験からすると，実態はこの両者の中間にありそうだった。すなわち，事業部内の各部署が各々の判断で知財を取得してきた結果，全事業部的には部分最適の集合のようになっているかもしれなかった。

　そんな中で，中島はある問題意識にたどり着いた。誰からもヒントを与えられず，みずから問題意識を持ったのは初めてかもしれない。それは，技術者の間では，知財を取得することをゴールのように思っていることだった。特に技術的な権利である特許は，その傾向が強かった。どういうことか。特許を取得するかどうかは，企業としての戦略的な意思決定項目である。18カ月後に公開されることを前提に，それでも権利を取得しておく必要があると判断すれば出願されるものである。つまり，競争力の強化や研究開発の収益化へ至るプロセスの中で判断されるべきものである。

　しかし現実はそうではなかった。特許出願の根拠として技術者から頻繁に聞かれたのが，「研究の過程ですごい成果が出たから」，「開発に一定の目途がついたから」，「今年はまだ１件も出願してないから」，といった現実だった。もちろん全社的に見れば現場の技術者は一兵隊なのだから，戦略的な判断は彼らのマネジャーに委ねられることになる。しかし，マネジャーもまた，事業部内の競争，あるいは事業部間の競争にさらされる中で，技術者たちと類似した思考回路を持っているように見受けられた。

　要は特許出願のインセンティブの問題だった。技術者たちは，彼らに与えられたインセンティブに反応する形で，特許出願活動を行っている。例えば，年間で１件の出願もしていないと，ボーナスに影響するか，少なくとも何らかのペナルティが課せられる。部下にそのような技術者がいれば，マネジャーも呼び出しを受ける。

　逆に，もし事業部員たちの出願に対する動機が変われば，特許マップ上の自社のポジションも大きく変わる可能性がある。全従業員が社長と同じ戦略論を所持することは不可能だが，少なくとも彼らに対するインセンティブ構造を変

えることで，自社のポジションをより良い方向へ誘導できるかもしれない。

　かつて大学院の指導教官は，自分の長所は1つの事に取り組む勇気とコミュニケーション力だと推薦状に書いてくれた。それに自分には出会いの神様がついてくれている。自分はもう少しじっくりとこの問題に取り組んでみるべきではないか。そのためには今のような付け焼刃の知識ではだめだ。1から体系的に勉強する必要がある。しかも会社の外で。
　部長に相談してみようか。部長はなんて言うだろう。せっかく自分を右腕として（と言っては思い上がりかもしれないが）引っ張ってきたのだから，だめだって言うかな。

本書も最後の章となりました。そして最も難しいテーマを残してしまいました。このテーマは，決定版といえる確固たる理論がまだ存在せず，研究界，産業界ともに現在進行形で議論が続いています。ですが，創造性とイノベーションのためのインセンティブ・システムの模索は，本書を執筆するにあたり避けては通れない議題であり，かつ僕が最も挑戦したいテーマでもあります。研究界でも模索が続いているということで，学術論文（つまり難解な英語の論文）の引用が多くなりますが，ぜひお付き合いください。

10.1 職務発明のあり方と発明を促進するインセンティブの模索

本章のストーリーでは，知的財産部に配属された中島さんが，技術者が研究開発に取り組む動機や，彼らに対する報奨制度のあり方について悩む様子が語られました。このことは今，多くの企業で共通の課題となっています。

本書を執筆している2014年秋の時点で，従業者が仕事で行った発明の特許権が，「従業者のもの」から「使用者のもの」へと変更になる見通しとなりました。従業者が発明の対価を求めて企業を訴えるリスクを低減し，より特許を活用しやすくするのが第一の狙いです。そしてその際に従業者が不利にならないよう，政府は適切な報奨を企業に義務づける方針となっています。そこで議論の焦点は，どのくらいの，どういう報奨が適切か，という点に移っています。

特許権の帰属が問題となったのは，2000年代前半に発明の対価を巡る訴訟が相次いだからだと言われています。オリンパスの元従業員がビデオディスク装置の特許を巡って同社を訴えた訴訟で，最高裁が2003年4月に，「会社が決めた報奨額が発明の対価に満たないときは，従業者は不足額を求めることができる」として同社に約230万円の支払いを命じる判決を出しました。

2004年1月には東京地裁が，青色発光ダイオードでノーベル物理学賞を受賞した中村修二さんが勤めていた日亜化学工業に対し，200億円の支払いを命じる判決を出し，最終的には8億円超で和解が成立しました。

従業者が職務上行った発明のことを職務発明と呼びます。日本においては，職務発明に係る特許を受ける権利は原始的に従業者に帰属し，使用者である企

業はその権利を従業者から譲り受けるため,「相当の対価」を支払うことが特許法第35条で規定されています。かつて日本企業の技術者は,すばらしい発明をしたとしても,数千円や数万円の報奨に甘んじてきた経緯がありました。先に挙げた訴訟事例は,その「相当の対価」の適正額を巡った争いという性質があります。

そこで企業側も対応に乗り出しました。例えば,従業者が発明を会社に譲渡する見返りに,特許出願時と登録時に報奨金を支払うほか,特許の活用が収益に結びつけば,それがどの程度売り上げに貢献したかを算定した上で,報奨金を積み増す制度の運用を始めたところもあります。

このような対応によって,訴訟は減少傾向にあると言われていますが,使用者側は「依然として巨額の対価を求められるリスクは残っている」として,さらなる見直しを求めていました。つまり,特許法第35条を見直し,職務発明の権利を原始的に使用者帰属とする法改定です。

使用者側の懸念は,先の最高裁の判決「会社が決めた報奨額が発明の対価に満たないときは,従業者は不足額を求めることができる」にあります。発明は,いつ花開くかわからない,非常に不確実性の高いもので,しかも花開くまでには発明者以外にも多くの従業員が関わります。期間的には,20年,30年かかってもまったく不思議ではありません。それが,現行法では「この製品の発明は自分がしたのに,対価が不足している」として,事後的にいつでも対価を請求できることになります。

使用者側からの提言であることもあって,「会社は社員の権利を取り上げようとしている」といった風潮の報道も見受けられますが,仮に職務発明を使用者原始帰属とすることで,従業者の発明意欲をそいでしまうことになるとしたら,これは会社としても大きな損失であり,当然,使用者側の本意ではありません。実際に今回の法改定では,使用者側が権利を持つことで従業者に対する対価を低く抑える懸念が指摘されましたが,最終的には現行の対価請求権か,それと同等の権利を従業者に保障することで決着がつけられようとしています。

つまりこの議論の背景には,職務発明に対する技術者のインセンティブを高めたいというモチベーション・マネジメントの側面と,特許の運用に関する予

測不可能なリスクを低下させたいというリスク・マネジメントの側面が存在し，この両者の間でせめぎ合うジレンマが見え隠れしています。

法律をどう規定するかは非常に重要な問題ではありますが，その本質は「使用者と従業者の対立を防ぎつつ，いかに技術者の能力を最大限に引き出すことのできる報酬の仕組みを確立できるか」，という点につきます。

今回の法改定で社内対立などのリスクは低下することが期待されます。あとは適切な報奨を促すためのガイドラインをどう作成するかです。政府は報奨金や昇進，留学，研究費の増額などで社員の権利を保障する方針を示していますが，何より企業ごとの創意工夫や自主性が尊重されるべき，まさに企業戦略上の課題といえます。

そこで次節からは，どのような報酬が創造性，生産性，イノベーションを高めるのか（あるいは低めるのか）について，さまざまな科学的実証研究の結果を議論します。報酬といえば金銭が代表的存在ですが，そもそもお金は技術者の創造力を高めるのか否か？　そういったこともまだ科学的に決着がついていない問題なのです。

10.2　外的報酬は知識創造性を高めるか？

業務に対する報酬の設定と聞くと，多くの方は「成果主義」という言葉を連想するのではないでしょうか。そして特に日本の場合，「成果主義」の導入は半ば自動的に「年功序列主義」の否定に直結した印象を与えます。ただし，成果主義の考え方は特に新しいものではなく，「金一封」に代表されるように日本社会にも古くから浸透していました。

ただ，金銭による報酬の付与は，もらえなかった人たちに対しても強いメッセージ性を帯びていること，金額の大きさのみが独り歩きしてしまうことなどから，非常にナイーブな扱いとなっていたことも事実です。ですから，「今日は俺のおごりだ！」と言って，上司がチームの功績をねぎらう方が一般的でした。これも業績に対する報酬であり，成果主義の一スタイルです。

このような，職場内コミュニケーションの重要な役割を担っていた"ノミニ

ケーション"が減ったと言われる理由として，若手のプライベート重視傾向が指摘されていますが，僕はこのような上司（会社）によるねぎらい（おごり）の場が減ったことの方が大きいと考えています。ではなぜ減ったのかというと，①成果自体が挙がりにくくなった，②年功序列の崩壊により上司の金銭的余裕が少なくなった，③社員が飲食に使える経費（制度）が少なくなった，といった理由が大きいと思います。①は産業全体の問題であり，②と③は①の結果，発生する事態という意味で，本質的には同じことを指しています。

やや脱線してしまいましたが，"一杯おごり"も成果を出したあとであれば，成果主義の1つといえます。しかし，このように成果に連動させた報酬や評価の設定は，人的資源管理の中でも，従業員のモチベーションに影響を与える重要な意思決定領域であると認識されたのは，比較的最近のことといえます（Gerhart and Rynes, 2003）。日本では1990年代に入ってから特に注目され，実践されるようになりました。ただし，あまりうまくいっていない，というのが多くの人の印象だと思います。実際，率先して成果主義を導入した大企業の例は広く公開され，成果主義の難しさを世に知らしめました（城，2004）。

これらの企業では，従業員のモチベーションを高めるために，経営者は成果連動型の報酬や評価システムを導入するなど，さまざまな外的報酬の制度設計を行ってきました。これらの効果が期待されたほど上がらなかったのは，いくつかの理由にまとめられています。妥当性のある評価基準を作成できなかったこと，人材の流動性が低く客観的評価が行われなかったこと，成果主義のそもそもの目的が人件費の抑制にあったこと，などが代表的理由です。それらをすべて議論すると，あっという間に紙面がなくなりますので，ここではその理由の1つ，外的報酬の職種横断性について考えてみたいと思います。

外的報酬の職種横断性，つまり職種によって仕事への動機づけられ方は異なり，外的報酬によってモチベーションが高まる職種とそうでない職種があるとすれば，成果に基づいた報奨制度を一律運用することには無理が生じます。短期で明確な成果が出る仕事もあれば，長期にわたって企業にとっての価値が定まらない仕事もあります。前者の例が生産性の向上やコストカットであり，後者の例が研究開発，新事業の創出，イノベーションになります。そして特に後

者に対する成果報酬の導入は，望ましくない特徴も有しています。

第一に，成果に対する不確実性が非常に高いことがあります。成果に対するリスクが高い場合には，成果に応じた報酬よりも固定給の割合を高くすることが，企業にとっても従業員にとっても望ましいと言われています。なぜなら，業績給の変動幅を大きくすればするほど従業員はリスク回避的となり，結果的に不確実性が高まるほど，業績給に対する効用が低下するためです。報酬とリスクテイクの関係については，また後ほど議論します。

第二に，実績に応じた報酬に伴う評価の難しさがあります。繰り返しになりますが，創造的な仕事の成果が実際に企業の業績となって結実するには，長い時間が必要になります。その間，当該事業には多くの従業員が関わります。彼らの貢献度を公正に評価することは実質的に不可能といえます。

これらの望ましくない特徴を回避しながらも，従業員の創造意欲を高め，企業の業績を向上させる外的報酬は設定可能なのか？　本章ではこのリサーチ・クエスチョンに対し，主に経済学および心理学において蓄積されてきた知見を整理していきます。

(1) 外的報酬は知識創造性を高める

まずは，外的報酬は知識創造性に対しプラスの効果があるという結論を下した研究成果を見てみましょう。ここでもこだわっているのはあくまでも知識創造性になります。逆にいうと，あまり創造性を必要としないようなタスク，例えば数字の打ち直しや手紙の封をするといった作業については，すでに多くの実証研究によって外的報酬の付与が生産性を高めるという結果が認められています (Sillamaa, 1999 ; Dickinson, 1999 ; Fahr and Irlenbusch, 2000 ; Falk and Ichino, 2006)。要するに，単純な作業効率を対象とした場合は，お金やその他の外的報酬を付けてもらった方が燃える，ということで，これは想像に難くないところだと思います。

それでは，改めて知識創造性を対象とした場合はどうか？　ここでは2つの実証研究結果をご紹介します。まず1つ目は，ハーバード大学のジョシュ・ラーナー（Josh Lerner）教授とペンシルバニア大学のジュリー・ウルフ（Julie

Wulf）教授の論文です。彼らは，1990年代において研究開発型のアメリカ企業の多くが，研究開発者の報酬制度を短期的な報酬（給与，ボーナスなど）から長期的な報酬（ストックオプションや制限つき株式）へと切り替えたことを問題意識として，実際にこの取り組みが成果につながっているのか？ つながっているとすれば，どのような成果になっているのか？ という点を検証しました（Lerner and Wulf, 2007）。

その結果，長期的な報酬を付与した場合，独創性が高く被引用数も高い特許件数の増加が見られました。これは高い技術力を表す指標になります。一方，短期的な報酬とこれらの指標との相関は得られませんでした。

なお，ストックオプション（Stock option）とは，簡単にいうと株を一定価格で購入する権利のことです。ですので，実際にその株を決められた額で買っておいて，市場における株価が上がった時に高値で売ってしまえば，差額がそのまま収入となります。もちろん，そのまま株をキープすることもできます。また，制限つき株式（Restricted stock）とは，一定の株を数年に分けてもらう権利のことで，換金するタイミングに制限が設けられている場合が多いため，このような命名になっています。

次に，日本の結果も1つご紹介しましょう。全国イノベーション調査という大規模なアンケート調査から得られたデータを使って，僕と摂南大学の西川浩平専任講師が分析した結果です。この研究では，文部科学省科学技術・学術政策研究所が実施した「第2回全国イノベーション調査」の企業レベルの個票データを用いました。このデータベースには，従業者数が10人以上となる4,579社のイノベーション活動の実態が収納されています。

分析の結果，次の2点が外的報酬の正の効果として明らかになりました（金間・西川，2014）。第1に，研究成果に基づく評価制度や報奨制度を導入している企業ほど，新製品や新サービスを市場投入している傾向にありました。第2に，研究成果に基づく評価制度を導入している企業ほど，高い技術的優位性を有する新製品や新サービスを開発していました。ここでいう技術的優位性とは，競合他社が同一の新製品や新サービスを開発するまでに要する期間の長さで測定されています。つまり，競合他社が同一の新製品を作るまでにかかる時

間が長ければ，それだけ技術的優位性が高いということです。

　これらの他にも，外的報酬を設定することで知識創造性やイノベーション力が向上したとする研究結果は多数存在します（Manolopoulos, 2006；Lazear, 2000）。これらの研究は企業の研究開発活動に着目し，研究開発者に外的報酬が設定されることで，企業レベルで研究開発の成果が向上したことを定量的に示しています。

　ただし，このような研究でも，単純に外的報酬に効果あり，と結論づける報告はほとんどなく，プラスの効果の背景にはさまざまな条件が絡んでいたり，追加して検討すべき課題が付与されているのが大きな特徴といえます。いわばほとんどの研究が"条件づき効果あり"という結論を示しています（Claudio and Federica, 2012；Casadio, 2003；Brandolini et. al. 2007）。

　例えば，研究開発者に対する外的報酬の効果は，一部の成果指標にしか反映されないとする先行研究も多く見受けられます。僕の友人でもある大阪工業大学の大西宏一郎専任講師は，日本企業を対象に発明報奨制度が米国特許件数ならびに被引用回数に与える効果を検証しました。その結果，発明報奨制度は被引用回数を増加させるが，特許件数自体は増加させないと結論づけています（Onishi, 2013）。

　先ほどご紹介した金間・西川（2014）でも，研究成果に基づく評価制度や報奨制度の導入と新製品・新サービスからの収益の間には統計的な有意性は見いだせませんでした。つまり，評価制度の導入は技術的優位性を高める傾向にあることはわかりましたが，それが収益に寄与しているという結論までは得られませんでした。

　このような「時と場合による」と主張した研究群の一角に，マルチタスク問題を扱ったものがあります（Holmstrom and Milgrom, 1991）。マルチタスク問題とは，複数の業務を持つがゆえに発生する問題です。通常，多くの従業員は一度に複数の仕事を抱えています。難しく聞こえるかもしれませんが，例えば飲食店のアルバイトでも，接客，清掃，会計，配膳など複数の仕事をこなしていることがわかります。マルチタスク問題はこのような状況下で発生します。

　例えば，ある従業員が実績を容易に測定できるタスクと測定が困難なタスクの両方を行っている場合，外的報酬は前者のタスクに基づいて付与されやすい

第10章　創造性とイノベーションを高めるインセンティブ・システム　| 219

性質があります。飲食店のアルバイトの例でいうと，接客であれ清掃であれ，基本的に数（回数）は容易に測定できるため，それらが成果指標とされやすい，ということです。そのため，測定が困難なタスク（接客の質，清掃の質など）は評価が難しいために，それらのタスクに対するモチベーションが低下するという考え方です。これを防ぐには，定期的にマネジャーなどが部下の仕事ぶりをチェックする必要があります。つまり，追加のコストが必要となります。

　このマルチタスク問題については，議論を深めることで重要な示唆を与えてくれるので，後ほど改めて検討します。

（2）外的報酬は知識創造性を高めることはない

　心理学の領域でも，古典的には外的報酬は人の働く意欲を高め，生産性を向上させると考えられてきました。それが1950年代以降，この考え方に異議を唱える研究報告が多く見られるようになりました。その潮流の最も代表的な研究が，第3章で登場したデシらの内発的モチベーションに関する一連の研究になります。

　実はデシの研究結果に対しては，批判も多く集まっています。特に外的報酬が内発的モチベーションを阻害するとしたアンダーマイニング効果については，その存在を否定する研究結果も多く存在します。そのたびにデシらは，批判を受け止めながら研究を前に進めてきた様子が伺えます。例えば，いかなる外的報酬にも「統制的側面」と「情報的側面」があり，「統制的側面」を持つ外的報酬のみが他者をコントロールすることを目的に使用され，その結果アンダーマイニング効果を引き起こす可能性があると主張していることなどです。

　以降では，外的報酬が創造意欲やイノベーション活動のパフォーマンスの向上に効果がなかった，あるいはマイナスに作用したと結論づけた報告を検討してみましょう。

　本章の冒頭でもご紹介したように，研究開発者に金銭的なインセンティブを与える代表的な制度として，発明報奨制度があります。発明に対して何らかの報酬を設定することで，発明に対する意欲を高めてもらうことがその第一義で，発明が促進されることは経済発展に資することから，法律でも発明者の権

利は保障されています。

　しかしながら，金銭的報酬の設定よりももっと重視すべきモチベーションが存在すると主張する研究報告も多く存在します。その一例として，ジョージア工科大学のヘンリー・ソアマン（Henry Sauermann）教授とデューク大学のウェズリー・コーヘン（Wesley Cohen）教授が発表した論文をご紹介します。彼らは，アメリカにおける1,700人以上の博士号を持つ研究開発者から得られたデータを用いて，彼らのモチベーションとパフォーマンスの関係を分析しました（Sauerman and Cohen, 2010）。

　その結果，知的探究心によって動機づけられた研究開発者は，最も多くの時間を仕事に費やし，かつ多くの特許発明を行っていたことがわかりました。独立した環境や金銭的報酬にもプラスの効果は見られるものの，知的探求心ほど高くはなく，また安定した職の保証や責任の付与はマイナスの効果が示されました。

　また，先と同じように日本の例もご紹介します。一橋大学の長岡貞男教授らの研究グループは，日本，アメリカ，ヨーロッパの各特許庁に特許出願した発明者を対象とした，大規模なアンケート調査を行いました。その中で，日本のデータとしては3,658件の調査票を回収しました（長岡・塚田，2007）。この調査の中で設定した発明の動機として何が重要かという問いに対し，「チャレンジングな技術課題を解決すること自体への興味」が最も多くの回答を集め，「科学技術の進歩への貢献による満足度」が次に続き，「金銭的報酬」「名声・評判」「キャリア向上やより良い仕事に就く機会拡大」等を大きく上回る結果が得られました。

　これらの研究報告のように，内発的モチベーションを重視する研究者の多くが，発明に対する意欲を高めるには外的報酬はあまり効果的ではないという研究結果を発表しています（Lee and Maurer, 1997；Jindal-Snape and Snape, 2006）。

　以上，外的報酬にはあまり効果がなく，内発的モチベーションを重視するよう主張した研究報告は多数存在します。しかしながら，ここにも重大な問題が介在します。それは実行可能性です。実務的な視点から見ると，内発的モチベーションを高めるようなマネジメント体系に成功した例はいまだに多くありません。これは，現在のマネジメント手法の多くが，主に外発的モチベーションを刺激することで企業活動の生産性を高めるように設計されてきたためです。内

発的モチベーションは文字通り外部から直接管理することはできず，間接的な環境の構築によりもたらされる以外に方法がないことがその理由とされます。

そのような企業環境の中で行った調査研究である以上，外的報酬に対する課題や不満はすでに多く顕在化している一方，内発的モチベーションの重要性を主張することは，どちらかというと理想を追い求める形になります。つまり，フェアな比較構造になっていない可能性があるわけです。したがって，実際に現場に適用させてみたら想定していなかったさまざまな課題が浮上してきた，という懸念は拭えません。

10.3　考察とモチベーション・マネジメントの8つの提案

ここまで議論してきた通り，外的報酬の効果は，まさに一長一短ともいえる様相を呈しています。外的報酬は，単純作業の生産性向上に効果があるというのは間違いなさそうですが，発明やイノベーション活動など，知識創造性を必要とする場合には効果がない，あるいはマイナスの効果があるという可能性も否定できません。

さらに現実的には，たった1つの外的報酬が，プラスとマイナスの両方の効用を同時にもたらす可能性も考えられます。例えば，成果に連動した報酬の導入は非生産的な従業員の報酬を減額する作用があるため，結果的に彼らを企業の外へ送り出す効果があります。一方，生産的な従業員はさらに意欲を高め，企業内に残ります。このことにより企業は生産性を向上させます（Lazear, 2000）。

しかし，成果に連動した報酬を導入することで，従業員は人件費の配分をゼロサムゲームと認識して，同僚と協力する意欲を低めることがあります（Pfeffer and Langton, 1993）。近年の企業活動は個人の能力に加え，多様なコラボレーションが不可欠とされることから，評価や報酬格差の拡大は，全体として企業の生産性を低下させる可能性があります（Pfeffer and Langton, 1993）。

この例は，外的報酬の設定がプラスとマイナスの効果を同時発生させる可能性を示しています。実に悩ましい問題です。

改めて，経営者はどのようなモチベーション・マネジメントを採用していけ

ば良いのでしょうか？ ここでは，そのヒントとして8つの提案を試みます。これらの提案は，それぞれが独立しているわけではなく，組み合わせて活用することで効果が発揮されると考えてください。

10.3.1 外的報酬の短期的効果と長期的効果を使い分ける

1つ目は，外的報酬の性質を短期と長期にわけて考えることです。外的報酬には短期的な効果と長期的な効果があり，直接的な金銭的報酬はもっぱら短期的なパフォーマンスの向上に資するものの，長期的なパフォーマンスの向上には効果がないという研究報告が出されています（Lerner and Wulf, 2007）。この場合の長期的なパフォーマンスとは，出願された特許の質や実用化された発明の数などで測定されています。

また，Gneezy et. al. (2011) は，金銭的報酬のさまざまな設定方法を検討した上で，金銭的報酬が創造的作業にも効果があることを示し，すべては報酬の設定方法次第であることを主張しました。

その他にも，Lerner and Wulf (2007)，Francis et. al. (2010)，Yanadori and Marler (2006) では，ストックオプションなど，より長期的な外的報酬の付与がその鍵だと結論づけています。このような方策を導入することで，長期戦となるイノベーション活動の強化につなげることができると考えられます。

これらを裏づける最近の研究としては，Yanadori and Cui (2013) が，すでにベースの報酬に満足している人にとっては，追加の金銭的報酬は短期的に効き，非金銭的報酬は長期的に効くという結論を示しています。

したがって，企業は，向上させたいパフォーマンスが短期的なものなのか，あるいは長期的なものなのかを判断した上で，それぞれ異なった外的報酬の設定を行うことが望ましいと考えられます。具体的には，直接的な金銭的報酬は短期的な成果を上げたいときに用い，もう少し長期的な成果を上げたい場合は，同じ金銭的報酬でもベース昇給，分割報酬（出来高払い），ストックオプションの付与などを活用します。さらに長期的な成果やコミットメントを狙いたい場合は，非金銭的報酬である昇進，自由の付与，外部との交流や学習機会の付与，留学機会の提供などが考えられます。この件は，10.3.7でさらに詳

細に検討します。

10.3.2 マルチタスク問題に対応する

　10.3.1の考え方は，マルチタスク問題への対応にもつながります。マルチタスク問題とは，複数の業務を担っている従業員に対し，そのうちの一部の成果によってのみ報酬を与えることで，報酬が設定された業務にばかり労力をつぎ込むようになることでした。これは，成果に連動させやすいタスクと連動させにくいタスクがあるために，容易に回避できない問題となっています。成果に連動させにくいタスクとは通常，結果が不確実なタスクや質に関するタスクが該当します。

　現実に，多くの従業員は複数のプロジェクトや事業に参加しているケースが多いでしょう。しかも，それらのターゲットや事業ステージも一様ではないため，特定の成果に対する外的報酬の付与は，容易に従業員のモチベーションを報酬付タスクへ集約させてしまうでしょう。これが，一般的に課題となっている，長期的でハイリスクなタスクから，短期的で成果の得やすいタスクへと誘引してしまう大きな要因となっています。四半期会計システムの導入による株主からの評価が，まさに企業を短期的収益へ走らせる原動力となっているように，報酬や評価というのは，人や組織の焦点を容易に操ることができます。

　しかし，逆にマルチタスク問題の所在を理解できれば，積極的にこれに対応していくことも可能です。例えば，引き出したいパフォーマンスに対し直接的に報酬を設定することで，そのパフォーマンスを向上させることが可能だとすれば，あとはその報酬の対象としていないタスクのパフォーマンスは，ある程度低下することが予期されます。つまり，事前に対策を講じることも可能となるわけです。

10.3.3 主観的指標を活用する―測定できることは達成できる―

　それでは，成果に連動させにくいタスクとは具体的にどんなものがあるか？それらのパフォーマンスを向上させるにはどのような方策が考えられるか？

　そのヒントは，すでに10.3.1で登場しています。それは長期的な視点と

非金銭的報酬の役割です。ここからは，さらに具体的に掘り下げてみましょう。

「測定できることは達成できる」という言葉があります。説得力のある言葉ですが，ここではより正確に，次のように言い変えたいと思います。「測定できることに人は注意を奪われる」。

世界的な大企業の多くは，財務ベースの評価指標を用いています。単純なROI指標から正味現在価値計算，リアルオプション分析なども現場では適用されています。しかし，これらの企業では同時に，イノベーション関連の評価指標には非財務的な指標の方が適していると考えているのも事実です。そのため，これまで膨大な労力と時間を非財務指標の開発に費やしてきました。これらのプロジェクトは原則として，客観的に測定可能な指標を作ることを目標としてきました。しかし現段階では，決定的な指標は開発されていません。

僕は客観性にこだわるあまり，答えが見つけられなくなるよりは，主観的指標に頼る方が現実的だと考えています。主観的指標というのは，アンケートや，上司らのモニタリング，同僚からの評価（ピアレビュー）などです。主観的指標であれば，基本的に知りたいことは何でも測定対象とすることが可能です。アンケートによって顧客満足度を，上司からのモニタリングによってチーム内のコミュニケーションを，ピアレビューによってチームへの貢献度を測るといったことが可能です。これらの指標は，導入する時にはかなりの負担となりますが，一度軌道に乗ればあとは改善していくことができるようになります。

10.3.4 中程度の難易度の目標を設定する

前章をお読みいただいた方なら，この小見出しを見ただけで僕が何を主張したいかを理解されるかもしれません。評価を行う際，特に主観的な評価が入る場合は，事前に目標を設定することが一般的です。先ほど述べた通り，主観的評価は便利でさまざまな目標に対応できます。現在は，目標管理シートなどを作成し，上司との面談を通してシートを埋めていく作業が行われていますが，項目が膨大であったり，疑問視されるような内容が含まれていたりと批判的な声も聞かれます。そのため，評価というよりは，コミュニケーション・ツールとして活用しているケースもあるようです。

ただ，目標の水準をどの程度にしたら良いのかは悩ましい問題です。部下からの自主申告は，個人の自律性を尊重するという意味では望ましい方法ですが，リスク回避型の人ほど容易に達成できる水準の目標を申告しがちになります。それを認めると，野心的でがんばり屋な人ほど高い目標を設定するために，結果的に低評価に甘んじなければならないという本末転倒な事態になりかねません。

そこで，マクレランドらが示した「中程度の難易度（実現可能性が 0.3 から 0.5 程度）」という水準は，現実的にも理にかなっていると思われます。これは達成動機の高い人にしか有効性は証明されていませんが，パワー動機や親和動機が高い人は目標の水準ではなく，評価項目の多様さでモチベーションを刺激することが可能です。また，これら 2 つの動機が高い人には，次に紹介するチーム評価の導入をお勧めします。

10.3.5　チーム評価を導入する

おそらくまったくの個人で完遂できる仕事というのは，ほとんど存在していないでしょう。チームは最初に決めた共通の目標に向かって，互いに協力，サポートし合っていかねばなりません。そしてそのためには，やはりインセンティブが必要です。

チームに対する評価項目の設定は，個人に比べれば比較的容易な場合が多いです。なぜなら，チーム単位の方が，組織全体の目標や戦略に整合させやすいからです。逆にいえば，組織全体の目標をチームごとに分解し，それをマイルストーンとした目標の設定が可能です。

ただし，タスクのほとんどがチーム活動であるからといって，チーム内の個人の実績評価をまったく行わないのはお勧めできません。個人の重要な実績を無視した評価制度を導入すると，従業員の間で制度が不十分だという不満が募り，最も優秀な人材から順に退職してしまうという悪循環を招く危険性が高まります。

「優秀な人から辞めていってしまう」という声はいたるところから聞かれるものですが，その多くが組織やチームを重視するあまり，個人をないがしろにした結果だと僕は見ています。実際には，容易に個人評価を設定することができなかったり，専門性の高い組織，例えば病院や大学，政府，自治体などでは

その傾向が強いように思われます。

　チームメンバーに個人評価を持ち込むと，チーム内に亀裂が生じるのではないかという懸念も聞かれます。その点について，Sarin, Shikhar and Mahajan (2001) は，個人評価に基づく個人報酬の導入とチームメンバーの高い満足感には，強い相関関係があるという研究結果を報告しました。つまり，チーム一律の報酬のみよりも，個人評価とのハイブリッド型にした方が，メンバーの満足感は高まると考えられます。

　なお，「辞めていってしまう優秀な人」の真逆の位置にいる人を「フリーライダー」（チームの業績にただ乗りする人）と呼びます。このような人を異動，ないしは排除する権限はチームリーダーに与えておくことも必要です。実際に異動や解雇を通達することは容易ではありませんが，チームリーダーにはそのような権限がある，というシグナルをメンバーに発信するだけでも一定の効果は見込めます。

10.3.6　相対的評価と絶対的評価のバランスを確保する

　目標は，他のプロジェクトやチームとの相対的な比較で決めることができます。そして，相対的な評価は管理しやすいのが大きな利点となっています。そのため，マネジメント側としては，相対的な目標を導入しようという誘惑に駆られます。

　相対的評価が頻繁に活用され，かつある程度有効に機能している例としては，小売業や外食産業がわかりやすいでしょう。これらの産業のチェーン店などでは，店舗ごとに売り上げ目標が決められるのと同時に，各店舗を競争させ，最も評価の高かった店舗を表彰するといった取り組みが日常的に行われています。絶対的評価と相対的評価が有効に結びついている例と考えられます。

　また，相対的評価は客観的指標を持って行われることが多くなりますので，その分，評価の信頼性も高まります。

　しかし，この仕組みをそのまま社内に取り込んでも，うまくいかない可能性も高いでしょう。最大のデメリットは，組織内の「縦割り化」を助長してしまうことです。部署間やチーム間に対立関係を持ち込むことになるので，本来必

要なコミュニケーションが阻害される危険性が高まります。

　このことは，個人の相対的評価を行うときも同様です。個々を競わせたい場合は有効に機能しますが，本書が焦点を当てている創造性やイノベーション活動となると，コミュニケーションの低下という弊害は極めて甚大となりますので，導入には注意が必要です。

　このように，相対的評価は競争の導入と密接な関係にありますので，詳しくは改めて第5章の解説をご確認ください。

10.3.7　報酬の支給方法，タイミング，強度を考える

　これまで見てきたように，外的報酬には多くの種類と特徴があり，これらを適切に組み合わせなければなりません。金銭的報酬だけでも多様な選択肢がありますが，特にインパクトが大きいのは固定給（の昇給），業績給（臨時ボーナス等を含む），持株制度，ストックオプション制度です。また，直接的な金銭的報酬ではありませんが，昇進，現物支給（旅行券など）も同様に大きな効果があります。

　これらの報酬を，ここまで議論してきた評価方法にしたがって配分するわけですが，そのときに注意したいのが支給方法，タイミング，そして強度です。すでに議論した通り，現金での支給は，ノルマの達成など，比較的短期間で結果の出る行動の報酬として向いています。一方，株式の付与やストックオプションは，長期的な視野を持った行動が求められる場合に有効な報酬といえます。

　そうはいっても，例えば大企業の従業員に株式関連の報酬を与えたとしても，長期的な行動を動機づけることができるかどうかはわかりません。というのも，大企業では個人の活動が株価に影響する可能性は極めて低いため，直接個人のパフォーマンス・アップを引き出すことは難しいといえます。どちらかというと，功労賞的な性質を帯びた報酬といえるでしょう。

　ただし，直接パフォーマンスに影響を与えることができないからといって軽視はできません。個人の努力や功労に報いることは，愛社精神を高め，強いコミットメントを引き出すことができます。コミットメントは，直接的に報酬を付与することが難しい行動―例えば，自発的な学習や他部署への情報提供など―を動機づけるのに効果的な方策となり得ます。その意味では，まさに創造性や

イノベーション活動に向いた支給方法といえるかもしれません。

　支給のタイミングとは，例えば現金による報酬であっても，一括で支給するのか，それとも分割して支給するのかでその意味は変わってきます。最近では，プロスポーツの世界でも，固定給（年俸）＋出来高払いという仕組みが一般的になってきました。報酬の一部を出来高払いにすることで，成果を挙げ続けるモチベーションを刺激することができます。ストックオプションは，権利が確定するまで通常であれば5年程度の期間が必要ですから，権利確定まで動機づけし続ける効果が期待できます。

　ただし，ここにもデメリットが存在します。あまりに出来高分を大きくすると，その人の能力や内発的モチベーションを信頼していないというシグナルを送ることになります。

　そこで必要となってくるのが報酬の強度のバランスです。固定給と業績給の2種類をとっても，1か0かの関係ではなく，実際には無数の配分割合が存在します。固定給99に対し業績給1がいいのか，あるいはその逆がいいのか。それともその中間に最適解が存在するのか？　これを突き止めるのは容易ではありませんが，主観的な印象なども活用することで，かつてこの問題に挑んだ研究がありました。

　スタンフォード大学のアントニオ・ダビラ（Antonio Davila）教授は，創造性が業務上，非常に重要な要素となる業種として，医療機器メーカーの製品開発部門を選択し，マネジャーらに対し質問調査を行いました。同社は変動幅の大きな業績給の報酬体系を導入していることから，全報酬における業績給の割合と，実際のプロジェクトの実績の印象を質問しました。

　その結果，業績給の割合と実際のプロジェクトの成果との間には，逆U字型の関係があることを示しました（図表10－1）。すなわち，縦軸にプロジェクト実績の印象を，横軸に報酬全体における業績給の割合をとると，業績給が低いうちは，業績給の割合が増えるのに従い，プロジェクトの実績も向上します。しかし，ある段階で実績はピークを迎え，それ以降は業績給の割合が増えるとともに実績は低下していきます。なお，実績のピークは，業績給が18％のときとのことでした。

第 10 章　創造性とイノベーションを高めるインセンティブ・システム ｜ 229

図表 10 − 1　全報酬における業績給の割合とプロジェクト成果の関係

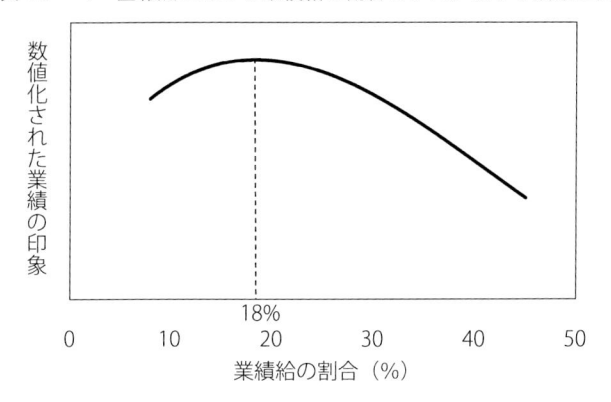

（縦軸：数値化された業績の印象／横軸：業績給の割合（%））

0　10　18%　20　30　40　50

（トニー・ダビラ他「イノベーション・マネジメント」スカイライト・コンサルティング訳，英治出版，p.287 より）

　ダビラは論文の中で，「実績のピーク値そのものはあまり重要な情報ではない」と述べています。それは業種やプロジェクトの種類，従業員のタイプなどによって変化するからです。より重要なのは，どのようなインセンティブ・システムでも，報酬が強まることで実績が低下する可能性があるという点にあります。また，ピーク値付近を見つけることは可能であることも，この研究結果から示唆されます。

10. 3. 8　プロセス評価を導入する

　イノベーションのビジネスモデルを最もシンプルに表現すると，図表 10 − 2 のようになります。通常，インセンティブの付与を考えるとき，インプット，アウトプット，アウトカムのいずれかを想定しがちになります。しかし，これまでの議論から，それらへのインセンティブだけでは十分ではないことがわかってきました。逆に不足しているのは，プロセスに対する評価です。

図表 10 − 2　イノベーションのモデル

インプット → プロセス → アウトプット → アウトカム

プロセス評価の議論に入る前に，まずはインプット，アウトプット，アウトカムの各測定項目を整理しておきましょう。インプットは，プロジェクト活動等に投入される資源です。そこには，人材，資金，時間，設備，知識などが含まれます。また，これらを生み出すための仕組みや機会，例えば外部ネットワークや研修機会なども含まれます。より良い成果を上げるためにはインプットの測定は欠かせません。

こうした各インプットを結合して得られるのがアウトプットであり，その作業過程をプロセスと呼んでいます。ここでまず，アウトプットの測定項目を整理しておきましょう。アウトプットは，プロセスから直接的に得られた結果を指します。特許出願件数，技術ライセンス数，新製品の数，販売数，市場シェア，獲得した顧客数などがその代表例です。

最後のアウトカムは，創造した価値を表します。どのような価値を求めるかは企業によって異なりますが，主に各財務指標によって表現されます。営業利益などの単純な指標よりは，EVA (Economic Value Added) など，収益性や収益率を推し量る指標が主流となっています。

なお，似たようなプロジェクトでも，質，量ともに同等のアウトプットを出しながら，アウトカムには大きな開きが見られる場合があります。収益化のビジネスモデルに不備があったかもしれないし，市場形成の機会を逃したのかもしれません。したがって，アウトプットとアウトカムは必ずしも比例はしません。

さて，改めてプロセスですが，これは他の3つの指標とは大きく異なります。プロセス関連の測定指標は，進行中の活動を測るリアルタイム性を帯びています。また，その大小がそのままプロセスの良し悪しには直結しません。したがって，主観的な測定項目も多くなります。例えば，顧客訪問数や社内ミーティング数などは，多ければ良いというものではありません。したがって，求めるアウトプットやアウトカムによって，どのようなプロセスを測定指標とするかは慎重な検討が必要になります。つまり，プロセス評価の実装は非常に難しいといえます。

特に研究開発やマーケティングなど，高い創造性が求められるような活動では，どのようなプロセスを重視するかを決定することは非常に難しいもので

す。インプットからアウトプット，アウトカムまでの距離が遠く，かつその道のりも一様ではない中で，どんな行動を喚起すればいいのか，考えるだけで途方に暮れそうです。

それでもなお，プロセス評価を提案するのは，そこに大きなメリットがあるからです。プロセス評価は他の指標に比べて迅速なフィードバックを可能とします。売り上げ，市場シェア，コストといったアウトプット指標は，プロジェクトや事業の事後評価には有効ですが，これはすでに完了した事柄を測る，遅行型の指標になります。

したがってアウトプット指標は，与えられたプロセスの達成に有効な活動や能力を，チームにも個人にも教えてくれることはありません。皮肉にも，マネジャーは豊富な経験を積んでいるがゆえに，このことを見落としているケースが少なくありません。アウトプットやアウトカムによる評価指標が，創造性の発揮や業績改善の方法をチームや個人に知らせてくれることはないのです。

プロセス評価に対する最大の懸念材料は，評価指標に設定したプロセスを経たからといって，必ずしも成果が上がるわけではないということでしょう。ですが，この指摘は的を射ていません。少なくとも，プロセス評価の重要性を低下させるものではありません。なぜなら，リスク回避的な従業員にとってみれば，成果そのものにインセンティブを付与されても，突然リスクをとってチャレンジする人に変わることはないからです。

そこで，プロセス評価に必要なものとして，次の3点を指摘しておきます。第1に，成果（アウトカム）を求めるのに用いる機能間のプロセスにフォーカスを当て，可能な限りこれを図示すること。第2に，そのプロセスをうまく達成するために，どんな知識や能力が重要かを議論すること。そして第3に，こうした知識や能力を評価する指標を作成することです。

なぜ，この3つなのか。それは実際にこの手順で作成されたプロセス評価を実行してみるとおわかりいただけると思います。評価の策定順序は，第1，第2，第3という流れになりますが，実際に評価を行う際は，第3から逆の手順をたどることになります。

まず従業員は，設定された指標にしたがって評価されます。10．3．3で示

した「測定できることに人は注意を奪われる」という法則により，従業員はこれらの指標で示された能力を伸ばそうと考えます。そうすると，第2の点に記した通り，会社にとって重要であると考えられるプロセスの達成度が向上します。その結果，第1の点で示した通り，求めるアウトカムが向上します。逆にもし，このようなループが機能しないとしたら，手順のどこかに因果関係の断絶が起こっている可能性があるので，各段階をチェックしてみると良いでしょう。

最後に，以上の論点を図表10－3にまとめます。まず，従業員に対し期待する効果を2つに分けました。1つは短期的な効果としての生産性の向上，もう1つが長期的な効果としての創造性の向上です。生産性と創造性は，必ずしも相反するものではありませんが，わかりやすい対立概念として活用します。その上で，インセンティブとして考え得る項目について，両者のキーワードを並べています。

目標や課題の難易度は，直接的なインセンティブ項目ではありませんが，それらをどのように与えるかによって，やはり従業員のモチベーションは上下します。そのため，同図表に加えています。それぞれの具体的な項目は業種や業態によって異なるので，それぞれの組織の中で考えてもらえればと思います。一方で，この図表はまだまだ粗い状態ですので，より精緻化していくことが今後の僕の仕事だと考えています。

図表10－3　インセンティブ項目と生産性，創造性との関係

期待する効果	短期的効果・生産性の向上・インクリメンタルイノベーション	長期的効果・創造性の向上・ラディカルイノベーション
目　　標	厳密	おおまか
報　　酬	現金支給	分割・昇給・ストックオプション
評価指標	客観的指標	主観的指標
評価単位	個人評価	チーム評価
評価対象	インプット・アウトプット	プロセス
比較軸	相対的評価	絶対的評価
課題の難易度	低難易度	中・高難易度

おわりに

ストーリー

　円山英治は，今日何度目かの更新ボタンをクリックした。しかし，画面上では「間もなく発表！」という大きな文字が繰り返し表示されるだけだった。
　9月30日（土）11時58分。この日の正午に，出版社のホームページ上で応募した新人賞の結果が発表される予定だった。
　自信はあるか，と問われれば，よくわからない。だが，まったく歯が立たない，とは思っていなかった。少なくとも，表現したいと思っていた世界観は描けたと思う。原稿を読んでくれた中島さんは「面白いよ！」と言ってくれた。これは，自分への応援も含まれているだろう。星置の第一声は「独特だな」だった。これはむしろ，お褒めの言葉と受け取ってもいいかもしれない。
　指先が緊張で震えるのを感じながら，再び円山はブラウザの更新ボタンにカーソルを合わせた。

　9月30日（土）12時02分。
中島：「えー，それでは，後期開始に先立ちまして，新川ゼミ第2回ランチ会を開催したいと思います。皆さん，もう注文は済ませましたか？」
星置：「あれ，中島さん，まだ新川先生が来てないですよ。あと円山も」
中島：「ふたりはそれぞれ用があって，少し遅れてくるそうです」
白石：「先生，今日は新しいゼミ生を連れてくるって言ってたよ」
中島：「あ，噂をすれば，ちょうど来たみたい」
新川：「すみません，遅くなりました。新しい仲間と待ち合わせをしていたもので。ちょうど良いので，さっそくご紹介します。こちらは大友さん。研究生として新川ゼミに参加されます」
中島：「大友さん，こちらへどうぞ。先生に頼まれていたので，注文は済ませました」
新川：「さっそくですが，大友さん，自己紹介していただけますか？」
大友：「はい。ありがとうございます。大友太郎と申します。今はまだ通信教

育部の1年生ですが，早めに卒業論文の準備をしたいとご相談したところ，ご縁があって新川研究室へ参加させてもらうことになりました。どうぞよろしくお願いします」
新川：「大友さんは体調の都合もあって毎週は参加できないと思いますが，可能な限りゼミに参加して，皆さんの研究の進め方を勉強したいそうです。大友さん，大変恐縮ですが，お年を教えていただいてもよろしいですか？」
大友：「今年，88歳になります」
一同：「ええー!!」
定山：「すごい…」
清田：「大友さん，質問してもよろしいでしょうか。なぜ改めて大学で学ばれようと思ったのですか？」
大友：「そうですね。自分はもともと学者になりたいという夢があったんです。ですが，戦争が終わったのが17歳のとき。その後も技術者として，たいへん忙しく過ごしてきました。大学に行く余裕など，そのときもそのあともまったくありませんでした。ですから，そんな自分の目標もすっかり忘れていました。とにかく家族を養うのに必死でして，技術も会社も，失敗しても後悔する暇などなく，何度でもやり直しました。とにかく『もう1回やってみよう。次は良くなるかもしれない』と。その繰り返しでここまで来ました。
　それでふと思ったんです。勉強も，もう1回やってみようと。自分は技術者ですから，コンピュータを使った勉強にも抵抗はありません。自宅でも勉強できます」
清田：「なるほど」

9月30日（土）12時16分。
星置：「あ，先生，円山が来ましたよ！　マル，結果どうだった？」
円山：「うん。ダメだった」
白石：「そっか…」
円山：「皆さん，ごめんなさい。せっかく応援してくれたのに」
清田：「何言ってるんだよ。まあ座ろうぜ」

星置:「そうだよ。ドンマイ，ドンマイ」
滝野:「先生，何か声を掛けてあげてはいかがですか?」
新川:「そう，ですね…」
大友:「もう1回やってみてはいかがですか?」
円山:「え?」
大友:「もう1回やってみましょう」
円山:「あの…」
大友:「やり続けることは本当に大変です。まして，勝ち続けることなんて，気が遠くなる。ですが，もう1回やることなら誰でもできます。とりあえず，もう1回，やってみてはいかがですか?」
中島:「そうよ。もう1回よ!」
星置:「そうだよ。あの独特な世界観の味わい深さは，数名の審査員だけじゃ理解できないだろうし」
清田:「おい，それは励ましてるのか?」
円山:「うん。ありがとう。わかってる。そうだな，もう1回やってみるよ。実は書いてる途中から挑戦してみたい新たな構想が浮かんでたんだ。みんな，ありがとう」

解説と謝辞

　本書を最後までお読みいただき，誠にありがとうございました。
　僕のような素人が物語を書くのは，大きな困難を伴う挑戦でしたが，それは同時に僕のモチベーションの源の１つでした。また，ひとりで１冊の本を書くというのは，まさに砂漠をひとりで渡り切るかの如くで，一向にゴールの見えない果てしない旅です。そんな中，自分勝手な言い分になりますが，物語の登場人物たちがこの長旅にアクセントとバランスをもたらしてくれました。

　登場人物はすべて架空のものです。ただ，僕の周りの人たちのいろんな側面を，ちょっとずつ拝借して合成しています。また，モチベーション研究を進める中で，大変多くの人たちからお話を聞く機会をいただきました。登場人物の中には，この方たちの要素も少しずつ含まれています。
　また，「おわりに」のストーリーで登場した88歳の大友さんは，実際のモデルが存在します。とてつもない学習意欲に敬意を表し，最後に登場していただきました。
　ここで改めて，皆さまにお礼を申し上げます。ありがとうございます。
　本来であれば，ここでお世話になった方々のお名前を挙げて謝辞をお伝えするところですが，モチベーションを研究している身として，本書ではそれは控えようと思います。その理由は，いくら紙面を割いても，絶対にお世話になった方全員のお名前は書ききれないからです。誰の名前を出して誰の名前を出さないかの線引きはとても難しい一方，結果としてはあまりにも明確な違いが生じます。
　お礼は，お会いしたときに直接お伝えしたいと思います。

　ちなみに，彼らの名前には，わずかな工夫を凝らしています。お気づきにな

りましたか？　縁がなかったり，訪れたことがない方にはちょっと難しいかもしれませんね。

　たった今，執筆は長い旅のようだと申し上げましたが，研究はさらに果てしなく，文字通りの終わりなき旅です。その長さは，僕の寿命をはるかにしのぎます。苦労して岩を山頂に運んでは，転げ落ちる。これを永遠に繰り返す。コラムで書いたシシュポスとは僕のことかもしれないと思いながらも，それでもなお，この岩を少しでも高いところへ置きたい，という気持ちが芽生えます。だから，これからもがんばります。
　本書には，稚拙な点が多々含まれています。ぜひご批判やご意見をいただければ幸いです。フィードバックもまた，僕の重要なモチベーションの源泉の1つですから。

2014年12月
　　　　　　　　　　　雪が積もりだした，北海道・江別市の研究室にて
　　　　　　　　　　　　　　　　　　　　　　　　　　　　　　金間大介

引用文献

はじめに
Amabile, T. (1983) The social psychology of creativity: Springer Series in Social Psychology. Springer.
Amabile, T. (1998) How to kill creativity. Harvard Business Review, September-October 1998, Vol.76, No.5, pp.77-87.
Quinn, J. B., Anderson, P. and Finkelstein, S. (1996) Managing Professional Intellect: Making the Most of the Best. Harvard Business Review, March-April 1996, Vol.74, No.2, pp.71-80.

第1章
市川伸一（2011）「現代心理学入門3：学習と教育の心理学」岩波書店
Gardner, H. (1999) Intelligence reframed: Multiple intelligences for the 21st century. Basic Books.（松村暢隆訳（2001）「個性を生かす多重知能の理論」新曜社）

第2章
Csikszentmihalyi, M. (1975) Beyond boredom and anxiety: Experiencing flow in work and play.（今村浩明訳（2000）「楽しみの社会学」新思索社）
金井壽宏「働くみんなのモチベーション論」NTT出版

第3章
アルフィ・コーン（2001）「報酬主義をこえて」田中英史訳，法政大学出版
Edward Deci and Richard Flaste (1996) Why we do what we do: The dynamics of personal autonomy.（「人を伸ばす力：内発と自立のすすめ」(1999) 桜井茂男監訳，新曜社）
Deci, E. L. and Ryan, R. M. (1985) Intrinsic motivation and self-determination in human behavior. Plenum Press.
Harlow, H., Harlow, M. and Meyer, D. (1950) Learning motivated by a manipulation drive. Journal of Experimental Psychology No.40. p.231.
Murayama, K., Matsumoto, M., Izuma, K., Matsumoto, K. (2010) Neural basis of the undermining effect of monetary reward on intrinsic motivation. Proceedings of the National Academy of the Sciences of USA 107: 20911-20916.

第4章
ゲイリー・レイサム（2009）「ワーク・モチベーション」金井壽宏監訳，依田卓己訳，NTT出版
高橋潔（2004）「組織と公正：機会の平等と実力主義」（二村敏子編『現代ミクロ組織論：その発展と課題』第8章）有斐閣
社会階層と社会移動全国調査：SSM調査研究会編（1998）「1995年SSM調査シリーズ」
佐藤俊樹（2000）「不平等社会日本：さよなら総中流」中公新書
太田肇（2011）「証人とモチベーション：実証されたその効果」同文館出版
明治安田生命（2014）「新入社員アンケート調査」
公益財団法人日本生産性本部・一般社団法人日本経済青年協議会（2014）「新入社員「働くことの意識」調査結果」

第5章
Spence, J. T. and Helmreich, R. L. (1983) Achievement related motives and behaviors. In J. T. Spence (Ed.). "Achievement and achievement motives: Psychological and sociological approaches"

pp.9-74. San Francisco: Freeman.

第 6 章

Herzberg, F. (1968) One more time: How do you motivate your employees? Harvard Business Review, January 1968, pp.53-62.（訳『モチベーションとは何か』ハーバード・ビジネス・レビュー 2003 年 4 月号）

Herzberg, F., Mausner, B. and Snyderman, B. (1959) The motivation to work. New York; John Wily & Sons. (Reprint version 1993. New Jersey: Transaction Publishers.)

讃井純一郎, 乾正雄（1986）「レパートリーグリッド発展手法による住環境評価構造の抽出：認知心理学に基づく住環境評価に関する研究 (1)」日本建築学会論文報告集, No.367, pp.15-22.

金間大介（2013）「大学等に所属する若手研究開発者の研究開発環境と内発的動機づけに関する質的研究：ハーズバーグの 2 要因理論に依拠して」北海道情報大学紀要, 第 24 巻, 第 2 号, pp.1-14.

金間大介（2012）「評価グリッド法を用いた研究開発者のモチベーション構造の分析」技術と経済, No.550, pp.43-51.

第 7 章

Park, D. C., Smith, A. D., Lautenschlager, G., Earles, J. L., Frieske, D., Zwahr, M. and Gaines, C. L. (1996) Mediators of long-term memory performance across the life span. Psychology and Aging, Vol.11(4), pp.621-637.

Kelley, T. and Kelley, D. (2012) Reclaim your creative confidence. Harvard Business Review, December 2012.（飯野由美子訳「IDEO 流創造性を取り戻す 4 つの方法」ハーバード・ビジネス・レビュー, 2014 年 11 月号, pp.62-71）

Spencer, W. D. and Raz, N. (1995) Differential effects of aging on memory for content and context: A meta-analysis. Psychology and Aging 10, pp.527-539.

Ng, T. W. H. and Feldman, D. C. (2012) Age and innovation-related behavior: The joint moderating effects of supervisor undermining and proactive personality. Journal of Organizational Behavior, Wiley Online Library, DOI: 10.1002/job.1802

Rhodes, M. G. (2004) Age-related differences in performance on the Wisconsin Card Sorting Test: A meta analytic review. Psychology and Aging 19, pp.482-494.

Ebner, N., Freund, A. M. and Baltes, P. B. (2006) Developmental changes in personal goal orientation from young to late adulthood: From striving for gains to maintenance and prevention of losses. Psychology and Aging 21, pp.664-678.

Ruth, J. E. and Birren, J. E. (1984) Creativity in adulthood and old age: Relations to intelligence, sex and mode of testing. Int. J. of Behavioral Development 8, pp.99-109.

Artistico, D., Cervone, D. and Pezzuti, L. (2003) Perceived self-efficacy and everyday problem solving among young and older adults. Psychology and Aging 18, pp.68-79.

Kanfer, R. and Ackerman, P. L. (2004) Aging, adult development, and work motivation. Academy of Management Review 29, pp.440-458.

Sturman, M. C. (2003) Searching for the inverted U-shaped relationship between time and performance: Meta-analyses of the experience/performance, tenure/performance, and age/performance relationships. Journal of Management 29, pp.609-640.

Scammon, R. E. (1930) The measurement of the body in children. In Harris, J.A., Jackson, C. M., Patterson, D. G. and Scammon, R. E. The measurement of man. University of Minnesota Press, pp.171-215.

第 8 章

Seligman, M. E. and Maier, S. E. (1967) Faire to escape traumatic shock, Journal of Experimental Psychology, Vol.74, pp.1-9.

Overmier, J. B. and Seligman, M. E. (1967) Effects of inescapable shock upon subsequent escape and avoidance responding. Journal of Comparative and Physiological Psychology, Vol.63(1), pp.28-33.
Hiroto, D. S. (1974) Locus of control and learned helplessness. Journal of Experimental Psychology, Vol.102, pp.187-193.
Seligman, M. E. (1975) Helplessness: On depression, development, and death: A series of books in psychology. New York, NY: WH Freeman & Co.
Koller, P. S. and Kaplan, R. M. (1978) A two-process theory of learned helplessness. Journal of Personality and Social Psychology, Vol.36(10), pp.1177-1183.
櫻井茂男（2009）「自ら学ぶ意欲の心理学：キャリア発達の視点を加えて」有斐閣
櫻井茂男（1997）「学習意欲の心理学：自ら学ぶ子どもを育てる」誠信書房

第 9 章
日本経済新聞社（1975）「消費者は変わった"買わない時代"の販売戦略」
遠藤雄一（2012）「江別市民の生活意識及び購買行動に関する調査」
David Mclelland (1987) Human Motivation. Cambridge University Press（梅津祐良・園部明史・横山哲夫訳（2005）「モチベーション：『達成・パワー・親和・回避』動機の理論と実際」生産性出版）
Iyengar, S. S. and Lepper, M. R. (1999) Rethinking the value of choice: A cultural perspective on intrinsic motivation. Journal of Personality and Social Psychology, Vol.76(3), pp.349-366
Sheena Iyengar (2010) The art of choosing. Grand Central Publishing（櫻井祐子訳（2010）「選択の科学」文藝春秋）
Giacomin, O., Janssen, F., Pruett, M., Shinnar, R. S., Llopis, F. and Toney, B. (2011) Entrepreneurial intentions, motivations and barriers: Differences among American, Asian and European students. International Entrepreneurship and Management Journal, Vol.7(2), pp.219-238.

第10章
城繁幸（2004）「内側から見た富士通『成果主義』の崩壊」光文社
Gerhart, B. and Rynes, S. (2003) Compensation: Theory, evidence, and strategic implications, SAGE Publications.
Dickinson, D. L. (1999) An experimental examination of labor supply and work intensities. Journal of Labor Economics, 17(4), pp.638-670.
Sillamaa, M. A. (1999) How work effect responds to wage taxation: An experimental test of a zero top marginal tax rate. Journal of Public Economics, 73(1), pp.125-134.
Fahr, R. and Irlenbusch, B. (2000) Fairness as a constraint on trust in reciprocity: earned property rights in a reciprocal exchange experiment. Economics Letters, 66(3), pp.275-282.
Falk, A. and Ichino, A. (2006) Clean evidence on peer effects. Journal of Labor Economics, 24(1), pp.39-57.
Manolopoulos, D. (2006) What motivates R&D professionals? Evidence from decentralized laboratories in Greece. The International Journal of Human Resource Management, Vol.17, pp.616-647.
Lerner, J. and Wulf, J. (2007) Innovation and incentives: Evidence from corporate R&D. The Review of Economics and Statistics. Vol.89(4), pp.634-644.
金間大介・西川浩平（2014）「外的報酬とイノベーション活動の成果に関する実証研究」日本知財学会誌，第 10 巻第 3 号，pp.14-25.
Lazear, E. P. (2000) Performance pay and productivity, The American economic review, Vol.90(5), pp.1346-1361.
Onishi, K. (2013) The effects of compensation plans for employee inventions on R&D productivity: New evidence from Japanese panel data. Research Policy 42, pp.367-378.
Claudio, L. and Federica, O. (2012) Performance related pay and firm productivity: New evidence

from a quasi-natural experiment in Italy. IZA Discussion Paper No.6483.
Casadio, P. (2003) Wage formation in the Italian private sector after the 1992-1993 income policy agreements. In Fagan, G., Mogelli, F. and Morgan, J. (eds), Institutions and wage formation in the New Europe, Edward Elgar: Cheltenham, pp.112-133.
Brandolini, A., Casadio, P., Cipollone, P., Magnani, M., Rosolia, A. and Torrini, R. (2007) Employment growth in Italy in the 1990s: Institutional arrangements and market forces, in Acocella, N. and Leoni, R. (eds), Social pacts, employment and growth, Physicsa-Verlag: Heidelberg, pp.31-68.
Holmstrom, B. and Milgrom, P. (1991) Multitask principal-agent analyses: Incentive contracts, asset ownership, and job design. Journal of Law, Economics, and Organization, Vol.7, pp.24-52.
Sauermann, H., and Cohen, W. M. (2010) What makes them tick? Employee motives and firm innovation. Management Science, Vol.56(12), pp.2134-2153.
長岡貞男・塚田尚稔 (2007)「発明者から見た日本のイノベーション過程：RIETI 発明者サーベイの結果概要」RIETI Discussion Paper Series 07-J-046, 経済産業研究所
Lee, L. W. and Maurer, S. D. (1997) The retention of knowledge workers with the unfolding model of voluntary turnover. Human Resource Management Review, 7(3), pp.247-275.
Jindal-Snape, D. and Snape, J. B. (2006) Motivation of scientists in a government research institute: Scientist's perceptions and the role of management. Management Decision, 44(10), pp.1325-1343.
Pfeffer, J. and Langton, N. (1993) The effect of wage dispersion on satisfaction, productivity, and working collaboratively: Evidence from college and university. Faculty, Administrative Science Quarterly, Vol.38, pp.382-407.
Francis, B., Hasan, I. and Sharma, Z. (2010) Incentives and innovation: Evidence from CEO compensation contracts. Working Paper.
Yanadori, Y. and Marler, J. H. (2006) Compensation strategy: does business strategy influence compensation in high-technology firms? Strategic Management Journal, Vol.27(6), pp.559-570.
Gneezy, U., Meier, S. and Rey-Biel, P. (2011) When and why incentives (don't) work to modify behavior. The Journal of Economic Perspectives, Vol.25, No.4, pp.191-209.
Yanadori, Y. and Cui, V. (2013) Creating incentives for innovation? The relationship between pay dispersion in R&D groups and firm innovation performance. Strategic Management Journal, Vol.34(12), pp.1502-1511.
Sarin, Shikhar and Mahajan (2001) The effect of reward structures on performance of cross-functional product development teams. Journal of Marketing, Vol.65, pp.35-63.
Davila, A. (2003) Short-term economics incentives in new product development. Research Policy, Vol.32, pp.1397-1420.
トニー・ダビラ，マーク・J・エプスタイン，ロバート・シェルトン (2007)「イノベーション・マネジメント」スカイライト・コンサルティング訳, 英治出版

コラム
アルベール・カミュ (1969)「シーシュポスの神話」清水徹訳, 新潮文庫
Coren, S. and Porac, C. (1977) Fifty centuries of right-handedness: the historical record. Science Vol.198, pp.631-632.
Denny, K. and O' Sullivan, V. (2007) The economic consequences of being left-handed: Some sinister results. Journal of Human Resources, Vol.42(2), pp.353-374.
Ruebecka, C. S., Harrington, J. E. and Moffitt, R. (2007) Handedness and earnings. Laterality: Asymmetries of Body, Brain and Cognition, Vol.12(2), pp.101-120.
シーラ・ヒーン，ダグラス・ストーン「成長する人はフィードバックを上手に受け止める」飯野由紀子訳, ハーバード・ビジネス・レビュー 2014 年 11 月号, pp.118-125

《著者紹介》

金間大介（かなま・だいすけ）
金沢大学融合研究域 融合科学系 教授
東京大学未来ビジョン研究センター 客員教授

略歴
横浜国立大学大学院物理情報工学専攻博士課程修了（博士（工学））。アメリカ・バージニア工科大学大学院客員研究員，文部科学省 科学技術・学術政策研究所研究員，北海道情報大学准教授，東京農業大学准教授を経て，2018年4月より現職。
研究・イノベーション学会編集理事，日本知財学会事務局員，組織学会員，フードシステム学会員。主な著書に「食品産業のイノベーションモデル」（創成社），「知的財産イノベーション研究の展望」（白桃書房）（共著），「技術予測：未来を展望する方法論」（大学教育出版）など。
専門は技術経営・イノベーション論，マーケティング論，産学連携論，知財マネジメント。

（検印省略）

2015年4月1日　初版発行	
2018年4月1日　二刷発行	
2020年4月1日　三刷発行	
2022年4月1日　四刷発行	
2023年4月1日　五刷発行	
2024年4月1日　六刷発行	略称―モチベーション

モチベーションの科学
―知識創造性の高め方―

著　者　金　間　大　介
発行者　塚　田　尚　寛

発行所　東京都文京区春日2-13-1　株式会社 創成社
電　話　03（3868）3867　　FAX 03（5802）6802
出版部　03（3868）3857　　FAX 03（5802）6801
https://www.books-sosei.com　振　替　00150-9-191261

定価はカバーに表示してあります。

©2015 Daisuke Kanama　　組版：ワードトップ　印刷：エーヴィスシステムズ
ISBN978-4-7944-2452-5　C3034　製本：エーヴィスシステムズ
Printed in Japan　　落丁・乱丁本はお取り替えいたします。

― 経営選書 ―

書名	著者	種別	価格
モチベーションの科学 ― 知識創造性の高め方 ―	金間 大介	著	2,500 円
食品産業のイノベーションモデル ―高付加価値化と収益化による地方創生―	金間 大介	編著	2,000 円
働く人のためのエンプロイアビリティ	山本 寛	著	3,400 円
転職とキャリアの研究 ―組織間キャリア発達の観点から―	山本 寛	著	3,200 円
昇進の研究 ―キャリア・プラトー現象の観点から―	山本 寛	著	3,200 円
大学発バイオベンチャー成功の条件 ―「鶴岡の奇蹟」と地域 Eco-system ―	大滝 義博 西澤 昭夫	編著	2,300 円
おもてなしの経営学［実践編］ ―宮城のおかみが語るサービス経営の極意―	東北学院大学経営学部 おもてなし研究チーム みやぎ おかみ会	編著 協力	1,600 円
おもてなしの経営学［理論編］ ― 旅館経営への複合的アプローチ ―	東北学院大学経営学部 おもてなし研究チーム	著	1,600 円
おもてなしの経営学［震災編］ ―東日本大震災下で輝いたおもてなしの心―	東北学院大学経営学部 おもてなし研究チーム みやぎ おかみ会	編著 協力	1,600 円
スマホ時代のモバイル・ビジネスと プラットフォーム戦略	東 邦仁虎	編著	2,800 円
テキスト経営・人事入門	宮下 清	著	2,400 円
経営戦略 ― 環境適応から環境創造へ ―	伊藤 賢次	著	2,000 円
イノベーションと組織	首藤 禎史 伊藤 友章 平安山 英成	訳	2,400 円
経営情報システムとビジネスプロセス管理	大場 允晶 藤川 裕晃	編著	2,500 円
グローバル経営リスク管理論 ―ポリティカル・リスクおよび異文化 　　ビジネス・トラブルとその回避戦略―	大泉 常長	著	2,400 円

（本体価格）

創 成 社